JN235189

世界に散った
龍《りゅう》蛇《だ》族《ぞく》よ！

この血統の下
その超潜在力を
結集せよ

浅川嘉富

ヒカルランド

ニュージーランドに多くいる龍

4本足の龍

日本に多くいる天龍

中国にいる龍

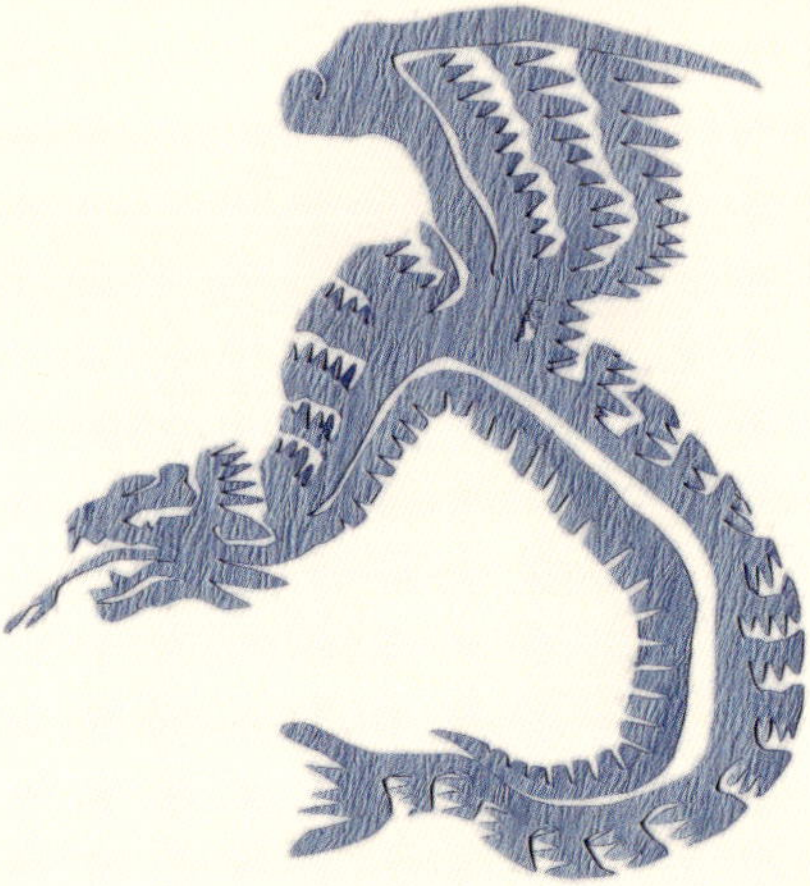

ククルカン

フェニリティードラゴン

正面を向いた天龍

玄武

和宏君傑作の龍

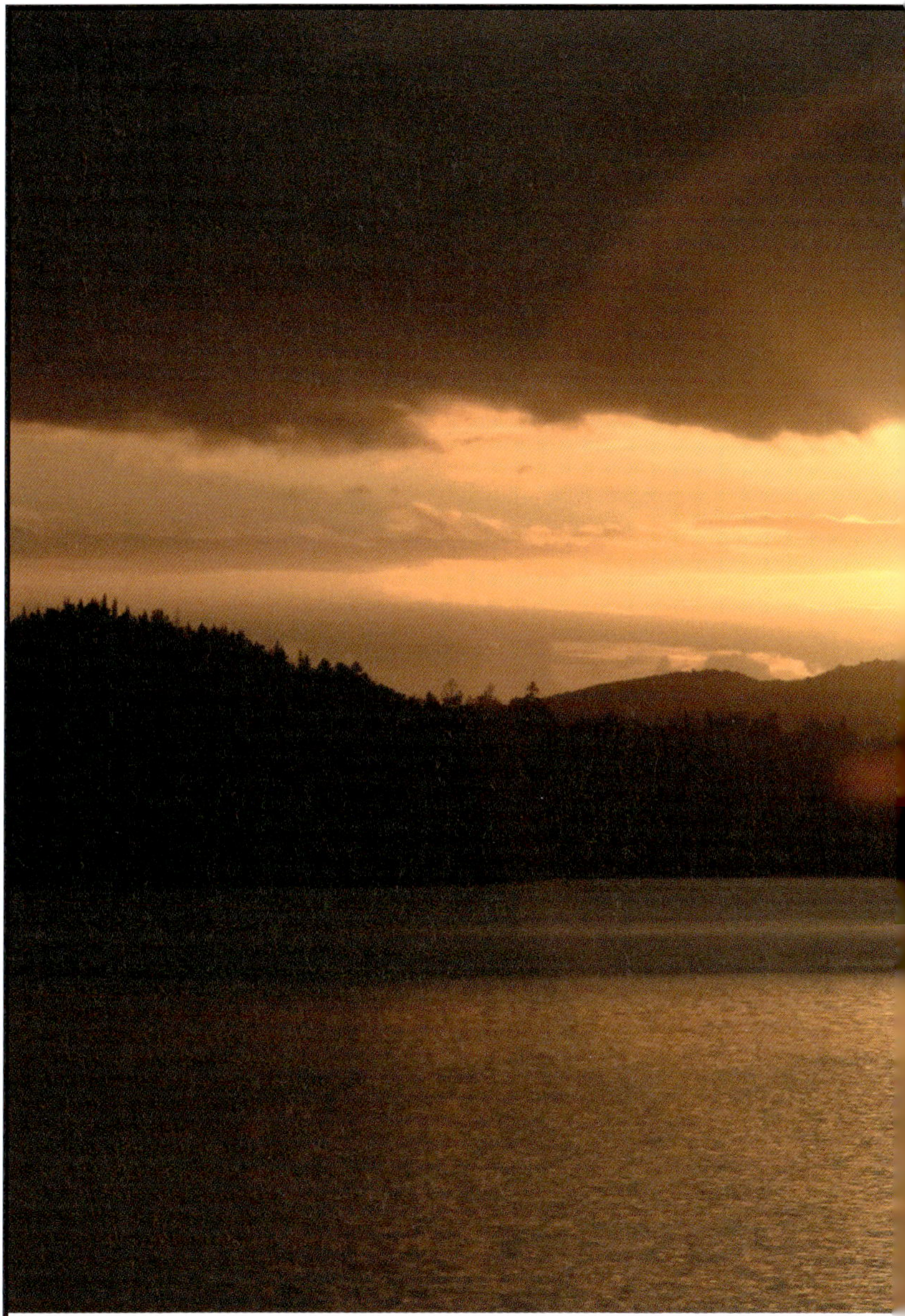

【タズマン海の夜明け】
レインガ岬に向かう早朝、タズマン海から昇る素晴らしい朝日を拝むことができた。光り輝く光輪がなんとも神秘的であった。

【レインガ岬】
北島の最北端に位置するレインガ岬は、ニュージーランドにある88カ所のパワースポットの一つで、そこには黒龍と青龍が棲んでいる。タズマン海に突き出た半島はまさに海辺に横たわる龍の姿そのもので、亡くなったワイタハの人々の魂はここから海に入り、かつての祖国ムー大陸を通って霊界へと旅立っていくのだという。

【ポリネシアン・スパ】
ニュージーランドを代表する温泉地・ロトルアのポリネシアン・スパには大きな外風呂がついた温泉施設があり、ロトルア湖の景観を眺めながらの入浴は、なかなかのものである。泉質は硫黄泉とアルカリイオン泉で、浴槽は温度の高さで3つぐらいに分かれている。私の好みの42度前後だとポロハウ長老には熱湯に感じられるようであった。

序文――私はなぜニュージーランド最古の先住民ワイタハ族を訪ねたのか

　私は先に出版した『龍蛇族《りゅうだぞく》直系の日本人よ！』を書き上げる過程で、幣立《へいたて》神宮や伊勢神宮、熊野神宮といった日本神話につながる古き神社を訪ねる一方、日本書紀や古事記、さらには先代旧事本紀大成経《せんだいくじほんぎたいせいきょう》や日月神示《ひつきしんじ》などを調べていった。

　その結果、日本神話に登場する「龍」なる存在が単なる空想上の生き物などではなく、宇宙や神界に実在する高度な生命体であることがしだいに明らかとなってきた。それればかりか、彼らが人類の創造にかかわられた聖なる存在であることも知るところとなった。

　ならば、我が国だけでなく外国にも日本の神話に似たような話が伝えられ、龍そのものの目撃話などもあるかもしれない。一度そうした国を探し出し訪ねてみなければ、と考え始めていた矢先、ニュージーランドの「龍」にかんする情報をお持ちの中谷淳子《なかたにじゅんこ》さんという女性に再会することとなった。

　彼女はマヤのアレハンドロ長老を紹介して下さった女性であるが、幸いにも数年前から、彼《か》の地において龍の世話をしている先住民のワイタハ族と行動を共にしており、その長老や一族とも懇意《こんい》な間柄だという。そんなわけで、長老とコンタクトを取っていただきスケジュールを立ててもらうことができたので、急遽《きゅうきょ》ニュージーランドを訪ねることになった。どうやら今回も、「天の意向」が働いていそうな感じである。

読者もご承知のように、ニュージーランドは今年（2011年）の2月22日、マグニチュード6・3の大地震に襲われ、南北に分かれた南島の最大都市クライストチャーチでは、20数名の日本人を含む200人を超す犠牲者が発生するところとなった。東日本大震災発生のわずか17日前のことである。

実は、ニュージーランド北島のオークランドから始まったおよそ17日間にわたる今回の長旅の最終地点が、他ならぬクライストチャーチで、地震の発生は私がそこを離れた27日後のことであった。

クライストチャーチはニュージーランド第3の都市、南島では最大の街である。ガーデンシティーと呼ばれるだけあって、街全体が緑と草花に覆われ、人口のわりには土地が広い。そのため日本の都会が持つ鉄筋コンクリートに囲まれた閉塞《へいそく》感がまったく感じられない、大変気持ちのよい街であった。

それだけに、テレビのニュースに映し出された瓦礫《がれき》の山と化した街の状況を見るにつけ、その変わり様のひどさに心が張り裂ける思いであった。本書を著すに当たって、先ずは、犠牲者のご冥福と一日も早い街の復興をお祈りさせて頂きたい。

読者の中には、ニュージーランドという国の名前はたびたび耳にされながらも、その実態をご存じない方もおられるかもしれない。そこで今回の探索と祈りの旅の様子をより理解してもらうために、まずニュージーランドの概要を簡単に記しておくことにする。

ニュージーランドは、赤道を挟んで日本とちょうど正反対に位置している。東を太平洋、西をタズマン海に囲まれた島国である。その島がノースアイランド（北島）とサウスアイランド（南島）の2つの島に分かれていることは、あまり知られていないようである。北島と南島の大きさはほぼ同じくらいで、両者を足した国全体の面積は、北海道を除いた日本とほぼ同様の大きさである。

私が訪れた1月中旬、真夏を迎えるシーズンであったが、湿度が低いせいか蒸し暑く感じることはなかった。むしろ意外に気温は低く、昼間太陽の下で暑く感じられても夜になると急に気温が下がり、半袖では風邪をひきそうになるくらいであった。

1月平均の最高気温は22度くらいで、最低気温は北島で12～13度、南島は少し低く9～10度くらいである。もしこの時期に訪ねる機会のある方は、長袖のシャツとセーターを一、二枚は持参された方が宜しいかもしれない。

なにより驚いたのは、日照時間の大変長いことである。夜明けの時間はほぼ一緒であるが、夜は8時頃になっても日本の夏の6時過ぎの感じで、完全に日が落ちるのは9時半頃である。旅をするには都合がよいが、夕食時間があまりに明るくて、夜の食事をしている感じがしないのには少々戸惑ってしまった。

人口は約420万人で日本の30分の1、人口密度で比較しても20分の1程度である。街中を走っていてもゆったり感があり、心の安らぎが感じられる国である。住宅街を眺めると2階建ての建物は希《まれ》で、その多くは広い草花の咲き乱れる庭園を持った平屋建てである。人口密度が小さい分、車の数も当然少なく、17日間の滞在中、交通渋滞には一度もあわなかった。奇妙に感じたのは、街中の交差点のほとんどがロータリーとなっていて、信号がないことである。

オークランドやウェリントンなどの大都市以外では街中を走っていても、まったくと言っていいほど信号機を見かけることがない。よくこれで、渋滞や混乱が起きないものだと感心してしまった。むしろドライバーにとって、信号待ちなどの無用なイライラがない分、快適な運転ができそうである。

この国の歴史を見てみると、古くから先住民が住むこの島国は、外国との往来はほとんどなかったようであるが、1770年頃から、ヨーロッパ人が捕鯨《ほげい》のために立ち寄るようになり、いつしか彼らの捕鯨基地として利用されるようになっていった。それから半世紀が経った1830年代以降、イギリス人の移民が急増し、1840年に先住民との間にワイタンギ条約が結ばれてイギリス連邦王国の一国となり、今日に至っている。

しかし、条約の解釈の違いから現在に至るも、政府と先住民との間で土地の権利などについて争いが続いている。今回お会いするワイタハ族をはじめとする先住民の種族の数は600にも及ぶが、先住民そのものの人口割合は少なく、最も多いマオリ族でも約20万人であるから、わずか5％にも満たない。

ニュージーランドの先住民といえば誰もがマオリ族を挙げるが、彼らのニュージーランドでの歴史は浅くわずか700年足らずである。しかし、私がお会いしたワイタハ族は優に5000年を超す歴史を持っている。このことから、ニュージーランドの真の先住民族はマオリ族ではなくワイタハ族と考えるのが正解のようである。

それではこの辺で、ニュージーランドの探索と祈りの旅の報告に入らさせて頂くことにしよう。

装丁　櫻井浩＋三瓶可南子（⑥Design）

第一部 龍たちは、なぜ今、この時を待って、動き始めたのか⁉
——ニュージーランド・探索と祈りの旅

第一章 5000年間、龍を世話し守り続けてきた、ワイタハ族ルカファミリーのトップは、「今がその時」だと言った……

第二章

レムリア（ムー）文明とワイタハ族
――その源流はシリウスからやって来たレプテリアン（龍）！

第三章

シリウス、プレアデス、オリオン、金星そして地球・天皇家へ
――ワイタハ族が保持する壮大な宇宙史！

第四章　結界に閉じ込められた龍神たちを救い出すシークレット・ジャーニー

第五章　龍蛇族への旅はさらにレムリア（ムー）・アトランティスへと導かれていく……

第十一章 地下世界を司る〈ボロムペル〉――遺跡を通して、いよいよ龍神的生命体と出会う！

謝辞

本書を2度の海外取材と多忙な原稿書きを陰で支えてくれた、息子の浅川浩と執筆中、一時も離れず傍らにいて励まし続けてくれた愛猫チロに捧げる。

また、ニュージーランドの旅の17日間、聖地を案内して頂き、共に祈り、ワイタハ族に伝わる貴重なお話をお聞かせ頂いたテ・ポロハウ長老と、３０００キロの長旅を支えて頂いたトゥファレ・ランギ氏、また、貴重な時間を割いてメキシコ、グアテマラの遺跡を案内して頂き、マヤ文字解読の世界的エキスパートの立場から、龍蛇族系宇宙人・オシュラフンティクの存在を確信させて頂いたフリオ・ロペス博士に厚く御礼申し上げる。お三方の真心の籠もったご支援・ご協力がなったら、本書が世に出ることはなかったであろう。

さらには、ポロハウ長老へご縁を結んで頂き、聖地巡礼のスケジュールを立てて頂いた中谷淳子様、メキシコ、グアテマラ取材の企画と通訳をして頂いた松本眞吾氏と奥様の広美様、二つの旅の通訳と取材全般のご協力を頂いた鈴木美穂様に心から御礼申し上げる。彼女との11時間に及ぶマラキーホ山とトンガリロ山での祈りのトレッキングは、生涯忘れることはないであろう。

校正　麦秋アートセンター
本文仮名書体　文麗仮名（キャップス）

第一部

龍たちは、なぜ今、この時を待って、動き始めたのか!?

——ニュージーランド・探索と祈りの旅

第一章

5000年間、龍を世話し守り続けてきた、ワイタハ族ルカファミリーのトップは、「今がその時」だと言った……

北の島オークランド――ポロハウ長老との出会い!

クライストチャーチ経由で1月12日昼の12時半、ニュージーランド北島のオークランド空港に到着した。オークランドは国の人口のおよそ3分の1の130万人を抱えるニュージーランド最大の都市である。空港では今回の旅でご案内頂くワイタハ族のポロハウ長老と従兄弟《いとこ》のトゥファレ・ランギ氏のお二人にお出迎えを頂いた。

お二人とも背が高い上に大変恰幅《かっぷく》のいい方で、優に100キロを超す巨漢である。それに先住民のイメージから想像したラフな格好と違って、背広にネクタイ姿だったことに驚かされた。初対面の人間に会うときの礼儀作法をしっかりわきまえられたお二人に、私の方が少々面食らってしまった。

穏やかな顔立ちと、笑みを絶やさずジョークを交えながらの話しぶりに、ワイタハ族のトップに立つテ・ポロハウ・ルカ・テ・コラコ長老のお人柄がうかがえる。トゥファレ・ランギ氏にはこれから先、北島から南島へとほぼニュージーランドを縦断する長旅の運転をつとめて頂く。おそらく3000キロを超す旅になるのではないか。その道中、彼には半分命を預けることになる。

実は今回の旅は、序文に書いたように、突然降って湧《わ》いたように実現したため、訪問する先についての予備知識は何も持たないままやって来た。そのため頭の中は空っぽ同然。したがって、行く先もルートもすべて長老たちお二人にお任せ。そういう旅になる。

昨年の夏、ひょんなことから九州は熊本の高千穂峡《たかちほきょう》を訪ね、その帰りに幣立《へいたて》神宮に立ち寄ったことから、日本神話に関心が向き、日本書紀や古事記、さらには先代旧事本記やホツマ伝《つたえ》、日月神示、大本神諭《おおもとしんゆ》など日本の古代史の表と裏が書かれた書物を読むことになった。

そうした経緯は、『龍蛇族直系の日本人よ！』をお読みの読者には、先刻ご承知のことであるが、そうした流れの中で私の関心は神武《じんむ》天皇につながる天皇家の龍神とのかかわりに向くことになった。

学者が認める記紀には記されていないが、日本史の裏が書かれた先代旧事本記大成経や出口なお、王仁三郎《おにさぶろう》の大本神諭などには、国常立尊《クニトコタチノミコト》は龍体を持つ宇宙人として登場する。さらには、初代天皇以下応神《おうじん》天皇に至るまで15代にわたる天皇のお姿には、角《つの》や鱗《うろこ》といった龍とのつながりを示す特徴が残されていたことが記されていた。

そんなことから、空想上の存在と考えられていた「龍」が実在する生命体で、地球や人類の創世に深くかかわっていた事実が次第に明らかとなる一方、序文に記したように、中谷淳子さんという女性からニュージーランドには今もなお龍の世話をしている人々がいるという驚天動地の話を耳にすることとなった。

聞いてみると、それはニュージーランドに古くから住む先住民で、ワイタハ族と呼ばれる人々だという。私としては一度お訪ねし、インタビューの形で長老から龍にまつわるワイタハ族の伝承でもお聞かせ頂けたらと考えていたところ、長老自らが「ニュージーランドに点在する龍とかかわりのある主要な聖地を案内しながら、お話ししましょう」とのこと。

そうした経緯でなんとも有り難いお言葉を頂くところとなり、今こうして聖地巡礼の旅に向かおうとしている次第である。

通訳と取材のサポート役として鈴木美穂《すずきみほ》さんが同行してくれることとなった。彼女は先のBS－TBSのテレビ取材でグアテマラを訪れた際にも同行してもらった。精神世界にも精通しており、今回訪ねる聖地の何カ所かをすでに訪ねていたこともあって、同行者として願ってもない方である。

ワイタハ族の聖地ワイタンギは、「龍が涙を流した地」

早速、空港からパイヒア（Paihia）と呼ばれるオークランドよりさらに北に位置する海岸の都市に向け出発。パイヒアの近くにはワイタハ族の聖地とされるワイタンギがあるが、ここは1840年にイギリスと先住民の間で結ばれた「ワイタンギ条約」の調印の地としても有名である。

ワイタンギとはワイタハ族の言葉で「龍が涙を流す」という意味である。その名の由来はかつて龍がこの土地を離れる時、住民に必ず戻ってくるからこの地を離れないようにと言ったのに、戻ってきた時には誰もいなくなっていたため、龍が涙を流したというところから来ているようである。

この先旅が進むに連れ、色々な場所に龍とのかかわりを示す名前が次々と登場すること

ポロハウ長老とトゥファレ・ランギ氏
ニュージーランド北島のオークランド空港にお出迎え頂いたお二人は、背広にネクタイ姿。初対面の人を迎えるそのマナーのよさに、少々面食らうところと相成った。これから先、南島へ3000キロを超す長旅の運転をお願いするランギ氏には、命を半分預けることとなる。

になるが、それらはみなこの島に最初に来たワイタハ族の人々が名付けたものであることを考えると、彼らがいかに龍と深い関係にあるかが分かろうというものである。

その一例が「オマペレ」（龍が水を飲む）半島とか温泉地「ナファー」（龍が休息する地）である。そうした場所はみな火山活動が活発な地で、エネルギーが蓄積されたパワースポットであるため、高いエネルギーの場、ボルテックスを好む龍にとっては格好の生息地となっているようだ。これからの旅の道中、長老からはそうした場所の話をしばしば聞かせてもらうことができそうで、なんとも心が躍る。

日本を出発した1月11日の八ヶ岳山麓《さんろく》の夜の気温はマイナス5度。こちらは真夏で25度。その差はなんと30度。しかし、湿度が低いせいか蒸し暑さは感じられず、日本の5月頃の陽気で非常に快適である。

パイヒアまで約4時間の旅の途次、車中で長老からワイタハ族の歴史や日本とのかかわりなどの大変興味深い話をお聞きすることになった。

ワイタハ族がニュージーランドに来たのはおよそ5000年前、エジプトからやってきたようである。エジプト以前の歴史をたどるとレムリア文明に遡《さかのぼ》り、さらにはシリウス星へとたどり着くことになるという。どうやらアフリカのドゴン族やオーストラリアのアボリジニの一部と起源は一緒になるようである。

序文に書いたように、ニュージーランドの先住民と言えば誰もがマオリ族の名前を口にする。しかし、彼らはわずか700年前にポリネシア方面から渡来した民族で、ワイタハ族とは血のつながりはなく、魂の系統もまったく別の人種である。この点は、今回の旅で初めて知るところとなったのだが、重要なことなので読者もぜひ頭に入れておいて頂きたい。

車が郊外に出ると辺りは一面広大な平地が続き、羊や牛の放牧地が散在している。まさに来る前に頭に描いていた風景そのものである。道路は整備されており車の数は少ない。そんな風景を見ながら、どうやら今回は快適な旅になりそうだと気楽なことを考えていた私は、これから先の道中でとんでもない試練に遭遇することになる。

2011年1月に地球はウォータークロック（水の時代）に入った！

助手席から車窓に映る景観に見ほれていると、突然長老が驚くことを語り始めた。ワイタハ族に伝わる伝承である。

――長い間続いたストーンクロック（石の時代）は2009年の8月辺りから閉じられ始

1日目の宿泊地、北島の北の端パイヒアに向かう。しばらく走ると前方に龍の姿をした半島が見えてきた。北の地に棲む黒龍のお出迎えである。

め、今年の1月7日から8日にかけて、つまりあなたが来られた直前に、地球は新たなウォータークロック（水の時代）に入ったのです。

ウォータークロックに入ると、女性性や調和が大事にされ、肉体と意識（ハート）のバランスが保たれる時代になりますが、この時代が始まる前には、宇宙から氷の塊が落ちてきたり、地上の水が蒸発して大量の蒸気が出たりして、各地で洪水が発生することになります……その他にもたくさんの苦しみが人類を襲うことでしょう。

今、オーストラリアの東北部クイーズランド一帯で発生している洪水（2010年12月末に発生）は、ワイタハではすでに予言されていたことなのです。我々の仲間のうちには、すでに高台に移り住む準備をしている人々もいます。

我々ワイタハ一族は時の流れが速まり、新しい時代への変革が一日も早く進むことを願っています。それは人類にとっての曙《あけぼの》であり、我々が長い間待ち望んでいた時の到来だからです。

ウォータークロックの始まる時期については、伝承だけでなく、星の配列などが描かれた壁画や13の月と呼ばれるカレンダーなどに記録されており、正確な時期も分かっていました。

幸いにもこうした壁画類は、19世紀はじめにイギリス人の入植が始まる前に、彼らによって聖地が破壊されることを龍たちから教えられていたために、秘密裏に隠し通すことができたのです。

しかし、2011年1月のウォータークロックが始まる以前にワイタハの伝承を世に出すことは避けてきました。さもないとヨーロッパ人たちによって時の流れが断たれてしまう、と言われていたからです。私たちワイタハ族の存在がマオリ族の陰に隠れてこれまで世に出なかったのも、意図的に表面に出ることを避けてきたためなのです。

それゆえ、ワイタハに伝わるこうした伝承はこれまで一切公表されることはありませんでした。したがって、今日という日は、その伝承が私の口から他の民族の方に伝えられる最初の日ということになります。つまり、この日にやって来られたあなたは、我々に代々伝えられてきた秘密の予言を初めて聞く人となったのです。

あなたはそれを聞くべき人であるため、今日以前には来ることはできませんでした。来られたとしても何も耳にすることはできなかったからです。あなたが今日というこの日に、ニュージーランドのこの地に立っているのは決して偶然ではないのです。その点を先ず頭に入れておいて下さい。

なんとも驚く話であるが、先述したように今回の訪問がわずか半年前の高千穂峡訪問を

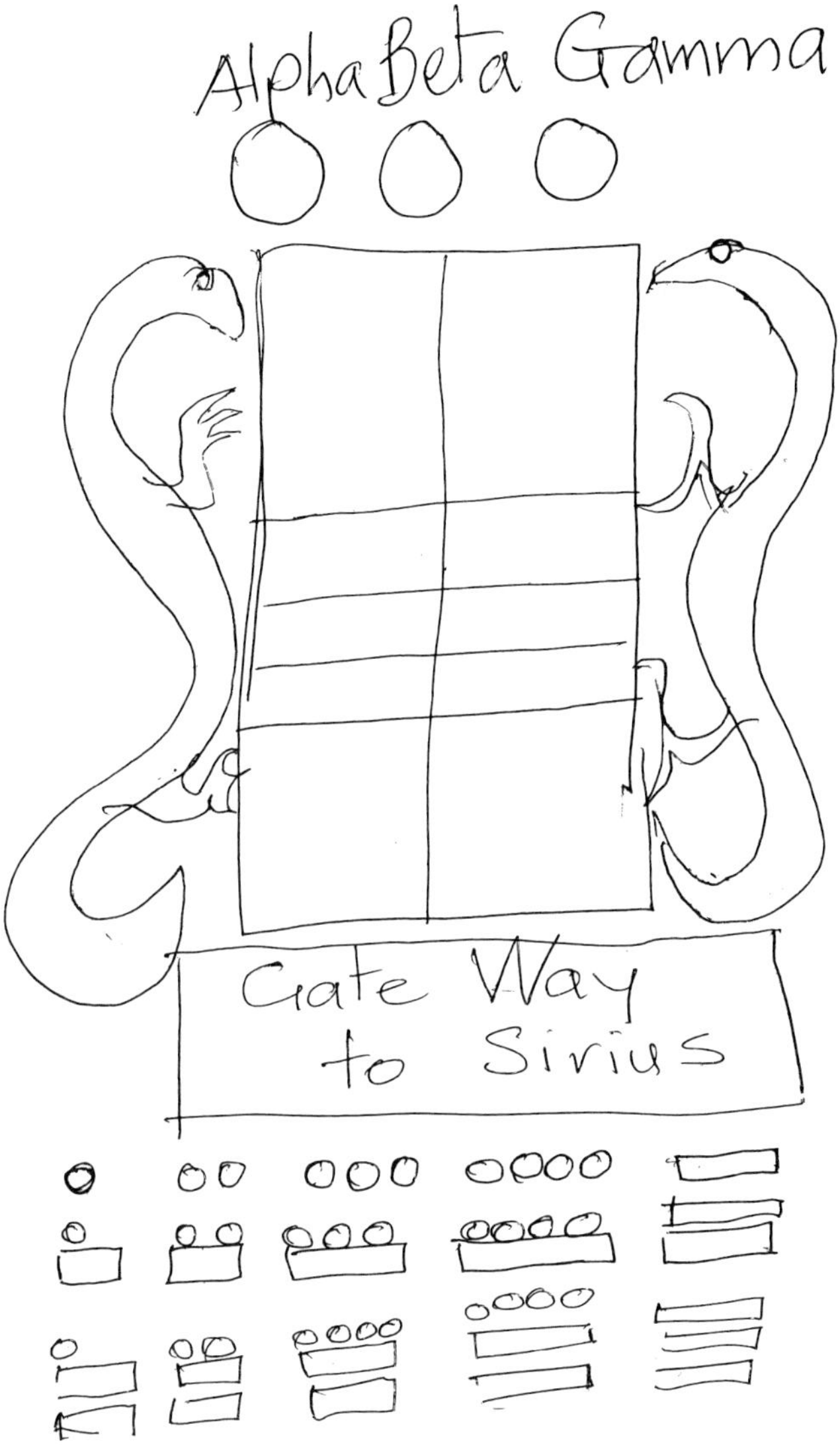

ウォータークロックの始まりを示す絵図。これは、ポロハウ長老がある聖地の岩絵に残された絵図の内容を一部変えて描き直したもので、英語は絵文字の翻訳である。左右の龍は、後で出てくる2体の龍、ルナ・ドラゴン（女性性）とウナ・ドラゴン（男性性）である。驚くのは、その下に描かれた数字を表す文字である。点と棒で描かれたそれはまさにマヤの人々が使っていた数字表示そのものである。グアテマラとニュージーランドという太平洋を挟んで遠く離れた地に住む民族が同じ書き方をしていたということは、出身が一緒（レムリア文明）であった可能性を示している。

きっかけとした日本神話の謎解きから始まり、中谷さんという女性を通じて龍伝説を持つワイタハ族の長老へと、一気にご縁が結ばれた経緯を思い起こすと、そういうこともあるのかなと、素直な気持ちでお聞きするしかなかった。

しかし、このあと長老が語られた話は、先に感じた驚きをさらに倍加するものであった。それは、私が今回ニュージーランドを訪れ、ワイタハの聖地を巡礼することになった目的を語る内容であった。長老は話を続けられた。

もう一つ大事なことをお話ししましょう。我々ワイタハ族のルカファミリー（ルカ一族）は、龍の人であるあなたがこの地に立つのを、実は一日千秋の思いで待ち望んでいたのです。ですから、これから先私がご一緒させて頂き龍の棲む聖地を回るのは、我々にとって何よりの喜びでもあるのです。私たちは今、あなたにニュージーランドの地に来て頂いたことを本当に嬉しく思っています。

ご多忙な長老が17日間にわたって、自ら私を案内されるのには何らかの理由があってのことと は思っていたものの、まさか今回の自分の訪問が、「ワイタハ族にとって長い間待ち望まれていたことであった」などと言われると、「長老、話し相手を間違えているので

はありませんか」、と言いたくなってくる。

しかし、「なにゆえそういうことになるのか」、という私の疑問には答えてもらうことができないまま、旅は続けられることとなった。長老が口を閉ざすという点では、これから先々訪ねることになる聖地のいわれや来歴、また、そこで行われるセレモニーの内容などについても同様で、個々の訪問地を離れる時になって初めて、その地がどういう歴史を持つ地であるか、行われたセレモニーにはどのような意味があったのかを語って下さることになるのである。

それには深い意味が隠されていることが、旅を続けるうちにしだいに分かってくるのだが、この時長老が語られた、私の訪問とルカファミリーとの関係についての理解しがたい話は、すべての行程が終了した日に長老の口から語られるまで、私の心の中で疑問符がついたまま残り続けることとなった。

ドライブは続き、すでに3時間近く走ったが、車窓から見える風景はほとんど変わらない。車は多少の上り下りはあるものの、ほとんど平坦の地を走り続けている。私はペルーに行こうがエジプトに行こうが、何処《どこ》に行っても必ず助手席に座ることにしている。

それは周りの景色がよりよく見えるのと、写真を撮るのに急停止をしてもらう時ドライバーにすぐ合図を送れるからである。特に遺跡の探索などの際には、道路の端に貴重な建造物や遺物などがあることが多いだけに、後部座席でのんびりしていたら、大事なチャンスを失ってしまうことになる。だから車に乗っていても休まる間がないのである。

ふと、運転しているトゥファレ・ランギ氏の腕を見ると、見事な龍の入れ墨が入っている。オーストラリアのアボリジニやペルーの先住民、それに我が国のアイヌの人々も入れ墨はしているが、龍の入れ墨はあまり見たことがない。

先住民の入れ墨はみな同じものなのか聞いてみると、ワイタハ族もマオリ族も彫物の習慣はあるがまったく同じというわけではなく、彫る箇所もワイタハの人々は一部の女性が口下に細い線を入れる以外、マオリ族のように顔に彫ることはないという。また、ワイタハの人々の入れ墨に龍が多いのは、自分たちが龍によって守護されていることを自覚しているからであるようだ。

腕に龍の入れ墨をしたワイタハの女性
ランギ氏も同様な入れ墨をしていた。ワイタハの人々には、腕に龍の入れ墨をする習慣があるようだ。ただ、同じ先住民でもマオリ族は龍を彫ることはないという。龍の姿が和宏少年の切り絵にあまりによく似ているのに驚かされた。

第二章

レムリア（ムー）文明とワイタハ族――その源流はシリウスからやって来たレプテリアン（龍）！

ワイタハ族の中心ルカファミリーは、祭祀と龍の世話をする家系！

龍の話が出たところで、長老が龍との関わりを持ったルカファミリーについて興味深い話をして下さった。

先ず最初に言われたのがワイタハ族の歴史である。1万数千年前にムー大陸が海底に沈み、長大な歴史を持つレムリア文明（ムー文明）が滅亡したあと、一族の遠い祖先は海を渡り、シリアを経由してエジプトの地に逃れたという。その後、エジプトの地には数千年にわたって留まり、初期のエジプト王朝時代（古王朝期）には王政にも参加したようである。

その後のエジプトはワイタハ族の中のメレルカ一族が統治することを望んだために、ルカファミリーを中心とした人々はその地を離れ、新天地を求めてユーフラテス川を渡ってニュージーランドにやって来ることになったというわけである。

現在ニュージーランドに住んでいるワイタハ族はおよそ1万8000人、その数は少なく、マオリ族の20万人に比べても10分の1以下である。また、そのワイタハ族の中で中心的な役割を果たしているのがルカと呼ばれる一族、「ルカファミリー」で、その数はおよそ1万人。

また、ルカファミリーの中にもそれぞれ役割が分担されており、祭祀《さいし》を行い龍のお世話をする家系、一族のガードを担う家系、客人をもてなす家系……などがあるようだ。

ワイタハ族全体のトップに立つのが日本の天皇に相当するファトゥクラ（Whatu-kura・エンペラー）であるが、長老の家は代々そのファトゥクラを継いできており、祭祀と龍の世話係という重要な役割を担っている。ちなみに古代のエジプトで使われているファラオという言葉はファトゥクラが変形した言葉の可能性が高いようである。

そのため、長老の家族は11人兄弟（男9人、女2人で長老は5番目）全員が超能力を持っており、龍の姿も見ることができたようだが、その度合いには違いがあったという。どうやら皆がみな、その鮮明な姿を見ることができたり、彼らとの交信ができたというわけではなかったようである。

長老は小さい頃から、112歳で亡くなった祖父に島の東西南北の聖地に連れて行かれ、チャクラを開く訓練とファトゥクラとなるための特別の訓練を受けていたため、龍の姿を見ることができるようになったのも早かったようである。

7歳の時、星の観測をしている時にそれは突然見え始めたそうである。しかし、もともと祖父からその姿がどのようなものであるかを教えられていたので、特に驚くことはなかったという。

その後、エネルギーが集合し渦状になった「ボルテックス」、特に宇宙につながるボルテックスを開くことによって、アカシックレコードともつながることができるようになり、そこから得た知識を利用して、人々の病気や精神的な悩みを癒すことができるようになったそうである。

家族の中では、50歳で亡くなったすぐ上の兄が一番強い超能力を持っており、そのため、その兄さんと一緒に車や飛行機に乗ることを避けるようにしていたという。

二人にはこんなエピソードがあった。

7歳と9歳の時、2歳の弟が手術の最中に亡くなってしまうという不幸が起きた。そこで、二人はその原因を知りたくて車の中で意識を集中していたところ、バッテリーが爆発して燃えてしまうという事故が起きてしまった。

また、二人が一緒に飛行機に乗ろうとすると、エンジントラブルなどで飛び立たないことが時々起きたので、それからは、別々の便に乗るようにしてきたそうである。

そのお兄さんには予知力もあり、かねてから地球に地軸傾斜が起きることや、その前兆として火山活動や地震が活発になることを予言されていたようだ。その始まりの一つとして、南の島で大規模な地震が起きることを予知していたが、実際、数年前クライストチャーチで震度8の地震が発生した。それは、今年2月の大地震の先触れとなるものであった。

どうやら、超能力者であったお兄さんの言を信じるなら、我々はこれから先、多くの火山や地震を体験した後、やがて地軸傾斜という天地を揺るがす地球規模の大異変に遭遇することになるようである。

黒と青い龍が棲む聖地、最北端のレインガ岬を訪ねる！

1月13日、早朝7時、北島の最北端スピリッツ・ベイにあるケープレインガ（レインガ岬）に向け出発。片道およそ5時間の旅である。行きは西側の山越えのルートを走り、帰りは東の海岸沿いを通る予定だという。

途中、ポロハウ長老の事務所が置かれている「カイコへ」(Kaikohe)の町に寄る。この事務所はルカ族1万人の土地の管理やもろもろの相談事を受けるためのもので、常時何人かの職員がいて対応している。長老自身もそこで寝起きすることが多いという。

目指すケープレインガは「黒龍」が棲む場所として知られており、古くからワイタハ族やマオリ族にとっての聖地である。長老の話だとニュージーランドに棲む龍は東西南北によって、身体の色が分かれている。

北は黒または青、南は銀または白、西は赤またはオレンジ、そして、東は黄金色だという。彼らは人類の守り手として遠い昔から存在しているが、そうした龍たちの世話をし、この地から龍たちが離れていかないようにお守りしているのが、長老たちルカファミリーと呼ばれる人々の家系である。

昼過ぎ北島の最北端ケープレインガに到着。レインガ岬の高台にある展望台から眺めると、コバルトブルーの海と岸辺に打ち寄せる白波が眼下に広がり、まるで絵に描いた風景のようである。私がこれまで世界の各地で見てきた絶景の中でも、目の前に広がるその景観は5本の指に入る。

長老に指摘されてよく眺めると岬全体が龍の姿を現しており、先端の岩を頭にして巨大な龍が海に向かって横たわっているのが分かる。展望台から少し下に降りていくと灯台の横に出る。その途中には何枚かの石碑が立っており、先住民族に伝わるレインガ岬に関する伝承が記されている。

それらを読んでみると、「先住民たちはこの世での生活を終えた後は、たとえどこに住んでいようが必ずこの地に戻り、岬の先端の龍の頭の上から海中に入って、太平洋とタズマン海がぶつかる海域に沿って進み、魂の故郷へ戻っていくのだ」と書かれている。この時導き役をされるのが、「黒龍」あるいは「青龍」である。

どうやら彼らの故郷というのは、彼らの心の故郷、かつて栄光の日々を送ったレムリア文明のあったムー大陸を指しているように思われる。もちろん、それから先は霊的世界へと向かうわけだが、魂の戻る先は幽界や霊界だけでなく、ポロハウ長老の祖父のように地球での学びを終えた魂は、直接故郷の星シリウスへ戻っていく場合もあるようだ。

現にポロハウ長老の言によると、夜この地を訪れた際、たくさんの輝く人魂が岬の先端付近の海上を浮揚した後、海中へと入っていくのが目撃されるという。

龍の世話役としての家系に生まれて7歳の頃から、霊的存在の姿を目撃するようになったポロハウ長老の語るところをお聞きしていると、龍たちに見守られながら黄泉《よみ》の国やシリウスへと旅立って行くワイタハの人々の姿が、目に浮かんでくるようだ。

時には、ワイタハ族の人々はこの高台に集まって集会を開くことがあるようだが、部族の中に特に問題がなく、みなが穏やかに暮らしている時には、龍は半島にそって横たわっているのが常であるという。しかし、外来者たちによって部族が窮地に追い込まれたり、部族間にトラブルが発生しているような時には、巨大な体をうねらせながら、海上を行ったり来たり飛んでいるという。

灯台の横には大きな標識が立っており、世界各地への距離と方向が表示されている。東京はほぼ北の方向にあり、距離は8475キロ、ロスアンジェルスが1万479キロ、ロンドンが1万8029キロ。南半球のかなり南に位置するだけあって、南極点までは日本までの距離のおよそ3分の2の6211キロしかない。

因みに龍の姿はどのように見えるのかお聞きしてみたところ、この岬におられる龍は黒龍で、空を飛揚している時の大きさは半島の3倍もあるというから、1キロや2キロメートルは優に超す巨体である。さぞかし、空を飛揚するその姿は雄大に違いない。一度でいいから見てみたいものである。

日本を出る前に、拙著『「UFO宇宙人アセンション」真実への完全ガイド』で紹介した龍神たちの住む神界からやって来た少年・和宏君から聞いた話では、龍にも色々種類があるようだ。身体の色は黄金色、赤色、黒色、青色、白色、銀色と様々で、容姿も翼のある龍、ない龍、長い髭《ひげ》や角を持った龍、持たない龍など多種多様であるという。大きさは自由自在に変化できるので一概に何龍が大きいとかは言えないようだ。

因みにワイタハ族では龍を男性性の「ウナ」(Huna) と女性性の「ルナ」(Runa) に分けて呼ぶだけではなく、ドラゴン (Dragon)、ドラケン (Draken)、マラキーホゥ (Marakihau)、タラケナ (Tarakena)、タラコナ (Tarakona)、タニファ (Taniwha)、カイティアキ (Kaitiaki) など様々な名前で呼ぶことがある。

それは、日本で龍のことを、龍神、天龍、海龍、翼龍、さらには、自然霊、眷属《けんぞく》、守護神などと呼ぶのと同じことである。

なお龍そのものにもいくつかの種類があって、少年の話では、「天龍」と呼ばれる龍には羽根(翼)がなく、長い髭やたてがみを持っているのが特徴で、身体は硬くて大きいウロコに覆われている。また、「翼龍」には名前の如く翼があるが、この翼には空を飛ぶためというより、エネルギーの流れをつかむ役割があるようだ。ヨーロッパに多く見られるフェニリティードラゴンも翼龍の一種だが、大きな羽根が2枚あり身体の特徴も大分異なる。

また、海中や水中に棲息している「海龍」や「水龍」には翼がなく、身体の鱗も小さくてなめらかで、チャイナドラゴンやワニに似ているようである。巻頭カラーページに和宏君が描いてくれた龍の切り絵を掲載しておいたので、ご覧頂きたい。

また少年によると、実は恐竜も龍の一種で、地球にやって来た龍が地上で生活するのに都合がいいように、手足を持った姿に自ら変容を遂げた姿であるという。だから彼は恐竜のことを時々「地龍」と呼ぶことがある。確かに中国にいる源龍と地龍を見てみると、龍と恐竜とが同一種の生命体であることが理解できる。

レプテリアンとレムリアの意味

近頃「レプテリアン」という言葉がよく使われるようになった。日本では爬虫類人とか恐竜人とか訳されているため、大変恐ろしい生き物のように捉《とら》えがちであるが、和宏少年の言うように恐竜やワニなどが龍の変身した姿だと考えれば見方は違ってくる。読者には「レプテリアン＝恐ろしい生き物」という考えは持たないで頂きたい。

ちなみに、レプテリアンをワイタハの人々は次のように解釈している。

ワイタハ語で「レ」はシリウスの古い太陽、「プ」は霊的・守護霊的という意味、「テ」は英語のtheで、「リアン」は存在を表すことから、レプテリアンは、「シリウスの衰退する太陽からやって来た守護霊的存在」という意味になる。つまり、ワイタハの人々を守護している龍一族を指していることになる。

同じようにムー大陸に存在した文明を「レムリア」とか「レムリアン」という言葉で表すことが多いが、レは古い太陽、「ム」は終わり、「リア」と「リアン」は存在であるから、それもまた、「古い太陽の終わりからやって来た人々」とか「滅び行く太陽からやって来た人々の文明」という意味になる。一般的には「ムー文明」と呼ばれることが多いが、こうした解釈に立つと、「レムリア文明」と呼ぶ方が正しいようなので、本書ではレムリア文明と呼ぶことにする。

龍の位を識別すると、色では黄金龍、容姿では天龍（翼を持たずに磁場を利用して飛ぶ龍で、日本で多く見かける龍）が最も格が上のようである。和宏少年によると、ニュージーランド周辺の龍は翼を持つ種が多いということであったが、ポロハウ長老にお聞きすると、確かに翼のある龍の姿をよく見かけるとのことであった。ただ、レインガ岬に棲む黒龍は翼がないタイプであるというから、天龍の一種かもしれない。

長老がレインガ岬などのようなエネルギースポットで龍の姿をよく見かけるというのは、そういった場所には、たくさんの龍たちが集まっているためでもあるが、エネルギーが高いために、その姿がよりはっきり見えやすいからでもあるようだ。

アトランティス人によって封じ込められた龍たちを解き放つ祈り

レインガ岬を一通り見終わった後、宇宙に向かって高エネルギーが渦巻き状に流れるボルテックスの地での最初の祈りを行った。

セレモニーのはじめに、灯台の横から龍の頭にあたる半島の先端に向かってある石を投げた。その石は、来る途中、長老の事務所で頂いたワイタハ族が「龍の涙」と呼ぶグリーンストーン（翡翠《ひすい》）で、300メートルもの距離に到底届くものではないが、それは龍への捧げ物を献上する儀式として必要なことであった。

投石のあと、黒龍へのご挨拶《あいさつ》と長い間この地周辺に閉じ込められている多くの龍たちが、天に向かって飛び立つことができるように神々への祈りを捧げた。レムリア文明の始まりから長い間人間と共に暮らしてきた龍たちの多くが、レムリアが終焉《しゅうえん》を迎えようとしていた時代に、悪《あ》しき心を持ったアトランティス人によって結界に閉じ込められ、そのまま今日に至っているのだ。

アセンションによって我々人類が高次元世界へ移行しようとしている今、我々の守護霊的存在であった龍たちを解き放つことは、人類に課せられた大事な務《つと》めでもある。そのためのセレモニーが今回私がニュージーランドで果たす役割の一つで、これからもボルテックスと呼ばれる聖地において、何回かにわたって行っていくことになる。ボルテックスは龍たちの住処《すみか》であると共に、閉じこめられた場所の一つでもあるからだ。

ニュージーランド最北の地での最初のセレモニーを無事に終えて、帰路につくことになった。途中、ある半島の見える場所で車が止まり、長老があの半島の名前は「オオサカ」と呼ばれているのだと教えてくれた。

この日本名がついた半島には、一つの歴史が刻まれていた。それは、350年以上前のこと、58名の漁師が乗った日本の漁船がこの地に流れ着き、乗組員はその後、1635年に幕府から鎖国令が出たために日本に戻ることができなくなり、ニュージーランドに永住することになった。

彼らは「オオサカ」と呼ばれる港から出航したと語っていたことから、彼らが漂着した半島の地はオオサカと呼ばれるようになったという。オオサカという名前が本当にその頃からあったのかと地名由来辞典で調べてみたところ、1450年代に流行《はや》った連歌の中にその地名が出て来ているようなので、その頃には今の大阪港の辺りがオオサカと呼ばれていたことは間違いないようである。

数十年前に一度、ニュージーランド政府がこの名前を変えようとしたことがあった。しかし長老たち先住民が、歴史を物語る重要な名前であるから変えるべきでないと主張し、今日まで残されているのだという。

彼らはその後、ワイタハ族やマオリ族の先住民と結婚し子供をもうけたようで、その子孫が今でも各地におり、現に、トゥファレ・ランギ氏の奥さんの連れ子さんはその血を引いているという。どうやら、ランギ氏と日本とは何かしらの縁がありそうである。

第三章

シリウス、プレアデス、オリオン、金星そして地球・天皇家へ――ワイタハ族が保持する壮大な宇宙史！

長老が語る、さらなるワイタハの歴史

旅を終えパイヒアに戻ってきたのは、夜の8時。13時間に及ぶ長旅であった。その夜、食後の一時《ひととき》をくつろいでいると、長老が前日教えてくれたワイタハ族の歴史の続きを話し始めた。食後の話でもあるので軽い話かと気楽な気持ちでお聞きしていたら、とんでもない話が出てきたので、慌ててメモを取り始める。

ワイタハ一族の歴史を遡《さかのぼ》ると、レムリア時代にたどり着くことは前日お聞きした通りである。レムリア文明には建国当時からかかわっていたようなので、ムー大陸の沈没によ

ってその地を離れるようになるまで、数百万年という長大な年月にわたって住みつき、その間幾度となく栄枯盛衰を繰り返してきたようである。さらにレムリア以前に遡れば、シリウスに行き着くことになるのだという。

以下はその話の概要である。

おおいぬ座のシリウスの一つの惑星に高次元的生命体（おそらく5次元に近いのではないかと思われる）で、光のように輝くドルフィンに似た生命体が住んでいた。彼らを人間型生命体（ヒューマノイド）と呼べるのは、頭部と胴体、それにつながる手足を持っていたからである。ただし頭部に耳はなく、目は人間のそれより大きく、手や足の先はヒレ状であったという。

シリウスは2つの太陽を持つ連星系の星座であることはよく知られていることであるが、彼らが住む惑星の属していた恒星がある時から活動が弱まり始め、太陽としての機能が低下してきた。

そのため惑星の気温がしだいに低くなり、このままでは生活を続けることができない状態に陥ってしまった。そこで協議をした結果、自分たちの住む惑星に見切りをつけて、他の星に移住することになった。

長老の言によると、2つの太陽、AとBのうち彼らの遠い祖先が住んでいた惑星が属していたのは、太陽Bの方であったという。調べてみると、シリウスには現在太陽の働きをする恒星として、巨大なシリウスAとちっぽけなシリウスBがあり、Bは地球とあまり変わらないほどの大きさである。

それはかつて巨大であった太陽がしだいに小さくなってきたものである。そのため、密度が極めて大きく、白色矮星《はくしょくわいせい》と呼ばれているが、それは、恒星が長大な歳月を経たあと進化の最終段階に至ったためである。

どうやらワイタハ族の前身であるヒューマノイドがシリウスを離れることになったのは、シリウスBが白色矮星へと向かう変化を始めた時期に、遭遇したためではないかと思われる。

そうした経緯の中で、移り住む新しい惑星として幾つかの候補が選ばれ、その中に地球も入っていた。彼らは3次元的世界での学びを欲したからである。地球に向かって派遣された先遣隊の情報では、当時の地球は未だ彼らが移住するには適した状態ではなく、およそ140世代を待つ必要があるとのことであった。

しかし、シリウスBの衰退がそれほど長く待てる状況ではなかったので、建造された3機の超巨大母船アルファ（α）、ベータ（β）、ガンマ（γ）におよそ100万の生命体を乗せ、第一陣がシリウスを離れることになった。

彼らの住む惑星には、人間型生命体の他に、彼らを守護するたくさんの龍たちが棲息していたが、そうした龍たちの多くも一緒に旅立つことになった。それは、3次元世界においても守護的役割を果たそうとしたからである。どうやら、現在地球に高次元的存在として棲息している龍たちの一部は、こうしてやって来たものであるようだ。

宇宙船が先ず向かったのはオリオン座。そこには、琴座やプレアデスといった進化を遂げた多くの星々から派遣された、銀河系の星々の進化状態を調査研究する機関があったからである。そこで得た新たな情報もまた地球は興味深い星であるが、未だ移住には時期尚早であることを伝えていた。

オリオン座にある3つの星ミンタカ、アルニラム、アルニタカにも立ち寄ったものの、いずれも自分たちが理想としている世界とは異なっていたため、長くとどまることなく離れることにした。

その後に目指したのがプレアデス星団。プレアデスにはおよそ1500個の星が集まっているが、3機の宇宙船はそのうちの3つの星に分かれて滞在することになった。140世代をそこで過ごすためであった。

その間に彼らが学ばねばならない大事な点は、守護霊として共にシリウスを離れた龍たちとの関係をいかに保ちつづけるかという点であった。シリウスやプレアデスの4次元的世界では彼らは龍とつながることが容易にできたが、これから先向かう地球は3次元世界であるため、高次元的生命体の龍たちとの個々の関係をどう保ったらよいかが大きな問題となっていたからである。

今までは当たり前のようにお互いの存在を眼で見、肌で感じていた同士であるが、一旦3次元と高次元の世界に分かれてしまったら、3次元的存在となるシリウス人からは、龍の存在を確認できなくなってしまうわけであるから大変である。

そこで学んだのが、地球に降り立ったあとも龍との関係を維持するために龍たちとコンタクトを取り続け、お世話をする役割を持った人々を育成することであった。彼らには3次元的存在となっても龍の姿を眼にすることができ、龍たちと交流し続けることができるようにしておくことが必要であった。

やがて、そうした特別の役割を持った集団が一つの家系として誕生した。そしてその流れをくんでいるのが、ワイタハ族の中の「ルカファミリー」と呼ばれる一族であり、そのトップに立つのがファトゥクラという存在であった。

こうした準備をつづけながら140世代を過ごしたあと、いよいよ地球に向かって飛び立つ時が来た。プレアデスから太陽系内に入ったあと地球へと向かったが、金星に立ち寄り、しばらくその4次元世界で過ごした人たちもいた。金星は太陽系の星々の歴史や叡智、絶滅した種などを保存する博物館的な役割を持っているようであるが、途中下車した人々はこうしたものに関心を持った人々であった。

彼らもまた、時を経た後地球にやって来ることになるのだが、彼らは同じルカファミリーの中でも「メレ・ルカ（Mere-ruka）」と呼ばれる存在となった。「メ」は金星を表し、「レ」はシリウスの衰退していく太陽であるシリウスBを表している。つまり、「メレ・ルカ」とはシリウスの滅び行く太陽を離れ、途中で金星に立ち寄ったルカファミリーという意味になる。

ドルフィンから人間へ

3機の宇宙船のうち1機が着陸したのが、これから我々が訪ねることになるニュージーランド南島の「神の住処・神の巣」と呼ばれる一帯であった。

こうして地球に降り立ったシリウスからの生命体は、当時の地球には未だ人間が誕生しておらず、陸には恐竜、海には鯨やドルフィン（イルカ）が棲息している時代であったので、先ず海で生きることを選び、自分たちの姿に似ているドルフィンへと変容することとなった。ただ、すべてがドルフィンへと変身したわけではなく、一部は別の生命体である爬虫類や恐竜の肉体の中に入っていったものもあったようだ。

その後、彼らは数百万年の歳月を経たあと、地上での生活を求めて人間へと変容することになる。ある特殊な波動の音を出すことによってドルフィンの波動を上げ、人間の肉体へと変容を遂げることができたようである。こうして彼らは人間として地上界での生活が始まり、輪廻転生のサイクルを繰り返しながら今日に至っているというわけである。

しかし、そのままドルフィンで居続けるものもいたようで、それを裏付けるように、最近になって人間の仲間に入ってきた事例が身近で発生しているという。お聞きしてみると、それは北島のワイポリという町に住む長老のひ孫さんに当たる子供さんのようで、彼女は手のひらと足に水かきがついており、水中を泳ぐのが大変得意であるという。

彼女はドルフィンとして海の中にいた時の記憶を持っていて、時々お母さんに語り聞かせたり、またある時には、海岸などで遊んでいると、突然「魚たちが呼んでいる！」と言って海中に飛び込むことなどもあるという。

彼女が通常の魚類からの転生でないことが分かるのは、非常に頭がよく特に宇宙や数学に関する分野が得意で、8歳児とは思えないような太陽や月に関するすごい知識を持っていることである。ドルフィンが頭がよくて人を癒す力を持っていることは、読者もご承知の通りである。

両親が手と足のヒレ状の膜《まく》を手術で取り除こうとした時、これは自分だけにしかない特徴なので、残しておくといって手術を断ったというから、彼女は意識としてドルフィンの時代の記憶をしっかり認識しており、100%人間の身体に変身してしまうことに抵抗を持っているようである。

長老の語られるこうしたワイタハ族の歴史はなんとも驚異的な話であったが、実は、それによく似た歴史を持つ種族が他にもいるのである。それは、アメリカのカリフォルニア州の近くに住むシューマッシュ族という先住民で、たまたまその長老が、最近日本に来られ講演をされた時に、通訳をされたのが鈴木美穂さんであったことから、彼らの歴史の一端を聞かせて頂くことができた。

その長老のお話の概要はおよそ次のようなものである。

我々一族の祖先は、火と水が一つになって生命が住むことができるようになって間もない頃の地球にやって来た。太陽と月と地球が整列をなした時に、私たちの祖先は太陽のエネルギーを受け、それを保持しながら太陽系に入り、途中金星に立ち寄ったあとで地球に到着した。地球では、海の中で生活することを選び、イルカに変態して長い時間を過ごしたあと、人間へと生まれ変わり、今日に至っている。

まさに、「メレ・ルカ」一族の歴史そのものである。これだけよく似た歴史を持っていることを考えると、彼らシューマッシュ一族もシリウスから同じ宇宙船でやってきた、ワイタハ族の「メレ・ルカ」系の人々の末裔《まつえい》であると考えた方がよさそうである。

ワイタハ一族が3機の宇宙船でやって来たことはすでに述べた通りであるが、それぞれの宇宙船には黒色、赤色、黄色、銀色の龍たちを守護霊に持つ4つの系統の人々が乗っていたようなので、地球にやって来たシリウス人は3×4＝12の種族に分かれることになる。そしてその一つが、アフリカのドゴン族や、オーストラリアのアボリジニであり、また、ドイツのケルト族や日本の天皇家につながる人々になりそうである。

ワイタハの人々が自分たちの古い伝統に立ち戻ろうとする時、日本との結びつきを飛ばしては語れないのは、天皇家につながる人々はドルフィンから人間に変容を遂げた最初の人々であるからであるという。同じシリウスからやって来た仲間の中でも、そういった点から考えると、天皇家はいわば本家筋ということになるわけである。

戦時中、連合軍が皇居を空襲しなかったのも、また、占領軍の総指揮官として来日したマッカーサー将軍が陛下に謁見《えっけん》した後に、入国する前とはうってかわって、天皇家の存続に力を尽くすようになったのも、皇居に入った際に、天皇家のこうした隠された歴史の一部を知らされたからではないだろうか。

日本の敗戦と天皇の人間宣言の予言

実は、ワイタハ族は1924年の11月にマオリ族と一緒に来日し、天皇陛下に謁見している。この日本行きを推し進めたのが長老の父とその伯父タフポティキ・ウイレム・ラータナであった。それは、ワイタハ族がシリウスにつながる歴史やレムリア文明からの教えを今もなお保持していることを、龍蛇族系のトップに立つ日本の天皇家に伝えるためであったという。

1924年といえば大正天皇が崩御される2年前であるが、すでにその時には、ご病弱だった天皇に代わられて皇太子・裕仁様（後の昭和天皇）が摂政をしておられたようである。その裕仁皇太子は謁見の折に、「ラータナ、あなたがもし、予言者であるならば、我が天皇家に関する予言を述べて頂きたい」と要望されたそうである。

ウイレム・ラータナ氏は、ワイタハ族の中で予言者でありヒーラーとして知られていた人物であったが、皇太子殿下はそれを承知した上でお尋ねになられたものと思われる。その時のラータナ氏の発言については、ニュージーランドで発刊されているキース・ニューマンという方が書かれた『予言者ラータナ』という本に記されている。首都ウェリントンの書店でその本を探してみたところ、幸いにも入手することができたのでさっそく読んでみるとそこには、次のような驚くべき内容が書かれていた。

皇太子殿下、あなたはこれから天皇陛下となられた先、これまで営々として与えられてきた神格としての地位をあきらめる必要があります。それは避けて通れない道で、仕方がないことなのです。

代々天皇家が統治されてこられたこの家、この王国は、いずれ牢獄となります。そして、神格としての地位は奪い取られるでしょう。その時、あなたの民は、頭上で2つの閃光を見た時、塵《ちり》と化すことになるでしょう。

その時、あなたは神格を手放し、神の下にひざまずくことでしょう。しかしながら、恐れを持つことはありません。いずれ、あなたの民は再び立ち上がり力を取り戻すことでしょう。そう計画されているからです。

最後に、皇太子とその御付の方々にこう述べたという。

殿下は私の予言を信じられないかもしれませんが、今回の来日に関して大変な骨折りを頂いた、ここにおられる中田重治《なかだじゅうじ》氏（明治・大正・昭和期の日本におけるキリスト教伝道の重鎮）が私の今話したことのすべてを書き残されるでしょう。それはこの国の人々に対する私からの贈り物となるに違いありません。

皇居での謁見からおよそ20年後、広島と長崎に原爆が投下され、2つの閃光によって20万人を超す多くの人々が文字通り「塵と化」し、戦争終結の後、昭和天皇が神格を捨て神の座から降りられることになったのはご承知の通りである。

そしてまた、我が国が再び栄光を取り戻し、経済大国として世界に冠たる地位につくことになったことも、まさに予言の通りであった。

なお、この皇太子殿下との謁見の際に、殿下からはワイタハ族のラータナ（「太陽の人々」「太陽族」という意味）と呼ばれる人々がチャーチ（教会・聖堂）を再建することを、支援するという手紙を渡されたようで、それは今もなお、長老一族の元にその時殿下から賜った金貨や刀と一緒に、大切に保持されているとのことであった。

また、中田氏は2年後の1926年に、ラータナの教会堂が完成したあと、献堂式に招かれてニュージーランドを訪問しているので、実際に皇室から教会堂の建設に支援がなされたことは確かなようである。

87年前の謁見の件は、今、皇室に尋ねても「ウイレム・ラータナ」と言えば分かるはずだと、長老は語っておられた。天皇家ならびに日本民族の本流とワイタハ族の人々の長くて深い縁を感ぜずにはおれない話である。

不思議なことに、第二次世界大戦の折、日本軍は決してニュージーランドを攻めることはなかった。また、ワイタハの人々は日本の潜水艦が秘密裏に入港して来た時、食事を提供しもてなしたという。これも皆、ラータナの皇室訪問の歴史と龍蛇族としてのつながりがあったからに他ならない。

第二次世界大戦で日本がドイツと同盟を結び、共に戦うことになったのも、ドイツのケルト族が同じ龍蛇族の血を引く民族であったことと、関係していたのかもしれない。ふとそんなことが頭をよぎった。

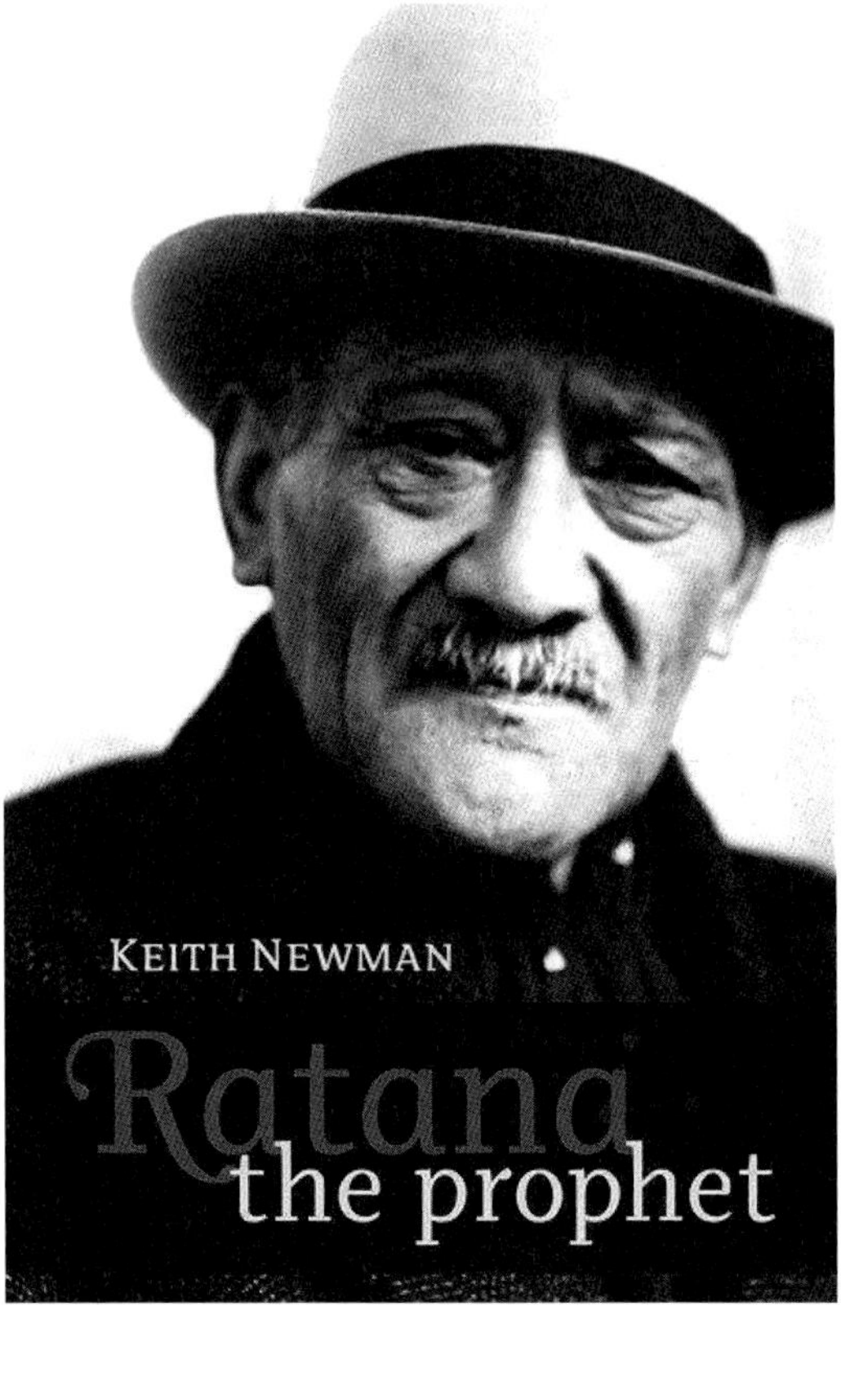

Ratana the Prophet『予言者ラータナ』
この本には、今から87年前の大正天皇時代、ワイタハの代表者ウイレム・ラータナたちが時の裕仁皇太子殿下（後の昭和天皇）に皇居で謁見したことが記されている。その時皇太子殿下の前で語られた日本と皇室に関する未来予言は、21年後に見事に的中することとなった。

アメリカやイギリスなどの連合国の多くが、アトランティス系の指導者によって統治されていたのとは反対に、日本やドイツなどはレムリア文明の血を引くムー民族であった。それを考えると、第二次世界大戦は遠い過去のムーとアトランティスの戦いの流れをくむ戦争であったのかもしれない。

次は私の帰国後の話であるが、3月に長老が来日された折、八ヶ岳山麓の我が家を訪れ四方山話《よもやまばなし》をされて2日間を過ごされた後、東京に向かわれた。ところが、翌日皇居を訪問中、偶然とは思えない出来事に遭遇することになったのである。

というのは、長老たち20人ほどの参拝者の前をお車にお乗りになられた天皇陛下ご夫妻が通りかかり、なぜか止まらんばかりにスピードを緩められ、両陛下がおそろいで窓から身を乗り出されるようにしてお手をお振りになられたそうである。そのため、長老はわずかな時間であったが、目と鼻の先で陛下と無言の謁見をさせて頂くことになったようである。

その時、同伴された中谷さんのお話しでは、深々と頭を下げられた長老の目には涙が浮かんでいたという。果たして、海外からたまたま来られた人の前でこんな出来事が偶然に起きるものだろうか？　否《いな》としかいいようがない。参拝する日が1日ずれるどころか、皇居に着くのがわずか数分ずれていただけで、それは実現することはなかったからである。天界の龍神様はなんとも見事なご手配をされるものである。

さらに不思議なことには、そのわずか15分後に東日本大震災が発生したのである。87年前、天皇家と日本の未来を見事予言された、あのウイレム・ラータナ氏の属するワイタハ族のエンペラーが、極めて短時間で、車の中と外とはいえ、同じ龍蛇族直系の陛下《エンペラー》と向かい合うことができたということ、また、その直後に日本を揺るがす大震災が発生したということには、なにか深い意味が秘められていたに違いない。私にはそう思えてならなかった。

人を守護する龍――奇跡のリンゴ木村さんとポロハウ長老の超体験！

シリウス星人の地球への移住に同行したのが、シリウスで彼らの守護霊的な役割を果たしていた龍たちである。そうした龍たちは今もなお世界各地に散ったシリウス系の人々をその地で守っているようである。

もちろん、彼らは高次元的存在であるため、一般の人間には見ることはできない。しかし、心の目が開いた人にはその姿を垣間見ることができ、そうした話が世界各地で龍に関することとして、伝えられてきているのである。

最近では無農薬のリンゴ作りで有名になられた木村秋則《きむらあきのり》さんが、青森県の岩木山《いわきさん》の麓《ふもと》で見た龍の話が有名である。読者も聞いたことがあるかもしれない。木村さんは身長が13

0センチぐらいの宇宙人に出会ったり、宇宙船に拉致《らち》されたり不思議な体験をしているが、若い頃、村の道を自転車で走っていた時にも、不思議な現象に遭遇している。

木村少年の目に、道路の向かい側をつなぎの服を着て鉢巻《はちま》きに長靴姿のおじさんが歩いてくるのが見えた。異変はそのすぐあとに起こった。

「あれっ」と少年は目を疑った。おじさんは片方の足を上げたまま、その場でぴたりと止まってしまったのだ。

その時、少年が同時に見たのがワニであった。道路に横たわったワニはよく見ると、長い髭があった。「ワニじゃない龍だ！」そう思った瞬間、龍は近くの松の木の上に、尻尾で立ったという。その時には松の木より長かったというからかなり大きくなっていたようだが、不思議なことに細い松の木が揺れたり折れたりすることはなかった。だから木村さんはこの話をするとき、龍の重さはゼロだということにしているという。高次元の生命体であるから確かに重さはゼロに近い。

しばらくすると、松の木の上にいた龍はそのまま空高く飛び立っていった。我に返った木村少年は、「あのおじさんはどうしただろうか」と道路の向かい側を見ると、おじさんは何事もなかったように、歩き始めていたという。

少年は、時間が止まった一瞬の間に、4次元的世界へ入り、龍の姿を見た、というより、見せられたものと思われる。それは木村少年に守護霊として龍がついていることを知らしめるためのものだったのではないだろうか。

その後の波乱の人生やリンゴの無農薬栽培という日本で初めての試みに挑戦し、見事にその道を切り開くことになった木村氏を考えると、十分ありそうなことである。

ワイタハ族（ルカ一族）の指導的役割を担っている人物にも、皆そうした龍が守護霊としてついているのだが、長老はそのことを示すご自身の体験談を語ってくれた。

ポロハウ長老が3歳の時、ルカ一族のファトゥクラであった祖父が112歳で亡くなった。その臨終の場にいたポロハウ少年は祖父が倒れようとする時、その体からスーッと抜け出た龍の姿を見ている。守護霊は人間の魂が肉体を離れるより数日早く抜け出るようである。抜け出る瞬間の姿はたいそう小さく、シルバー・ドラゴン（銀龍）であったが、上空に向かうにつれ虹色に変化し輝いていくのが見えたという。その時、水晶をぶつけ合う時のような澄んだきれいな音色が辺りを包んだそうだ。龍体は次第に大きくなり、どんどん伸びて天に向かって上昇していったという。

龍の1世代はおよそ2000年であると言われているが、守護していた一人の人間が亡くなると、間をおかず、すぐに新たに誕生する赤子の肉体に宿り守護の役目につくのだそうである。宿った人間の寿命にもよるが、２０００年あれば30人や40人の守護霊となることができる。また、長老にお聞きしてみたところ、ワイタハの人々でもそのすべてに龍の守護霊がつくわけではなく、それがつく割合はおよそ40％ほどだという。

人間は創造主に属し、その守護霊たる龍は神界に属するという。これは少年和宏君が私に話してくれた内容と同じである。人間の魂は死後３日ほど肉体にとどまるが、龍は瞬時に抜け出て新たな役目につく。なお、長老の祖父は亡くなられた後、長老が幼少だったため、補佐するためしばらく地上界にとどまったあと、輪廻を終えられたのでシリウスに向けて旅立って行かれたという。長年にわたる地球上での役割を無事終えられての、栄えある帰還であったに違いない。

ポロハウ長老が死者の霊を見ることは日常的であるらしく、この日もレインガ岬の展望台にいる頃から、82歳の伯父さんにあたる方の霊が、死を間近にして一時的に肉体を離脱して出現して来ているのを見ている。

その夜には死によって完全に肉体を離れた魂が再び長老の前に出現し、あの世に旅立つにはどうしたらよいのか聞きに来たという。「光の存在（龍）に導かれてついていけば大丈夫だ」と話してやったら、安心して離れて行ったという。翌朝、出発する直前にその方の奥さんから「昨夜9時頃夫が亡くなった」という連絡が入ったようである。

第四章

結界に閉じ込められた龍神たちを救い出す シークレット・ジャーニー

ワイタハ族ルカファミリーは、エジプト王家とも密接につながっていた！

1月14日は朝からおよそ500キロ南にあるロトルアの町に向かう。一般道を走るためかなり時間がかかりそうである。途中、景勝地に立ち寄ったり写真撮影に時間を費やしたりしたため、目的地に到着したのは夕方の5時過ぎ、8時間を超す旅となった。

ロトルアがニュージーランドを代表する観光地であるのは、市街地のすぐ近くにこの国で2番目に大きいロトルア湖があり、そこに浮かぶモコイア島にはツタネカイとヒネモアの恋物語を伝える有名な伝承が残されているからである。

この地は世界的にも珍しい大地熱地帯で、現在もたくさんの火山が活動しており、周辺には間欠泉をはじめとする、独特の景観とバラエティーに富んだ温泉が散在している。ロトルアの街もその中の一つで、有名な温泉地である。

案の定、車を降りると温泉町特有の硫黄の臭いが漂っており、町のあちらこちらから白い湯気が出ているのが見える。町全体が温泉地であるようで、そこは古くから先住民にとって身体と心をいやす、スパの地として親しまれてきた土地でもあったようだ（巻頭カラーページ参照）。

湖の近くにポリネシアン・スパと呼ばれる人気の高い温泉施設があったので、さっそく行ってみた。そこは有料の温泉で、家族風呂や子供の遊び場などの様々な施設があり、まるでプールのような浴槽がいくつも用意されていた。ロトルア湖やそこに浮かぶモコイア島を眺めながら湯に浸《つ》かる気分はなかなかのものである。明日は早朝からこの島に渡り、かつての祭祀の場を訪ねて長老と共に祈りを行う予定である。

その夜、食事を挟みながら長老から、ワイタハ族の中で重要な役割を担っているルカファミリーの歴史についての話を、お聞きすることができた。

彼らはレムリア文明が滅亡した後、シリアを経由してエジプトに渡り数千年の時を過ごし、エジプト文明の創成期にあたる古王国時代には、王政にも参加していたことは、先述した通りである。

そうしたことは、ワイタハ族に伝えられている伝承や長老の家系に代々残されている古文書等で明らかになっていることであるが、それを確かめるために、長老はカンタベリー大学を卒業した1967年に、2人の弟子を連れてエジプトに渡った。

有名な三大ピラミッドがあるギザからナイル川を遡ると、有名な古代建造物が立ち並ぶルクソール遺跡があり、また川を挟んで反対側には、「王家の谷」がある。そこはラムセス4世やツタンカーメンに代表される代々のファラオが眠る墓地である。

そこを訪ねたポロハウ青年は、ルカファミリーの先祖（家系）につながる証拠となる絵文字の写真を撮ろうとしたところ、警護をしている兵士に銃を突きつけられる羽目に陥《おちい》った。そこで、「自分はニュージーランドから来たワイタハ族のルカファミリーに属するもので、自分たちの一族がエジプト王朝につながる証拠を求めてやって来たのだ」と説明すると、近づいて来た上司は突然威圧的な態度を改め、部下にポロハウ青年の求めている写真を撮ってくるよう命じた。

兵士が撮影してきた写真を後で現像してみると、そこには、アラビア語でメレ・ルカ（Mere-ruka・金星のルカ）と書かれていた。それは紀元前3000〜紀元前2500年（彼らがニュージーランドに渡来するしばらく前）頃の古王国時代初期のファラオの名前

王家の谷
エジプトのルクソールにある王家の谷には、エジプト文明初期の王家のファラオ一族が眠っている。そこには、かつて王政に参画したワイタハのルカファミリー一族の痕跡が残されていた。

に添え書きされていたものであった。

どうやら、ポロハウ青年が遭遇した上司は、彼が自分の一族につながる人物であることを瞬時に悟ったのだろう。彼らとポロハウ青年は、後日、話をする機会を持つのだが、彼らはポロハウ青年が使うワイタハ語の中に古代エジプトの言語がしばしば登場することに非常に興味を示したという。

そんなこともあって、古代エジプトに親しみと関心を持ったポロハウ青年は弟子の2人を先に帰し、自身は2年間エジプトの地に滞在する。それによってニュージーランドのワイタハのルカ一族が、古代エジプト王家につながっていることがさらに確かなものとなったようである。

地下マグマにつながるエネルギースポット「モコイア島」での祈り

1月15日早朝、ロトルア湖（Lake Rotorua）のモコイア島（Mokoia Island）に渡る。この島は地下マグマにつながるエネルギースポットで、古くから先住民の聖地とされてきた島である。そのため、かつては一般住民は上陸することができず、祭祀を行うポロハウ長老やシャーマンなどしか渡ることができなかったようである。しかし、現在は一般観

モコイア島に渡る
上陸した海岸の近くに立つツタネカイとヒネモアが彫られたアーチの前で、鈴木美穂さん、ポロハウ長老、ランギ氏と。

モコイア島の温泉
ロトルア湖に浮かぶモコイア島には、ツタネカイとヒネモアの恋物語に登場する湖岸の温泉が今も残されている。ポロハウ長老たちがこの島で２年に１度行う祭祀の際には、必ずこの温泉で身を清めることになっているようである。

光客も出入りができるようになったため、一日に何便かの渡し船が出ている。

モコイア島は湖のほぼ中央にあり、周囲1・6キロほどの小さな島である。今日は次なる目的地への移動に時間がかかるため、島での滞在時間は1時間ほどしか取れない。朝一番の渡し船に乗って島に向かった。

この島には次のような古いラブストーリーが残されている。


ヒネモアはロトルア湖東岸の首長の娘。若くて美しいヒネモアはある部族の集会で、モコイア島に暮らす部族で戦いの技に優れた青年、ツタネカイに一目惚れする。

一方のツタネカイもヒネモアに惹かれたものの、身分が低いため叶《かな》わぬ恋と諦《あきら》めるしかなかった。しかし彼女に対する思いは募るばかりで、ツタネカイは島の岸辺に腰掛けては日ごと、笛を吹き続けた。

彼の吹く笛の音は対岸のヒネモアの部族の耳に届き、二人の恋に気付いたヒネモアの両親は娘が島に渡ることのないように、持ち船のすべてを陸に引き上げてしまった。

それはヒネモアの心をさらに彼のもとに向かわせることとなる。とうとうある晩ヒネモアは島に渡ることを決意し、腰に浮き輪代わりにひょうたんをくくりつけ、冷たい湖を泳ぎきってやっとの思いで島にたどり着く。

島にあがるとそこには恋人ツタネカイが待っており、冷え切ったヒネモアを用意した温泉に入れて温めてやった。再会した二人は結ばれ、やがてたくさんの子宝に恵まれた。その直系は祭祀として島を守ることになった。

観光ガイドなどを読むと、この物語はすべてマオリ族の遠い祖先の話として語られているが、実際は二人の男女はマオリ族ではなく、ワイタハのルカ一族のご先祖であったようである。それればかりかポロハウ長老の語るところでは、肝心なところが大分違っていた。二人が好きあった点は一緒だが、家族が二人の結婚に反対したのは身分の違いなどではなく、二人ともワイタハの祭司の家系であったことから近親結婚を避けるためであったのだという。

二人はきわめて血統的に近い間柄であったので、身体の不自由な子供が生まれることを心配したようだ。現に5人目の子供は頭がよすぎたために黒魔術に走り、早死にすることになったという。

二人の間に生まれた子供の数は8人。実はツタネカイはモテモテの男だったようで、ヒネモアの他にも数多くの女性がおり、それらの女性との間に生まれた子供はなんと87人だったというから、淡い恋物語とは話が大分違うようである。

長老の家系は、母方がヒネモアの血をひく8人の子供の長子の直系（アラワ家）で、父方は87人の子供の直系。ポロハウ長老はツタネカイから数えて10世代目に当たるというから、この話は今からおよそ1000年ほど昔の話、つまりマオリ族がニュージーランドに渡って来るより300年も前の話ということになってくる。

なお、長老が言う1世代というのは、ファトゥクラは「祖父」から「孫」に継承されることから、およそ100年ということになるのだそうだ。

こんな昔話をお聞きしながら島に着くと、海岸のすぐ近くには今もその温泉が残されており、そこにたたずむと、ツタネカイに抱かれたヒネモアが湯の温かさで、しだいに生気を取り戻していく姿が思い浮かぶようであった。

長老の家系で代々ファトゥクラを務めることになる人間は、島に渡りこの地で天とつながる儀式を行う習わしとなっている。ポロハウ長老が最初にこの島に連れてこられたのは、3歳の時であったというから、先代のファトゥクラであった祖父が亡くなる直前のことだったようだ。

儀式は3日間の断食を伴い、儀式の前にはこの温泉に入り身を清めることになっているという。手を入れてみると私にはちょうど適温であったが、ワイタハの人々にとってはかなり熱く感じられるようで、すぐ隣の入江から水を汲んで温度を下げてから入るのが常のようである。

そういえば、昨日ポリネシアン・スパで温泉に入った際、私が気持ちよさそうに湯に浸かっていると、こんなに高温の湯に入って熱くないのかと、何度も聞かれた。どうやら彼らには40度を超す湯は熱湯に感じられるようである。

この島の頂近くには、ワイタハ一族の亡くなった人たちの名前を残す聖地がある。ファトゥクラは温泉で身を清めた後、観光客が上る道とは異なる「聖なる道」を上って、その儀式を行う。

名前は石板に残したりするのではなく、ファトゥクラが名前を読み上げることによって、この島を取り巻く上空の磁場帯に刻むのだという。長老の話から察するに、それは宇宙にあるアカシックレコードのようなもののようである。その儀式のために、彼らは少なくとも2年に一度はこの島で祭祀を行う必要があり、近年では、2007年、09年に行っており、今年はその年に当たるので10月に行う予定だという。

その時期に合わせて、我々がこれから向かうトンガリロ国立公園にあるトンガリロ山でも聖なるセレモニーを3日間かけて行う。このトンガリロ山での祈りも一般の人々が歩く道は一切使わずに、聖なる特別の道を歩いて移動するのだそうだ。

ロトルアからトンガリロに向かう道中で、トゥファレ・ランギ氏と

長旅を終え、トンガリロ国立公園内にあるホテルでくつろぐポロハウ長老と著者

トンガリロ国立公園へ――噴火の時は、守護龍が知らせてくれる！

島を離れた私たちは、タウポの町を通ってトンガリロ国立公園へ向かう。

1時間ほど走ると高台からニュージーランド最大の湖、タウポ湖が見えてきた。それはおよそ1800年前に起きた火山噴火によってできたカルデラ湖で、その大きさは東京23区とほぼ同じ、高台から眺めるとまるで海が広がっているようである。

その湖岸に開けた町がタウポである。観光案内図を見ると、周辺にはクルーズで巡る風光明媚な景勝地が散在しているようであるが、観光旅行に来たわけではない我々にはそれを楽しんでいる余裕はない。

タウポの町を走っていると、海岸沿いの一角でゴルフクラブを振っている姿が見えた。よく見ると、タウポ湖に浮かぶグリーンに向かって打っている。同行のランギ氏の話では、見事にホールインワンを成し遂げたら1万ドルの賞金がもらえるのだという。およそ70万円が手に入るのだから挑戦のしがいがあるということだろうか、順番を待つ人の列ができていた。

グリーンまでの距離は102メートルと書かれている。ゴルファーにとっては短めなショートホールであるが、ホールインワンとなるとなかなか大変だ。数年に一人出るかどうかというところではないだろうか。

18球で15ドルだそうだから、そのくらいの確率でないと経営者は採算が合いそうもない。車中で湖に向かって飛んでいく白球を見ていると、ゴルフを半ば仕事にしていたサラリーマン時代が懐かしく思い出されてきた。

ニュージーランドは日本と同様、世界有数の火山国である。それは日本列島が太平洋プレートや北米プレート、ユーラシアプレート、フィリピン海プレートなどと重なるエリアにあるように、ニュージーランドも太平洋プレートとオーストラリアプレートが重なり合った位置にあるからである。

その中でも、ニュージーランド北島で最も火山活動が活発なエリアが、ロトルアからタウポを抜けてトンガリロ国立公園に向かう一帯である。今我々が見てきた巨大なタウポ湖は、西暦186年に起きた火山の爆発によってできた湖であるが、この噴火はかなり大規模なものであったようである。ちなみに、2万6000年前の大噴火は過去7万年の地球の歴史で、最大規模のものとされている。

この西暦186年の火山爆発については、当時のローマや中国の古文書にも「日中に日が陰ったり、異様に赤い夕陽が見られた」という大噴火の影響を示す記録が残されており、

トンガリロ国立公園の山々
残雪を頂くのがルアペフ山（2797メートル）、富士山によく似ているのがナウルホエ山（2290メートル）、その手前にあるのがマラキーホ山（1898メートル）とトンガリロ山（1968メートル）。今回の祈りのためのトレッキングはナウルホエ山の麓を通って、マラキーホ山からトンガリロ山を踏破するものであった。

そのすさまじさをうかがい知ることができる。

長老の語るところでは、それは遠い過去の話というだけでなく、現在もなお、国立公園内にある3つの火山の主峰ルアペフ山は、1995年、96年、2007年、それに2009年と噴火活動が続いており、長老は再び地球の気象に影響を及ぼすほどの大噴火が起きないとも限らない状況だと、案じておられた。

2009年の9月に起きた噴火には、次のような興味深い前兆現象が発生していたようである。噴火の4カ月前の5月にポロハウ長老はトンガリロ山とルアペフ山を訪ねている。それは、先述したモコイア島でのセレモニーに併《あわ》せて祭祀を行うためであった。その時、突然西の空から3体の黄金色に輝く金龍が出現し、ルアペフ山の上空で重なるように一つとなって天に上がっていくのが目撃された。

その時長老には、そう遠くないうちに、ルアペフ山が噴火を始めることを知らせる金龍からのメッセージが届いた。そこで、麓で火山活動の調査をしている友人に、近い内に大規模な噴火が起きる可能性が大きいことを告げた。それは「いつ頃になるのか」と問われたので、長く待って3~4カ月ぐらいだと答えたという。

火山活動の調査のような自然とかかわる仕事に従事している人たちには、ワイタハ族長老の言は、龍たちからのお告げであると素直に受け止める心があるようで、その話を聞いた彼は上司に相談し、さっそく観測作業を中止して下山。一般客の入山も禁止することにした。

実際に噴火が起きたのはそれから4カ月後のことであった。もしも、龍からの警告が寄せられなかったら、あるいは、彼らが長老の言に耳を傾けず無視してしまっていたら、大変な被害が発生するところであった。

こうした話を聞くにつけ、龍たちは災害を止めることはなくても、人間にその発生を警告することは昔から続けてきていたようである。彼らはワイタハ一族を守護するという役割を今もなお忘れることなく、シリウスの時代から営々と続けてきているのである。

5時間ほどの旅を終えて、ようやく目的地トンガリロ国立公園内にあるホテルに到着した。日が沈むまでに時間があったので、長老の案内で周辺を散策してみた。辺りの標高はおよそ850メートル、ちょうど私が住む八ヶ岳山麓の町と同じくらいの高さである。

目の前にそびえるルアペフ山（Ruapehu 標高2797メートル）を筆頭に、ナウルホエ山（Ngauruhoe 標高2290メートル）、トンガリロ山（Tongariro 標高1968メートル）の三山は、古くからワイタハ族やマオリ族の聖地として崇《あが》められてきた山である。

今から百数十年前、この辺り一帯を統治していた首長であったヘウヘウ・トゥキノがヨーロッパ人入植者たちによる乱開発を防ぐために、国家による管理を求めて広大な土地、

トレッキングの始まり

険しさを増し始めた登り道

標高1600メートル付近

標高が1800メートルを超す辺りから濃い霧が立ちこめ出し、登頂を諦め下山する人が出始めた。

7万ヘクタールを国に寄進した。そのためにこの地は乱開発されることなく今日を迎えており、1894年には、ニュージーランド最古の山岳国立公園に制定されている。

このテ・ヘウヘウ・トゥキノ首長は一般的にはマオリ族の人間と思われているが、実際はワイタハ族のルカファミリーの族長であった。つまりポロハウ長老の祖父の代の縁者であったというわけである。

トンガリロ国立公園のユネスコの世界遺産登録には、こうした歴史的・文化的意義と火山活動によって生まれた壮大な自然景観の素晴らしさを保持しようとする、両面の意味が込められているようである。

聖なる湖「龍の目」での祈り――龍一族解放の役目を果たすとき!

1月16日は、私がニュージーランドの地にやって来た大事な役割の一つを果たす日である。それは、トンガリロ山をはじめナウルホエ山やルアペフ山が連なったトンガリロ・アルペンルートの縦断に挑戦し、その地に長い間閉じ込められてきた龍たちを解放することであった。

標高2000メートル近い連山、トンガリロ山とマラキーホ山（Mt. Marakihau）の山頂付近には、「龍の目」といわれる吸い込まれそうなエメラルド色をした湖があるが、そこには長い間、たくさんの龍たちが結界の中に閉じ込められたまま、この地を離れることができずにいるのだ。

マラキーホからトンガリロを抜けるコースは1日で歩けるため、トンガリロ・アルパイン・クロッシングとして人気が高く、ニュージーランドのみならず海外からも多くのトレッキング愛好家が訪れている。しかし、気楽に歩けるコースと勘違いし、十分な装備を持たずに参加し問題を起こす人が後を絶たないというから、天候がよければ別だが気温が低かったり、風の強い日などには、気楽な気持ちでトレッキングを楽しむことは、避けた方がよさそうである。かく言う私自身がその問題児になりそうになるのだから笑ってしまう。

ホテルから登山口となるマンガテポポの駐車場まで車で20分、そこからポロハウ長老とトゥファレ・ランギ氏、それに鈴木美穂さんと私の一行4人は、山頂を目指して出発した。時計を見ると7時半前、気になるのは、天候がしだいに悪化しそうな気配を漂わせていることであった。

しばらくは、マラキーホ山とトンガリロ山につながるナウルホエ山の麓《ふもと》を歩く。一帯は小さな川が流れるゆるやかな傾斜地で周辺には草地が広がっている。川辺に咲く可憐な花を写真に収めながらの歩行は、まさにトレッキング気分である。晴れていれば前方に富士

すでに出発から４時間近くが経過しているというのに、一向に山頂が見えてこない。霧だけでなくしだいに強風が吹き始め、岩陰に隠れないと谷底に飛ばされそうになってきた。

一瞬の霧の晴れ間から山頂付近が見えた。稜線の左右は絶壁である。この辺りから寒さと疲労で倒れる人が出始めた。これから先の200〜300メートルが胸突き八丁である。

一瞬、眼下に目指す湖の姿が見えたが、すぐに消えてしまった。天に向かって何とか霧が晴れてくれるよう念じる。

願いが通じたのか、エメラルドグリーンの湖の姿が目に飛び込んできた。ヒネ・コロワイ湖である。

山によく似たナウルホエ山の勇姿を見ることができるはずだが、あいにくの天気で山麓まで雲がかかっており、すそ野の辺りしか目にすることはできない。

およそ2時間ほど歩いただろうか、ようやくマラキーホ山への登り口にたどり着く。そこまでの道中で、いつの間にか長老たち二人は遅れてしまったようで、姿が見えなくなってしまっていた。さらに登って川の源流部付近でしばらく待っていたが一向に登ってこないので、鈴木さんと二人で先に登ることにした。

後で分かったことであったが、実は、長老たちは途中で意図的に下山を始めていたようである。それには後で記すような理由があったのであるが、そんな事情は知るよしもない私たち二人は、他の登山客の後についてひたすら頂上を目指すことになった。

苦難の登頂に、隠されたミッションがあった！

道はしだいに険しくなり、ゴツゴツした岩山をよじ登ることになる。途中人工的に造られた階段の道が続くのだが、私の短い足にはその段差が合わないようで、かえって岩山の方が楽なように感じられた。

登り始めて3時間が過ぎた頃であろうか、標高を確かめると1600メートル、出発点からおよそ600メートルほどを登ったことになる。この辺りからしだいに寒さがきつくなってきたので、リュックからアノラックを取り出し着用する。南極と北極に行ったときに着た馴染みの防寒具であるが、これを身につけるといつものことだが緊張感が走る。

山頂が近づくにつれ、足下は砂礫《されき》と砕けた岩石だらけの急斜面となり、歩行が一段と厳しさを増してきた。前を歩く人の足元から小石が転がり落ちてくるので、少し離れて登らないと危険である。それでも何とか頑張ってもう少しで山頂という地点にたどり着いた頃から、霧が立ち込めて進む道が見え隠れし始めてきた。霧は一瞬晴れるのだがすぐに元に戻り、先方を行く人の姿が消えてしまう。

さらに困ったことに風が強くなり始め、しだいに先に進むのが困難になってきた。途中、途中で大きめの岩を見つけてはその陰に隠れ、風を避けながら様子を見るのだが、一向に霧は晴れそうになく、風の勢いは増すばかりである。

もうすでに5時間は登り続けているのだから、山頂は間近であるはずだ。しかし先がまったく見えないので、自分たちが今どの辺りにいるのか皆目見当がつかない。霧の晴れ間に辺りを見回すと、いつの間にか前後の人の姿が見えなくなってしまっている。あまりの悪天候に途中から引き返した人たちが大分いるようだ。

それでもしばらく登ると、霧の晴れ間に一瞬、山頂らしき姿を垣間見る瞬間がある。お

ヒネ・コロワイ湖
マラキーホ山の山頂の近くにある３つの湖「龍の目」の中で最も大きく、女性性を持つ湖。

よそ距離にして200〜300メートルのようであるから、もう目と鼻の先であることは間違いない。ところがここから先が一段と厳しさが増すことになるのだ。狭い稜線《りょうせん》の左右を見ると深い絶壁となっているようで、万が一落ちたら一巻の終わりである。

霧で周囲がはっきり見えないのがむしろ幸いである。しかし、一瞬霧の切れ目から覗く谷底を見て、鈴木さんが不安の声を上げ始めた。年老いた私はどうでもいいが、若い彼女に万が一のことがあったらどうしよう、そんな不安が脳裏をよぎる。

我々のそんな心配など委細《いさい》かまわず吹き抜ける風はますます勢いを増し、瞬間風速は30メートルを超してきているようだ。まるで大型の台風並みの強さである。立って歩くと崖の底に飛ばされそうで前に進むことができなくなってきた。私たちの後を歩いている人たちも、同じ目に遭い歩みが止まっているらしく、追い抜いていく人は一人もいない。

あまりに風が強いため、途中の岩に隠れて風を避けようとするのだが、山頂が近いためか、身を隠すほどの大きな岩が見当たらない。仕方なく小さな岩を見つけてはそれにしがみつきながら風の弱まるのを待って少しずつ前に進む。

時には岩と岩の途中で強風に晒《さら》されることもある。そんな時には砂礫の上に這《は》いつくばって風をやり過ごすしかない。立っていたら吹き飛ばされてしまうからだ。お陰で手は傷だらけで胸にぶら下げたカメラは砂まみれである。

一段と強まった風で私の代わりに、愛用の帽子が谷底に飛んでいった。それを見た鈴木さんが「身代わりですね」とジョークを飛ばしたが、言っている顔が引きつっている。こんなひどい状況に遭遇することを知っていたら、二人とも最初から登りはしなかっただろうが、怖いもの知らずとはよく言ったものである。しかし、今更引き返すわけにはいかないから、ひたすら前に進む。

どうにか頑張って、ようやく山頂と思われる辺りにたどり着いた。持参した標高計を見ると、ほぼ2000メートルを指している。間違いなく山頂である。辺りを見回すと、岩陰には何人かのグループが身を隠し、寒さと風を凌《しの》いでいる。隣り合って腰を下ろすと、とりあえず登り切った安心感で、急に疲労感が出てきた。

本来なら眼下には目指す3つの湖が見えるはずである。しかし、未だに消えない雲と霧のため、まったくその姿は見えない。しばらくじっとしていたが、いつまでも山頂にいるわけにはいかないので、意を決して、登ってきたのとは反対の稜線を降り始めることにした。降り立った先には目指す池があるはずである。

風はどうにか少し弱まってきたが、それでもうっかりすると吹き飛ばされそうになる。それに下り道は相当に傾斜がきつく、風で吹き溜まった砂でまるで砂の急斜面を滑り降りるような状態である。登りよりさらに危険な感じだ。

手前がマリンガ・リンガ湖、奥がタマ・アロランギ湖。

エメラルド色に一段と輝くタマ・アロランギ湖。霧と強風でほとんどの登山客が途中から下山してしまったようで、湖の周辺には人の姿がまったく見えない。まるで我々の祈りのために、天が登山客を遠ざけてくれたようである。

何度となく足を滑らし数メートル下に滑り落ちる。カメラは砂まみれ、両手はすり傷、切り傷だらけであちこちから血が滴っている。傷口に当てたハンカチがあっという間に真っ赤に染まってしまった。急いでリュックから包帯を取り出し血止めをする。

鈴木さんは若くて身のこなし方が軽いせいか、さほどやられてはいないようだ。しかし、これ以上無理をして滑り落ちては大変なので、二人で腰を下ろし様子を見ることにした。

メガネの汚れを落とし、カメラの砂を払って一休みしていたその時である、眼下に目をやっていた鈴木さんが突然、「あっ湖が見える!」と叫んだ。驚いて下を見ると、一瞬であったが確かに湖の姿を垣間見た。うっすらと緑色に見えたので、目指す3湖のどれかに違いない。

思わず天に向かって「霧を晴らしてくれ!」と叫ぶ。少しばかりのことでは願いが叶えられそうもなかったので、渾身の力で祈ることにした。およそ5分ほど祈り続けただろうか、再び鈴木さんの嬉しそうな叫び声が聞こえたので目を開けると、先ほどよりは一段と鮮明な湖の姿が目に飛び込んできた。

空を見上げると、なんと雲が切れ太陽が覗き始めているではないか。周囲からも思わず歓声があがった。上空を飛ぶ金龍が手助けをしてくれたのに違いない。それは理屈ではなく、直感として私の頭を駆け抜けた4次元的意識であった。

天気の回復があと30分遅れていたら、我々は湖の存在も確認できずに、祈りもほどほどにその場を立ち去ることになっていただろう。それを思うとなんともそのタイミングの絶妙さに驚きを禁じ得なかった。

しだいにはっきりと見え始めた眼下の3つの湖「龍の目」は、大きさとその色がそれぞれ異なっているのが分かる。出発前に長老が教えて下さったのは、見下ろして右手手前の大きめの湖がヒネ・コロワイ（Hine-korowai）と呼ばれる女性性を持つ湖である。

左手奥のエメラルド色が一段と輝く湖は男性性を持ったタマ・アロランギ（Tama-arorangi）。さらに、左手手前の3湖の中では一番小さい湖は神に属するマリンガ・リンガ（Maringa-ringa）である。掲載した写真を見て頂ければそれらがいかに神秘的で美しい湖であるかが分かるはずだ。

長老たちがここでセレモニーを行う時は、男女二人の祭司ファトゥクラとマトゥクラがペアーを組み、それぞれが男性湖、女性湖で祈った後、最後に神の湖で共に祈るのだという。私たちもそれにならって鈴木さんと二手に分かれて祈ることにした。私はタマ・アロランギに向かい、湖岸に腰を下ろして無事この地に立てたことの礼を述べた後、祈りに入った。

願いは唯一つ、それは、閉じ込められた龍たちが大神様の力によって解き放たれ、神界に戻ることであった。それが叶えられたなら、彼らはきっと、人類が高次元の世界へ無事移行できるよう手を貸してくれるに違いない。

今回の旅に出る前、神界から来た和宏少年からニュージーランドには日本と違って翼のある龍たちが多いことと、４００体に及ぶ龍たちが、今もなおアトランティスを崩壊に追い込んだ邪悪な存在によって閉じ込められていることを知らされていた。それはニュージーランドに着いた直後に、車の中でポロハウ長老が語られた話と一致するものであった。

そうした龍たちを救うことは、なぜか長老たちワイタハ族の祭司の祈りだけでは叶わないことで、日本の地から私のような者がやって来て、祈りをすることが必要だったようである。

後日、長老が語ったところでは、龍の中にも位があるらしく、日本に棲むランクの高い「黄金の金龍」を伴ってやって来た者のみが救い出すことができるのだという。果たして今回の私の旅には、その金龍さんがついて来たのだろうか。

ただの凡人である私にはそういったことはまったく分からない。ただ一心に祈りを捧げるだけである。しかし祈っていると、長い間閉じ込められていたたくさんの龍たちの無念の思いであろうか、無性に涙が出て仕方がなかった。

同じ頃、麓《ふもと》のホテルの一室では、ポロハウ長老とトゥファレ・ランギ氏が瞑想に入っていた。突然、ランギ氏が「あっ雲が晴れ出した」と叫んだという。それを聞いた長老は大きく頷《うなず》き、「彼らは今大きな峠を越えた。後は祈りをするだけだ」、そうランギ氏に伝えた。

私の祈りに合わせて、二人もまた深い祈りに入られた。しばらくすると、二人の心の眼には無数の龍たちが天に向かって飛び立って行く姿が浮かんできた。二人はその時、今回の祈りの旅が一つの大きな山を越えたことを確信したという。

ランギ氏が雲の晴れ間を見た時刻を記憶していた。彼が宿に帰った私たちに告げたその時刻は12時30分、まさにそれは、雲の晴れ間からエメラルド色に輝く3つの湖が目に飛び込んできた時刻であった。

ついに結界の外へ飛び立った無数の龍たち……

タマ・アロランギ湖での祈りを終え、神の湖マリンガ・リンガに向かった。周囲には我々以外誰の姿も見えない。まるで我々の祈りのために神が人を遠ざけて下さったようである。湖畔に立ち、龍たちが結界の外に飛び立つ姿を心に描きながら、ひたすら祈った。

長い祈りを終えてふと空を見上げると、晴れ間が広がり始めた空になんとも不思議な光景が広がっていた。それは、龍の姿をした何百という数の小さな雲が一群となって空を飛ぶ壮大な光景であった。こんな光景は生まれてこの方見たことがない。それはまさに解き放たれた龍たちが天に向かって飛び立つ姿そのものであった。

横に立って見上げていた鈴木さんからも思わず歓声が上がった。「やりましたね！　浅川さん」。見ると彼女の目から大粒の涙が流れていた。頷く私の顔も溢《あふ》れるうれし涙でびっしょりである。

私はひたすら空を見上げながら、飛び立つ龍たちの姿に見入っていた。その時私の心を満たしていたのは、果たすべき役割を終えたという心地よい達成感であった。かつてこれほどまでの気持ちを味わったことがあっただろうか。

祈りを終えた私たちは、急いで下山を始めた。改めて周囲を見回すと人の姿はわずかしかない。やはり、みな途中で引き返してしまったようだ。振り返ると悪戦苦闘した山頂付近に、赤い絶壁がそそり立ったレッド・クレーターが見える。さらにそこから湖へと降りて来る道筋に目をやると、なんとも急な斜面が続いており、よくもあんな斜面を降りてきたものだと、今さらながらに感心する。「無我夢中」ならぬ「無我霧中」であったからこそできたことであった。

その後、再び少し急斜面を登るとそこにはブルー湖と呼ばれるかなり大きな湖があった。この湖もなかなかきれいな湖で、その青々とした湖面には、いまだに消えずに残っていた千切れ雲のような龍雲の姿がきれいに映し出されていた。そんな湖の姿を眺めながらトンガリロ山の中腹を抜けて下山することになった。

途中、眼下には昨日見たタウポ湖が広がっている。湖の外れに霞《かすみ》がかかっていることから、それが巨大な湖であることが分かる。嘘のように晴れ渡った青空の下《もと》、下山を始めた最初は軽快に歩いていたのだが、しだいに膝がガクガクしてきて思うように進まなくなってきた。途中にある山小屋で一服するも一向に膝の様子は改善せず、下山が進むにつれ状況は悪化する一方である。まるで宙を浮いて歩いているようで、足場を踏みはずさないか心配になってきた。

もう迎えに来るバス停までそう遠くないはずだが、一向にそれらしい場所に近づかない。時計を見ると既に5時を回っている。登りもしんどかったが、今はむしろ下りの方が骨身に堪える。残された距離はどれだけあるか分からないが、あとは我が身との我慢比べである。

さらに歩き続けること1時間、まさに悪戦苦闘の末どうにかバス停にたどり着いたのが、夕方の6時半。何と、ほぼ11時間のトレッキングであった。ガイドブックには縦走には6〜8時間が必要であると書かれているところをみると、祈りに多少時間がかかったとはいえ登頂までの気象がいかに厳しいものであったかが分かろうというものである。

祈りを終えトンガリロ山に向かう途中から振り返ると、命をさらすことになったマラキーホ山山頂の砂の急傾斜が見える。よくも悪天候の中、あんな下り坂を下りてきたものだと我ながら感心する。

既に最終バスは出たあとで、バス停には人っ子一人いなかったが、しばらく休んでいると、一足先にホテルに戻った鈴木さんの案内でランギ氏が迎えに来てくれたので、無事ホテルに帰還することができた。なんともはや悪戦苦闘の11時間であったが、生涯忘れ得ぬ一日になることだけは間違いなさそうである。

以下はホテルに戻った私に、長老が語られた話である。

内緒にしていましたが、実は今回はあなたと一緒に行動を共にすることは龍神たちから禁じられていたのです。あなた独自の力で山に登り、聖なる池の畔《ほとり》で祈ることが必要で、私たちにはあくまでもサポーターを務める役割しかなかったのです。山頂に至るまでの労苦は、大きな仕事を成し遂げる役割を持った人間にとって欠かせない禊《みそ》ぎのようなもので、避けては通れない試練でもあったのです。

役割が大きければ大きいほど、重要であればあるほど、立ちはだかる困難の山も大きくなるのです。あなたの今のお疲れの様子を見ていると、与えられた使命がいかに大きいものであったか、大事なものであったかが分かろうというものです。

しかし、山頂への到達以後の天候の回復を考えれば、あなたの祈願を神々が受け入れて下さったことは明らかです。ランギの見た龍たちが天に向かって飛び立つ光景のこと

――をお聞きになったら、あなたもそれを実感されるはずです。本当にご苦労様でした！

ランギ氏が語ってくれたその時の様子は、私と鈴木さんが祈りの後に見た、空一面に広がった龍たちの姿そのものであった。私のようなものには4次元世界は見ることができないので、大神さまが雲の形を作って見せて下さったに違いない。

それにしても、いやはや何とも凄《すさ》まじい一日であった。

第五章

龍蛇族への旅はさらにレムリア(ムー)・アトランティスへと導かれていく……

ウェリントンに向かう途中、ワイタハ族祭祀を行う場所マラエに立ち寄る!

無事大役を果たした翌日の1月17日、トンガリロ国立公園を離れてニュージーランドの首都ウェリントンへ向かう。膝の調子は大分楽になったが、それでも階段や坂道を下る時には、ふらついてまともに歩けない。しばらくはこんな状態が続くことになりそうだ。

車中から見えるトンガリロ山とマラキーホ山を振り返って、よくもまあ無事戻ってこれたものだと感心する。国立公園を離れしばらく走った後、車は途中オハクネ(Ohakune)の町に立ち寄る。そこは予定していた場所ではなかったのだが、私がふと「この街に寄ってみよう」と声をかけて止まってもらった町である。

ところがこの町はワイタハ族のマラエ（集会所・祭礼の行われる場所。龍の休憩所）がある町で、4年に一度祭司やヒーラーなど88人の師が集まって、祭祀を行う場所であった。なおかつそこは、ポロハウ長老一族の最年長の女性ベティー・マレイクラさん一家が暮らしている町でもあった。

マラエに立ち寄ると、ちょうどベティーさんの知り合いに不幸があって、マラエで葬儀を行っている最中であった。「今、皆さん食事を用意している最中なので、ぜひ立ち寄ってご一緒に食事をしていって下さい」というお誘いを受けて、ごちそうになることにした。おいしい食事を頂いた後、ベティーさんの家にお邪魔をする。ポロハウ長老も数年ぶりの再会であったようで、「浅川さんのお陰で立ち寄り、従姉《いとこ》に会えて大変うれしい」と喜んでおられた。

私にとってもワイタハの方のご自宅にお邪魔した上、長老の尊敬する従姉さんにお会いできて、色々とお話を伺うことができたことはまたとない喜びであった。それにしてもなんとも不思議な出会いであった。

マラエで一族のために食事の世話をしておられたカレンチェ・カイレさんという女性が大変興味深い話を聞かせて下さった。

この近くにはファンガヌイ川と呼ばれる大きな川が流れている。昨日宿泊したトンガリロの山並みを水源とし、タズマン海に面した西海岸南部の町ワンガヌイに流れ込む川である。この川は船の航行可能流域が国内で最長、その流域一帯は森林に囲まれており、ファンガヌイ国立公園に指定されている。

実は5000年以上遡る大昔にエジプトからやって来たワイタハ族の一部がたどり着いたのがファンガヌイ川の河口付近であったようである。彼らは河口近くのワンガヌイに町を作り、残りの人たちはさらに川を遡って今回立ち寄ったオハクネなどの町を次々と作っていった。

それゆえ、ワンガヌイをはじめファンガヌイ川流域の人々は、自分たちの歴史と伝統・文化を忘れないように、毎年1月5日から2週間にわたって、川上から河口まで川下りをする慣習を持ち続けているようである。

自分たちの先祖のことを忘れないために、出発から7日間は周囲の山にある果物や山菜を採取し、後半の7日間は川魚をとって食事の糧とする。参加する人の数は毎年およそ150人前後で、1人乗りのカヌーや10人乗りの小型船など各人各様の船に乗って川を下り、旅を終えた25日にはワンガヌイの教会所マラエで、「ラータナ（太陽族）の式典」を開催することになっている。

このワイタハ族の伝統的な式典には首相以下国家の主だった人々も参加するというから、国としても先住民の歴史と伝統を守ろうとしているようである。

実はワンガヌイにあるマラエこそ、タフポティキ・ウイレム・ラータナが皇室を訪問された際に、天皇家から支援を頂いて造られた教会所であったのである。ポロハウ長老の話では、ニュージーランドで造られたマラエの中で、後にも先にもこのマラエ以外には、他の国、他の民族から支援を受けたものは一つとしてないというから、ワイタハと日本の皇室との間には、何か強い縁があることは確かなようである。

今回、オハクネのマラエで出会った人々は、この伝統的な川下りに参加している途中で、縁者の葬儀が行われることになったので、途中で仲間から外れて地元に戻ってきたというわけである。

今回、こんなワイタハ族の貴重な話を聞けたのも、たまたま立ち寄ったからこそできたことで、私にとっても不思議なご縁を感じずにはおれなかった。こうして様々なワイタハ族の人々が一族の歴史を忘れないようにしているのを見るにつけ、長老が語る長大な歴史もまたそうした過去を忘れまいとする強い思いがあって、営々と伝えられてきたものであることが実感できた。

旅の途中で出会ったワイタハ族の子供たち
ルカファミリーの一族。

長老の従姉のお孫さんたち
ワイタハ族の子供たちは人なつっこく皆明るくて元気だった。上下それぞれの写真は皆兄弟姉妹で、写真に入っていない子供もいるから相当の子沢山だ。

龍の一種か⁉ 聖なる巨大ウナギ「ツゥナ・ウナヒ」

たまたま立ち寄ったマラエの庭先にぶら下げられた、ナマズを大きくしたような奇妙な魚から、とんだウナギ談義に発展することとなった。

次ページに掲載した写真に写った日干しにされた魚は、1メートル半ほどの大きさのウナギの一種で、「大型イール（Longfin eel）」、マオリ語（ワイタハ語）ではツゥナ・モエフナ・モエロア（Tuna Moehuna Moeroa）と呼ばれる魚である。

この地には、これよりずっと小さく日本でウナギと呼ばれる種に近い30～40センチの銀色の腹をした魚がおり、それは「小型イール（Shortfin eel）」、マオリ語（ワイタハ語）ではツゥナ・ファカヘケ（Tuna Whakaheke）と呼ばれている。

一般的には両方とも「ツゥナ（Tuna）」と呼ばれているようだが、前者は川に棲息しており、後者は川と海を行き来するという点では、大きさだけでなく棲息範囲も異なっているようである。もちろん前者は川で捕獲するが、後者は海で漁をし、その時期は10月から3月にかけてであるという。ただ、いずれも良質な脂肪を持っているので、先住民の人々にとっては冬を越す上で非常に大切な食べ物とされてきたようである。

オハクネの町のマラエに干されていた1メートル近くある大ウナギ。捕れた時にはもっと大きかったという。これがきっかけで長老との間にウナギ談義が始まった。

長老が、ニュージーランドにはこの二つの種とは別に体長が3メートルから5メートルに達する一段と大きな「ツゥナ・ウナヒ（Tuna unahi)」と呼ばれる超大型のウナギの一種がいることを話して下さった。

ただこの巨大ウナギは、捕獲はもとより目撃することもめったにないようだが、長老自身、25年ほど前に伯父さんと一緒にタヘケという町の近くの滝壺で捕獲するという、貴重な体験をされたことがあったようである。

長老の話では、「ツゥナ・ウナヒ」は体長が5メートルと長いだけでなく、胴周りも腕をいっぱいに回しても抱えきれないほど太いという。そのため体重も大変重く、針の先をえらにかけて引き上げようとしたが、人手では無理だったので、馬に引かせてやっと滝壺から上げることができたという。

このツゥナ・ウナヒは他のツゥナとは種が違うようで、頭部に近い個所と尾の近くに4本の手足の骨の痕跡が残っているそうである。どうやら、もともとツゥナ・ウナヒには4本の手足があったようである。

また身体の特徴もワニやヘビなどの爬虫類に似ており、時には陸に顔を出してウサギや犬を飲み込むこともあるという。それゆえワイタハの人々は龍の一種ではないかと考えているようで、大変神聖な神魚とされていて、漁師は一生に一度しか漁をすることが許され

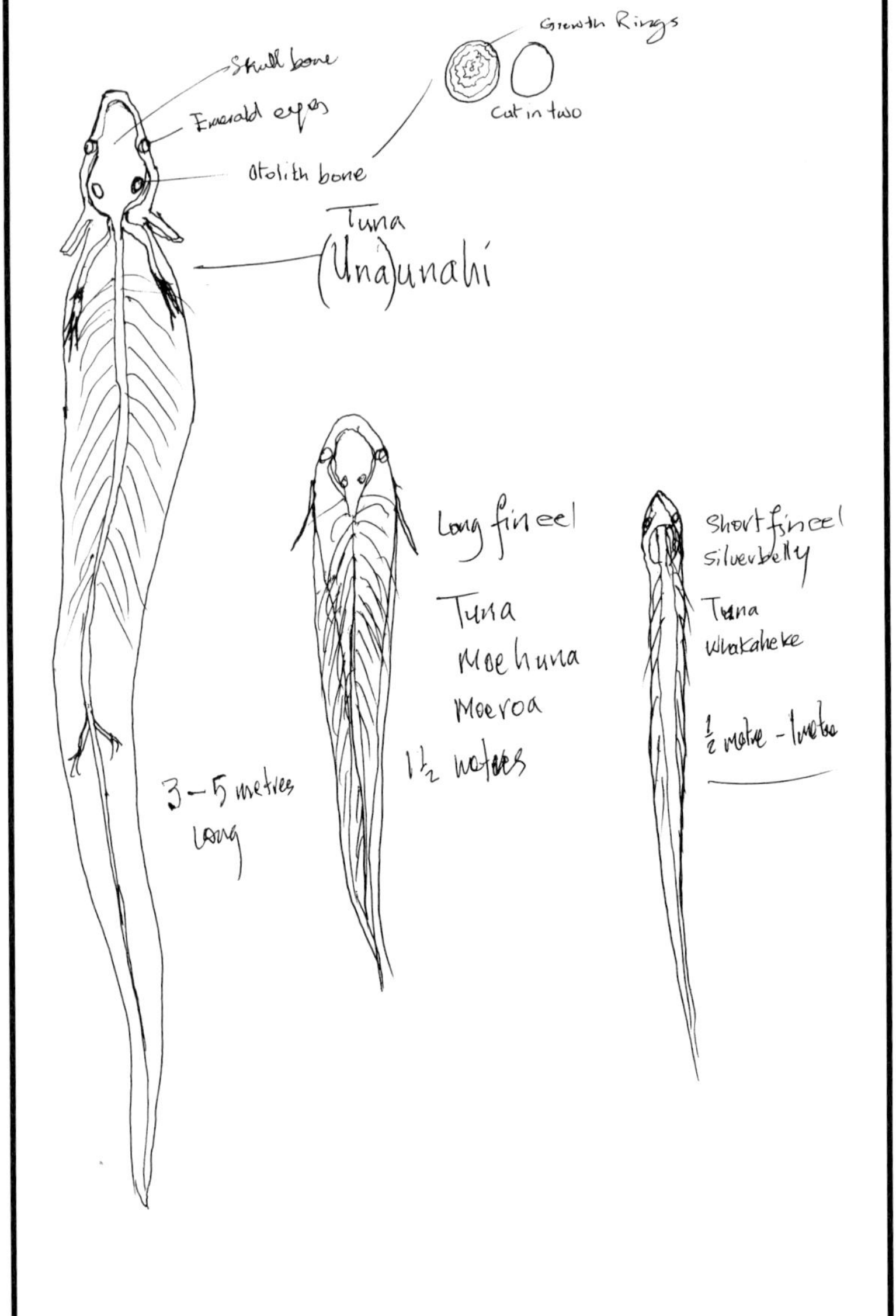

ウナヒの図
長老が３種類のウナギ（ウナヒ）の生態を描いて下さった。我々がよく見るウナギは体長が30～40センチの一番右側の「ツゥナ・ファカヘケ」、真ん中が日干しにされていた「ツゥナ・モエフナ・モエロア」、一番左は体長が３～５メートルもある「ツゥナ・ウナヒ」と呼ばれる巨大ウナギである。

ていないようである。

また、捕獲するのは、多くの人が集まる時や他に食べ物がない時などに限られており、それ以外の時には、網にかかっても決して捕獲してはならないことになっているようである。また、食する機会も生涯に1度しか許されていないのだという。

現に、25年前に長老たちが滝壺からこの巨大ウナギを捕ったのは、部族の長老たちの集会が行われる時で、長老会議を代表する最年長の長老にとってその時が最後の集会となりそうなのが、集まった長老たちにも分かっていたからであった。

その日、食事が始まる前に、祭司によって厳《おごそ》かな祈りとウナギの魂をたたえる歌が歌われたそうで、その時、今回ウナギを食した者は生涯いかなることがあっても2度と口にすることのないよう念を押されたことを、長老は半世紀がたった今もなお鮮明に記憶しているという。

巨大なツゥナ・ウナヒは集まった88人の長老たちによって、5日間かけて食されたというから、その巨大さが分かろうというものである。なお、その時、一番若かったポロハウ長老は「将来同様な機会があるかもしれない」と考えて食さなかったという。

また、いかなる時でも捕れた巨大なツゥナ・ウナヒから取れるオイルは、長老だけに渡されることになっており、長老はそれを、天候を判断する際に使うのだそうだ。曇りや雨の日が近づいている時には、オイルは濁ってくるが、天気がよくなる時には澄み切った状態になるのだという。

海で捕れる30~40センチクラスの小型ツゥナでも魚齢は12年、また、150センチの大型ツゥナになると、魚齢は85年に達するというから、5メートルもあるツゥナ・ウナヒになると、その魚齢は数百年近くになってきそうである。

それが決して絵空事ではない証拠に、ウナギの耳の中には微小なオトリス・ボーン(Otolith, 耳石)と呼ばれるものがあり、そこには年齢を示す年輪のような同心円状の「輪紋」が刻まれており、それを調べてみると、巨大ウナギが途方もない年であることが分かるのだそうだ。

ご自身で巨大魚を捕獲した経験を持っている上に、大学で生物学の博士号を取られた人物が言うのだから、信じざるを得ない。

ウナギはレムリアとアトランティス文明の崩壊を記憶していた!

ところで、読者は我々が好んで食するウナギの産卵地がどこにあるかご存じだろうか?

実は、謎に包まれたウナギの産卵場所が、ムー大陸とアトランティス大陸がかつて存在した場所を示しているのではないかという、大変興味深い話があるのだ。

ウナギについて生物学者が不思議に思っていることは、「温帯ウナギ」と呼ばれる温帯の川や湖に棲むニホンウナギやヨーロッパウナギが、遠く離れた熱帯にある産卵場との間を大回遊するという習性である。

大西洋沿岸や地中海沿岸に住むアメリカウナギとヨーロッパウナギは、大西洋の真ん中にあるサルガッソー海で産卵することがほぼ突き止められている。一方、日本の東南海域やニュージーランド沿岸に棲息するウナギの産卵地は、北緯15度、東経140度付近にあるマリアナ諸島（グアム島）の北西約320キロにある3つの海山、スルガ海山、アラカネ海山、パスファインダー海山の周辺域ではないかと推定されている。

しかし、日本海からマリアナ諸島海域となると優に1万キロは離れており、ニュージーランドからの距離も8000キロ近くあるが、なにゆえそんなに遠く離れた海域まで回遊し、産卵しなければならないのか、その理由はいまだによく分かっていない。

学者は、それは大陸が巨大なローラシア大陸とゴンドワナ大陸の二つに分かれていた1億年ほど前に、当時赤道に沿って地球を一周していた古環赤道海流に乗って移動していた名残ではないかと考えているようである。

しかし、体長がわずか数ミリから10ミリ程度のレプトケファルスと呼ばれる稚魚（仔魚）が成長する過程で、1万キロもの距離を移動する理由としては、もう一つ合点がいかないところである。

ウナギは5月から10月までの約半年が産卵期であるようだが、その間に、毎日だらだらと無秩序に産卵するのではなく、ひと月のうちの新月の日に同期して、一斉に産卵することが明らかになってきている。となると、新月直後に産卵場に到達したウナギは、次の新月の産卵まで約1カ月近くも産卵場周辺で待たねばならないことになってくる。

長旅のあとのウナギが1カ月もの間、産卵の海域にただただよっているわけにはいかない。そのために彼らには待機場所や休憩場所として、洞窟やクレバスを提供する海山（海底にある山）が必要となってくる。それが、マリアナ海域にある3つの海山、スルガ海山、アラカネ海山、パスファインダー海山であるようなのだ。

それらの海山は水深3000～4000メートルの海底から、頂上が海面下約10メートルまでそびえ立つ富士山クラスの海の中の山々で、実際シービームと呼ばれる最新の音波探査機器を用いてこれらの海山をマッピングしてみた結果、美しいコニーデ型の富士山そっくりの山であることがわかっている。まさに、海の中の「マリアナ富士」といったところである。

私はそうした山々が連なる高い海底山脈地帯であるマリアナ海域は、かってのムー大陸の巨大火山のあとだったのではないかと考えている。そうした火山が次々と噴火、さらには巨大地震が発生して、長大な文明を誇ったレムリア文明は崩壊したのではなかろうか。

その時、その海岸沿いに棲息し、産卵をしていたウナギたちは大陸の沈没という生態系の大混乱のあと、日本列島やニュージーランド、オーストラリアといった沈没を免れた陸地の海岸沿岸に生息地を移したのではないだろうか。それはまさに生き延びた人間の多くが日本大陸やニュージーランドの地に渡って来たのと同じである。

ただウナギたちは、長い間の習性で、産卵はマリアナ海域で行おうという意識が働き、かっての棲息の地への回遊が始まったのではないか。さもなくば、ウナギたちは1万キロも離れた海域に、待機場所や休憩場所として洞窟やクレバスを提供する海山が存在していることをどうして知ったのかという説明がつかない。

海底火山周辺独特の磁気異常や重力異常がウナギたちを遠く離れた故郷の産卵地点まで迷うことなく導いているのではないだろうか。

また、ヨーロッパウナギやアメリカウナギが大西洋の真ん中にあるサルガッソー海で産卵することも、その海域にかつてアトランティス大陸が存在したことを示しているようである。サルガッソー海域にもまた沈没を免れた大小の島々が点在しているのだ。

超大型のウナギ「ツゥナ・ウナヒ」の話が出たついでに、そんなウナギの不思議な生態を記憶していたので、ポロハウ長老に私の考えを話したところ、首を大きく縦に振って賛同して頂いた。

世界中で棲息している18種類のウナギが、大西洋と太平洋の中心地の2カ所の海域に長旅をして産卵をする点については、「自分も、ムーとアトランティス大陸に棲息していた長大な歳月の間に身についた彼らの習性が、そうした回遊をさせているのではないかと考えています」と語っておられた。

かねてから考えていた、ウナギの回遊先からムー、アトランティス大陸の存在を証明できるのではないかという私の考えが、まさかニュージーランドの地で、カンタベリー大学で生物学の博士号を取られたワイタハの長老から支持されるとは思ってもいなかっただけに、驚かされた。

さらに驚いたのは、ワイタハ語ではウナギはウナヒ（Unahi）と呼ばれていることである。ウナギ（Unagi）もスペイン語的読み方をすると、同じウナヒと読めることを考えると、ワイタハ族も同じ呼称を使っていたのかもしれない。

日本人とワイタハの人々がレムリア文明から分かれた民族であることを考えると、ウナギ（ウナヒ）という特別な習性を今に残す魚、それも神聖な魚の呼び方が一致していたとしても、決して不思議なことではなさそうである。

それにしても、マエラの庭先にぶら下がっていた日干しのツゥナからとんだウナギ話に発展してしまったが、この日は、ウナギの話だけでなく、さらに野菜作りに関しても私の知らない話をお聞きすることになった。

植物の持つたくましさ

南半球は北半球とは夏冬が逆転する。つまりクリスマスシーズンは夏季で、日本のお盆は冬の真っ盛りというわけである。こんなことは誰でも知っていることだが、私は今回の旅を経験するまで、南半球では野菜や麦などの種は北半球の春に当たる9～11月に蒔《ま》き、12～2月の夏を過ごして冬が来る前の3～5月に刈り取るものとばかり思っていた。

しかし今回、長老から教えられたのは、ニュージーランドでも種は3～5月（南半球では秋）に蒔いて、9～11月（南半球の春）に収穫するということであった。つまり、日本と同じ時期に蒔いて、同じ時期に収穫するというわけである。ということは、この国では秋に蒔かれた種は、冬の厳冬期を乗り越えた後の春に収穫されるということになってくる。

しかしそうなると、蒔いた種や球根は厳しい冬を越すことになってしまう。だとすると、地下深くの球根類ならいざ知らず、浅い土壌に蒔かれて芽の出始めた苗や葉は、冬の寒さ

日本料理店での夕食
ウェリントンの夜、長老たちが日本食を食べてみたいというので、インターネットで探した日本料理店に行ってみた。なかなかの美味で、お二人とも出てきた刺身や天ぷらをおいしそうに召し上がっていた。

首都ウェリントンの市内を走る大型の電気バス。

を雪の下で生き抜く必要がある。どうやら、植物には人間が失ってしまったたくましさが残っているようだ。それにしても、所変われば品変わるとはよく言ったものである。

こんな様々な興味深い話をお聞きしているうちにいつの間にか首都ウェリントンに着いた。今日もまた8時間近い長旅であったが、パソコンを打ったりこんな話をしていると、さほどの長旅とは感じられずに終わってしまうから不思議である。

この日は、市の中心街にあるジェームス・クック・ホテルにチェックインした後、夜は、インターネットでサクラ・レストランという日本食レストランを探し出し、久しぶりに和食を食べることにした。長老とランギ氏は、店の和風のたたずまいだけでなく、食事もいたく気に入ったようで、出てきた天ぷらも刺身もおいしそうに食べていた。

ウェリントンの国立博物館を訪ねる

ウェリントンは北島の最南端に位置し、天然の良港に恵まれた古くからの街で、1865年にオークランドから遷都された、ニュージーランドの政治を支える首都である。

今日（1月18日）は夕方までウェリントン市内を散策して、夕方からフェリーで南島に渡る予定である。久しぶりに朝寝をして体調も大分回復した感じだ。膝はまだ少々痛むが、

先住民が使っていた双胴船。遠洋航路には双胴船が使われていたようである。

テ・パパ博物館４階の先住民コーナーには歴史的遺産が展示されていた。後ろのカヌーは30メートル近い大型船である。

市内観光には差し支えなさそうである。

街中を歩いていて感じたことは、なんとも日本車の多いことである。これまで1週間近く北島の各地を旅して来たが、どこを回っても日本車がやたらと目について仕方がなかった。改めて首都ウェリントン市内を走る車に注目してみると、80％近くが日本車のような感じがする。

主に目につくのはトヨタ、ホンダ、マツダ車である。外車ではドイツ車が時々目に留まる程度で、アメリカ車はほとんど見かけることはない。詳しいデータは調べないと分からないが、こんなに日本車が多い国は他に見当たりそうもないように思われる。むしろ、日本国内の方が、日本車の比率が少ないような感じだ。こんな点からもニュージーランドと我が国との縁の深さを感じずにはいられなかった。

少々驚かされたのは、市内を走る大型バス（写真）が電気自動車であることだ。それは昔の路面電車のように架線と接続して路上を走っている。いつ頃から電化したのか聞いてみたところ、およそ35年ほど前からだそうで、徐々にガソリン車から電気バスに切り替えてきたようである。もちろん目的はガソリンの消費を抑えることと、CO^2削減である。

その日一番で訪ねた先は国立博物館「テ・パパ・トンガレワ」。大変モダンな建物で、ニュージーランドの歴史的遺産が一堂に集められている。博物館訪問の一番の目的は、ワ

マオイとワイタハの融合の象徴が彫られた大黒柱。

マラエ（集会所・龍の休憩所）

イタハ族やマオリ族の歴史を知ることができる展示コーナーを見学することであった。

さっそく4階に上がって先住民コーナーに行くと、大型のカヌー（写真）が展示されていた。それはかつてマオリ族が使っていた戦闘用の船である。実物大と思われるが長さはおよそ30メートル近くもあろうか、思っていた以上の大きさだ。

さらに、二つの帆を持つカタマランと呼ばれる外洋船も展示されていた。こちらは3分の1の模型だと書かれていたが、それは蜂蜜用の花が咲く木、ターファイ・ロウヌイ(Tawhai-Raunui)、マオリ語でトタラと呼ばれる木を使った双胴船で、実物大にするとこちらも30メートルほどの大きさになりそうである。

奥に進むと、太古のマラエ（集会所・龍の休憩所）の実物が展示されていた。部屋の中に飾られていた2本の柱には先住民の姿が彫られていたが、その姿は頭部はマオリ族で、肩から下はワイタハ族の特徴を表しており、両民族の融合を象徴しているようである。

外部や室内の壁にはこうしたたくさんの彫り物が刻まれていたが、長老の説明では、これはマオリ族の使った比較的新しいマラエで、ワイタハのマラエはもっと素朴なものであったという。ただ使われている柱の本数だとか、入り口の位置や大きさなどはよく似ているという。

実はマラエの建て方が同じパターンで統一されているのには、一つの興味深い話がある。

それによると、今から５０００年以上前、ワイタハ族がニュージーランドにやって来て間もない頃、北島よりさらに北の海に浮かぶある島の村落が地震によって海に沈み、その反対側の海底の一部が隆起してきたという。

その時、不思議なことに、浮上した陸地に太古のマラエが立っており、村の長老がその姿を鮮明に憶えていて記録に残したことから、それ以降、ワイタハの人々が造るマラエは同じ型式になったのだという。

それは一体いつ頃に建てられたマラエであったのだろうか。まさかレムリアの時代まで遡ることはないと思うが、その時代の流れを受け継ぐ人々が建てたものかもしれない。だからこそ、ワイタハ族が素直にその建築様式を受け継ぐことになったのではないだろうか。

二つの壺が語るルナとウナ・ドラゴンの秘密

最後に長老が案内してくれたコーナーに行くと、そこには二つの壺（一四〇〜一四一ページ写真）が展示されていた。驚いたのはその壺の前で長老が語られた内容であった。それによると、この二つの壺はワイタハの人々にとって記念すべき作品であるという。よく見ると、直径が30センチほどの壺には、それぞれエメラルド色の両眼を持った翼のない3

荒れるクック海峡
太古の時代、シリウスからルナ・ドラゴンとウナ・ドラゴンが地球にやって来た日は、満月で大嵐の夜だったという。奇しくもフェリーで南島に渡るその夜も、満月で台風が来襲する大荒れの夜であった。

体の龍の姿が彫られていた。海龍である。

実は彫り師であるマノス・ネイサン（Manos Nathan 1948年生まれ）なる人物がこの壺を製作するにあたって、描く龍の姿やその龍に関する伝承を聞いたのが、他ならぬポロハウ長老であった。

なぜこの壺が記念すべき作品であるのかを理解するには、ワイタハ族の抑圧された歴史を知る必要がある。1894年以来100年近くの間、ニュージーランドではワイタハ族などの先住民の長老が、人々の前で自分たちの先祖の歴史や龍とのかかわりなどを語ったり、絵や彫り物に表すことが法律で禁じられてきていたようである。信じられないことであるがそれは紛れもない事実であった。

この悪法をなくすために立ち上がったのがポロハウ長老一族で、1989年、長老の母と叔母と弟の4人で当時の首相であったジェフリー・パルマー（Geoffrey Palmer）氏に直訴し、幸いなことに同年、同法は廃止されることとなった。その結果、晴れて龍の絵を彫った壺や絵画を展示したり、その種の話を人の前でできるようになったというわけである。

私がこれまで訪ねてきたペルーやグアテマラにおいても、16世紀にスペイン人の侵略によってインカやマヤ人の保持してきた書き物はことごとく焼き捨てられ、貴重なステラ（石板）などは壊されてしまった。さらに、伝承の役割を担っていた長老やデイキーパーたちが皆殺しにあってきた。

そのため、長大な歴史を誇る彼らの伝統や文化、伝承はことごとく絶やされてしまい、一部の遺物のみが辛うじて残されてその一端を伝えている。それらの西洋人による驕《おご》りと自己中心的な野蛮な行為があったのは、16世紀のことであった。

しかし、ニュージーランドで先住民の文化や伝統を伝承する行為を禁じる法律が制定されたのは19世紀の後半であったことを考えると、あ然とさせられる。こんな後世になりながらも、イギリス系の入植者たちは先住民が自分たちの過去の歴史を語ることが、一体どれだけの悪影響を及ぼすと考えていたのだろうか?

いつの世もそうだが、征服者というものは心の奥底に、おのれの行ったことに対する自責の念があるために、被征服者の一挙一動が恐ろしいのだ。そんな彼らにとって、先住民ワイタハ族の持つ自然との一体感や神々との4次元的融合意識は、彼らの意識にはないものだけに、恐ろしくもあり不気味でもあったのだろう。

それだけではない。ワイタハ族の持つレムリア文明からシリウスへとつながる長大な歴史観や人類誕生にかんする龍蛇族の話は、一般のヨーロッパ系の人々だけでなく、地球を我が物にしようとオリオン系の宇宙人と手を組んでいる「闇の勢力」にとっても、なんとしても伏せておきたいことであったのだ。

ウナ・ドラゴン
3本の爪を持った男性性の龍。ルナ・ドラゴンと共に長い間ワイタハの人々を守護し導いてきた。

ルナ・ドラゴン
長い鉤爪を持った女性性の龍。ワイタハの人々が地球にやって来るより一足先に地球に飛来し、長大な歳月、イルカから人間へと移行する人々を導いてきた。

だからこそ、20世紀に入ろうとしていた時期に、あえて先住民の伝統や文化、歴史を消し去るための法律を制定することになったのである。それはまさに、征服者スペイン人によって、マヤ族の伝統的な祭祀がすべて禁止されたのと同じである。

我々日本人とて、他民族のことなど心配している状況ではない。大和民族の持つ伝統や文化は明治維新に続く先の太平洋戦争の敗戦によって、その多くが抹殺されようとしているからである。

昨今の、アメリカの意のままに動かされている植民地国家日本の姿を見ていると、倭民《やまと》族の誇りはどこへ行ってしまったのかと情けなくなってくる。今こそ、龍蛇族直系の日本人よ立ち上がれ！　である。

マヤの長老アレハンドロ氏が先のテレビ番組の中で、民族の持つ文化伝統を大切にすることの重要性を強調していたことが思い出される。

話は戻るが、彫刻師マノス・ネイサン氏が壺に彫った龍の背景となるポロハウ長老の話の概略は、およそ次のような内容であった。

最初に地球にやって来た龍は男女の2体で、女性の龍の名前をウエヌク・マイランギ(Uenuku-Mairangi) と呼ぶ。「Uenuku」は「女性的性格を持った存在・龍」、[Mai] は「～から・from」、そして「rangi」は「空・天・宇宙」を表す。したがってウエヌク・マイランギとは、「宇宙からやって来た女性の龍」という意味になる。

一方、ロンゴ・マイランギ（Rongo-Mairangi）は男性の龍である。2体の龍はまだ人類の誕生する前、満月の日に嵐と共に地球にやって来て、その後は水中に棲むようになったため、2体の水龍からは翼は消えていった。また、女性龍はルナ・ドラゴン（Runa-Dragon）、男性龍はウナ・ドラゴン（Una-Dragon）とも呼ばれることもある。

シリウスBの衰退に伴ってシリウスを離れたヒューマノイドたちを守護するために、たくさんの龍たちが彼らと共にやって来たことはすでに述べた通りであるが、このルナとウナ・ドラゴンは宇宙船が地球に着陸する前に、宇宙船が安全に着陸できる場所を探したり、またヒューマノイドたちの生存が可能かどうかをチェックするため、他の龍たちに先だって地上に降り立った特別な龍たちである。

実は、この日我々は北島から南島にフェリーで渡ることになるのであるが、当初はウェリントンから飛行機でティマル空港に飛ぶことになっていた。しかし、旅の流れの中から私がフライトをキャンセルし、船で渡ることを提案したのだ。

ところが、フェリーに乗り込むあたりから突然天気が崩れ出し、クック海峡（ワイタハ語でラウカワ・Raukawa）を渡っている最中、嵐に見舞われることになってしまった。奇しくも、フェリーの進んでいる海峡は2体の海龍（水龍）、ルナとウナが地球に降り立っ

ボルテックス（エネルギー）が渦巻くオタマテアの海岸。

た場所で、その日と同じくこの夜は波の高い満月であった。

長老は揺れるフェリーの中で瞑想され、「あなたが飛行機からフェリーに変えて満月のこの夜に荒波の海峡を渡ることになったのは決して偶然ではありません」と言われた。ニュージーランドに到着した直前にワイタハの人々に予言されていた「ウォータークロック（水の時代）」に入ったことといい、トンガリロ山とマラキーホ山での祈りの儀式直前の天気の回復といい、なんとも不思議な天のご手配を感じる今回の旅である。

やがて、長大な歳月が過ぎこの2体の龍は地球を離れてシリウスに戻ることになるのだが、その時、彼らは再び翼を持って虹色に輝きながら飛び立って行ったという。それからしばらくしてやって来たのが、翼をつけた子供の龍たちであった。彼らの多くは今もなお翼を持っており、地上で転生を繰り返している。彼らの世話役であるポロハウ長老が見るその姿は、ワニとか蛇のようなウロコに覆われた外観をしているが、波の頂が陽の光に輝いた時のような見事な銀色に輝いていているという。

改めて会場に展示されている二つの壺を見ると、そこには、長老の話に登場する太古の時代に地球を訪れた2体の水龍の姿が彫られていた。穴の開いた壺は女性（陰のエネルギー）を表しており、そこには、黄金色の目と長い鉤爪《かぎづめ》を持ったルナ・ドラゴンが描かれ、もう一方の男性（陽のエネルギー）を表した穴のない壺には、3本爪のウナ・ドラゴンが描かれている。

龍の数を3体描いたり、エメラルド色とは異なる目をしたルナ・ドラゴンを描いているのは、作られた壺は、ワイタハ族以外の人々の目に留まる代物だけに、実際の姿をそのまま描かないようにという、長老からの指示に基づいていたからである。

伝えられたままの本当の姿を描くと、そこから発する龍の持つ偉大なパワーを悪用する輩がいるからであろうか。長老はそれ以上語らなかったが、私にはそう思えてならなかった。それだけ龍の持つパワーは強大であるのだ。

帰国後の長老からのメールで知ったことであるが、私たちが国立博物館「テ・パパ・トンガレワ」を訪れたのは、実は前日の夜に降りた天からの啓示によるもので、私が時間をかけてネイサン氏の作られた壺に描かれたルナとウナ・ドラゴンにまつわる神話を聞くことになったのもまた、その啓示に基づいて長老が自ら手配されたからであったようだ。

そういわれると、二つの壺が展示されている場所には、他の入場者が寄りつかず、壺の写真を撮る際には、係の方がわざわざ踏み台まで用意してくれたことを思い出した。これは皆ワイタハ族の長老としてのポロハウ氏の指示であったのである。ウエヌク・マイランギとロンゴ・マイランギの2体の龍にまつわる話はそれだけ重要であり、真実の話であったということである。

第六章

ワイタハの秘儀伝承者とシリウス星人とのコンタクト——88カ所のボルテックス(超エネルギースポット)は、シリウスへの次元の扉か⁉

88カ所の聖地中、最高のエネルギースポットの一つ、オタマテア島へ

1月19日、この日は早朝にピクトンを出発し、小さな港町ハヴロック(Haverock)に向かう。いよいよ今日から南島の聖地巡りが始まる。

ニュージーランドに着いて今日ですでに1週間、毎日長時間、車での移動が続いている。その間に気づいたのは、日本に比べてあまりに信号の数が少ないという点である。それは信号機のついた十字路の交差点が極端に少ないためで、その代わりを果たしているのが現地でラウンドアバウト(Roundabout)と呼ばれているロータリーである。

フェリーの発着地ピクトンの港

港町ハヴロックから小型のモーターボートで離島オタマテアに向かう。

十字路に差し掛かると、時計回りに輪を回るように走るので自動的にスピードが落ちて、信号の代わりをするようになっているのだ。車は左側通行で我が国と何ら変わりがないが、右折車優先という点だけが異なっている。

この方式は都市部でのラッシュアワーのような渋滞状態には多少問題があるのかもしれないが、通常の流れが続いている状態では非常に効果的なシステムに感じられる。そもそもこの方式は信号の設置代と電気代の負担を避けるための発想だったようだが、ニュージーランドの交通事情には大変マッチした優れたシステムのように思われた。

運転のマナーもなかなか宜しい。キープレフトも守られており、走っていて車の追い越しなどで怖い思いをすることも少ない。周囲が開けているせいもあるが、道路の整備も行き届いており、非常に気持ちよく走行できる。

庶民にとって気になるガソリン代はリッター当たり2ドルほどなので、円高の今では、日本円に換算すると140円ほどだが、少し前までは事実上160~170円はしていたわけであるから、収入が日本に比べて少々低いことを考慮すると、ガソリン価格はかなり高いことになる。

およそ2時間ほど走ってハヴロックに到着。そこには、我々がこれから向かおうとしている島から、長老のファミリーであるジョン・アレン氏が小型のモーターボートで迎えに来てくれていた。アラン氏が養蜂場を経営しているオタマテア（Otamatea）島は、タズマン湾に浮かぶ島で、5000年前にルカファミリーが最初にニュージーランドにやって来た記念すべき場所の一つである。

またそこは、88カ所あるニュージーランドの聖地の中でも、エネルギーが渦巻き状になって出入りするボルテックスと呼ばれる強いエネルギースポットの一つで、魂と肉体の細胞の波動を高めるには最適な地でもあった。

シリウスへの次元の扉を開き、龍神を召還、一族の危機を救った兵士！

そんな聖地であるが、この地にはワイタハの人々にとって悲しい歴史が刻まれていた。長老がボートの中で語ってくれた話は、概略次のような内容であった。

今からおよそ300年ほど前の1721年6月の夏至の日、それまでワイタハの人々しか住んでいなかった南島にマオリ族が攻め入る事態が発生した。それより400年ほど前にポリネシアからニュージーランドに渡ってきたマオリ族は非常に戦闘的な民族であったが、それまではまだ北島にしか住んでいなかった。

もともとマオリ族は暖かいポリネシアからやって来た民族であった。南島の冬は寒さが厳しいため、当初は関心が向かなかったようであるが、400年の時を経て気候に慣れてきたことから、南島も自分たちの地にしようと考えたのだ。

ワイタハ族の人々は、宇宙的知識や人類の歴史などすっかり忘れ去ってしまっているマオリ族が攻め入ることによって、自分たちが長年住んできた主要な生活圏を奪われるだけでなく、各地に点在する聖地やボルテックスが荒らされることを恐れた。

武力に勝るマオリ族に対抗するには、南島に散ったワイタハの人々が一カ所にまとまって対抗するしかない。そこでワイタハ族のファトゥクラは、南の島の各地に散っていた一族の長老に連絡を取り、戦う男たちを南島の最北端のオタマテアに集めることにした。

敵が攻めてくるのがすぐであることを予見したファトゥクラは、急がねばならないことを認識していた。電話もメールもない時代に、どうやって1000キロも2000キロも離れた地にいる一族に短時間で連絡を取ったのかというと、強力な渦巻くエネルギーを発するある岩に手を置いて、各地に散った長老たちに想念を送ったのである。

そのくらいのことは当時のファトゥクラにとってそう難しいことではなかったが、ファトゥクラにはもう一つしなければならないことがあった。それはマオリ族が島の南方から攻め入ることのないように、彼らの指揮官に北から攻め入るよう強いエネルギーを送ることであった。

こうして始まった戦いであったが、作戦は計画通りに進んだものの、武力に勝るマオリ族との戦いは苦戦を強いられる。そこで、精神性が高くすでにアセンションが可能な状態に近づいていた戦士300名を選んで、前線に立たせることにした。

彼らは死に対する恐怖心を克服した魂の持ち主ばかりであったので命を惜しまず戦い、肉体的な死を経たあとすぐに甦《よみがえ》り、アセンションを果たした後、集団でシリウスへと旅立って行った。それは、この地が宇宙に向かって強烈なエネルギーを放射するボルテックスであったからこそできたことであった。

その結果、地球とシリウスとの間には次元の扉が開き、かつてワイタハ族を守っていた二体の龍、ウナ・ドラゴンとルナ・ドラゴンが再びやって来ることになった。長老からクック海峡を渡るフェリーの中で聞かされたあの2体の龍である。

瞬時に地球にテレポートした龍たちは、ワイタハ族に様々な要求を突き付けて北島に凱旋しようとしていた15艘のマオリの船を見つけて沈没させ、乗船していたすべての兵士の魂を彼らの故郷の星に送り込んでしまった。

出兵した兵士全員が戻らなかったマオリ族は震え上がってしまった。勇猛な兵士を抱えたマオリ族にはあり得ない戦果であった。その結果、ワイタハ族の持つ神秘的な力を

――恐れて、その後しばらくは、南島を攻めることはなかったという。

龍神が怒った時には、そのくらいのことは平気でするようだ。神界にいる龍神も神の道を踏み外した行為には、想像以上に厳しい対応をすることはすでに和宏少年から知らされていたが、その一端を、ワイタハ族とマオリ族との戦いの話の中で垣間見ることができたようである。

それにしても、当時、既にアセンションを果たすことのできるレベルの人たちがおり、彼らによって次元の扉が開かれ、一族の存亡の危機が遠く離れたシリウスまで伝えられたという話には本当に驚かされた。一時《いっとき》前までなら、それは「おとぎ話」に出てくる話であったからだ。

オタマテア島へ――5000年前の双胴船の姿で到着する！

こんな興味深い話を聞きながら、もう少しで目指す島・オタマテアに到着しようとしていた我々は、またもや不思議な出来事に遭遇することになった。突然ボートのスクリューの調子がおかしくなり、船は停止してしまった。ジョン・アレン氏は修理に取りかかったもののうまくいかないようである。

一体どうするのだろうかと見ていると、携帯電話で支援船を呼んでいる。携帯とはなんとも便利なものである。一昔前なら、無線装置がなかったらできなかったことを、今は携帯電話でいとも簡単に済ませている。

ほどなくしてやって来た救助船は、我々の船の先頭に立って牽引《けんいん》するものと思っていたら、なぜか横につけて船同士を固定し、2艘が横並びの形で進むことになった。その姿はまるで双胴船である。それは、まさにワイタハ族がエジプトから最初にこの地にやって来た時に乗っていた外洋航海船の姿ではないか。

そんな様子を眺めながらポロハウ長老は、「どうやら我々も5000年前と同じ双胴船で、上陸することになりそうですね」と、笑っておられた。しかし、長老の笑いには何か深い意味がありそうであった。

クック海峡を渡る際に体験させられた満月と嵐によって、ウナ・ドラゴンとルナ・ドラゴンの飛来を思い起こされたのと同じように、今回の出来事は、ワイタハ族が遠くエジプトの地からこの地にやって来た5000年前を、我々に想起させるためだったのではなかろうか。

身の回りに起きる様々な出来事や現象の裏の意味を、しっかり感じ取ることのできる長老にはそれが分かっていて、笑いの中で、その意味を伝えようとしたのかもしれない。いずれにしろ5000年前にワイタハ族が呼び寄せられた、強いエネルギーが渦巻くこのボルテックスの地にやって来た私たちは、心してやるべきことをしっかり為し遂げねばならない。今回の船の故障は、それを教えてくれるための出来事であったのかもしれない。

無事桟橋《さんばし》に着きジョン・アレン氏の車で5分も走らないうちに、彼の住まいと蜂蜜の精製所に着いた。ここでとれる「マヌカ蜂蜜」はニュージーランドにのみ自生するマヌカやカヌカの花からとれるもので、日本でも大変人気のある蜂蜜である。胃のピロリ菌だけでなく風邪やインフルエンザに対しても抗菌力があり、また、すり傷、切り傷、火傷などにも効果があるため、かなり高価な蜂蜜として販売されている。旅の道中と帰国後にこの蜂蜜を飲んでいたせいか、今年の冬は風をひくことがなかった。

明日には、養蜂の様子や蜜の精製の仕方を見学させてもらう予定である。

シリウスからの秘伝継承者・ファトゥクラ誕生のいきさつ！

この夜、ポロハウ長老が食事を挟んで語って下さったご自身のファトゥクラ誕生のいきさつは、なかなか興味深い話であった。

先述したように、ファトゥクラは親から子へ引き継ぐものではなく、一代飛ばして祖父から孫に継承されるものであるという。継承者は7歳までに、太古から伝えられている一族の歴史や守るべき伝統などの大切な話を聞かされることになっている。ポロハウ長老の場合は5男であったことから、引き継いだのは祖父が112歳、ご自身が3歳という幼少時であった。

通常、ファトゥクラから伝えられる話はすべて心の中にしまいこみ、時が来るまで一切他人には話さないようきつく言い渡されるのだそうだ。それは親や兄弟であっても同じことだという。ただポロハウ少年の場合は、ファトゥクラになるのが少々幼少過ぎたため、一部の話は父親経由で聞かされることになったようである。

先代と継承者の年代がこれほど離れていない場合には、先代から一族の歴史や伝承を受け継いだ後、継承者は7歳までにすべての修行を終え、その後は、人格を高めるために特別視されることなく一般の人間として、地に足をつけて、人間として精進することになるのが通例である。

しかし、ポロハウ長老の場合は先代との引き継ぎが幼少であったため、遊び盛りの少年期を一般の子供として過ごしながらも、ファトゥクラとしての役割も果たさなければならず、周囲も気を遣ったようだが、長老はすでに何回かこの世でファトゥクラとしての転生を経験していたので、特に不都合はなかったという。

ただ、亡くなられた祖父は後継者があまりに幼少であったため、ポロハウ少年が9歳になるまで地上界にとどまり、時々に背後から指導していたようである。その後、成長したポロハウ少年が9歳の時、私たちが立ち寄ったロトルア湖に浮かぶモコイア島で初めて執り行った祭祀で、その名を読み上げられた後に、輪廻転生を終えてシリウスへと帰って行かれたという。

ポロハウ少年のファトゥクラ誕生にはこんな経緯があったようだが、少年のこの世への誕生劇にも次のような興味深いエピソードがあった。


少年誕生の予定日は1943年9月13日であったが、実際の誕生はそれより5日遅れて9月18日となった。それは、彼の誕生を「トカトカ（Toka-toka）」と呼ばれる聖なる地の洞窟で迎えさせるようにと、祖父のファトゥクラから指示が出されたからであった。

そこもまた、シリウスからの宇宙船団の一部が着陸した場所の一つで、ワイポウア森林保護区のワイロア川渓谷の西側にある聖なる場所であった。出産を直前にした母親は、ご主人や伯父と叔母たち夫妻5人に付き添われ、急遽ワカ（船）に乗って激しい流れの川を上り、そのトカトカに向かうことになった。

こんな状況では途中で出産などしておれるはずがない。命懸けで上船しているのだから出産日が遅れるのは当たり前である。それにしても、お母さんもファトゥクラを産むとなると、なんとも大変なことである。

ようやくトカトカに到着したその日は、少年の前途を表すような大嵐だったそうである。そんな激しい風雨の中で誕生したポロハウ少年は、小さい頃から大変腕白な子供で、両親にとっては扱いにくい「悪ガキ」的な存在であったという。

その辺の腕白で怖いもの知らずの少年時代の話はこの後の項で出てくるので、ここでは省略しておくことにする。

ファトゥクラは、シリウス星人とのコンタクトが、定められていた!

ところで、この夜ファトゥクラ誕生の話のあと、またまた、耳を疑いたくなるような話を聞かされることになった。ファトゥクラは、この旅の最後にセレモニーを行うことを予定している「神の巣」と呼ばれる聖地で、30歳までにシリウス星人に会うことが必須条件であるというのだ。

ということは、祖父はもとより、長老自身もすでにシリウス星人と対面していることになる。驚いたことに、祖父は単に対面しているだけでなく、シリウス星人と一緒の写真を撮っているという。それは1850年代のことだというから、マグネシウムを焚《た》きガラス板に焼き付ける白黒写真ということになる。

写真は現在、海外に出かけている長老のお兄さんが保管しているとのことで、残念ながら拝見させて頂くことはできなかった。次回に訪問した際にはぜひとも見せて頂きたいと思っている。

その話のきっかけとなったのは、旅の最中に、マオリッツオ・カヴァーロ氏のクラリオン星人とのコンタクトの話をした時に、彼の撮られたクラリオン星人の写真を見せたことであった。

長老はその写真を見た瞬間、祖父が撮影したシリウス星人の写真を思い出したようである。祖父は彼らの姿を「金色の人」、「銀色の人」と表現していたというが、カヴァーロ氏の撮ったクラリオン星人を一口で表現するなら、同じ言い方になるのではないだろうか。

それにしてもファトゥクラがシリウス星人とコンタクトをすることが、慣例化しているなどということは思ってもいなかったことだけに、大変驚かされた。しかし、驚きはそれで終わりではなかった。このあと、今度はポロハウ長老自身のシリウス人との遭遇体験をお聞きすることになったからだ。

シリウス星人の女性は、ポロハウ少年が危機のとき、何度も現れた！

長老が最初にシリウス星人に会ったのは、3歳の時に3日間断食をし、身体の一部を土の中に埋められる儀式「小さな死のセレモニー」を行った時のことであった。ポロハウ少年は、ファトゥクラであった祖父が「孫に祝福を与えてやって下さい」と祈っている時、それまでに見たことのない顔立ちをした5、6人の見知らぬ人々が現れ、少年に優しい言葉をかけてくれたことを覚えているという。

あとでその中の一人の女性に会うまで彼らがシリウス星人であることは知らなかったが、その時感じたのは、とてもよい人たちだということであった。

それから2年後、5歳になって間もなくポロハウ少年は、洪水の後で荒れている川に近づき溺《おぼ》れてしまうことになった。彼は波にのまれた瞬間、「あ~自分はもう死ぬんだ！」と思ったという。その時、突然現れて救ってくれたのがセレモニーの時に見た5人のうちの一人の女性で、「荒れた川に近づいては駄目ですよ！」と優しく注意してくれたあと、「私はシリウスから来たのよ」と教えてくれたという。

ポロハウ長老が腕白少年で両親に心配をかけ通しだったことは前述した通りであるが、

その腕白ぶりはその事件の後も当分の間つづくことになる。

8歳の時、ボール遊びに夢中になり友達が蹴ったボールを追いかけ道路に飛び出したところに、猛スピードの車が走ってきた。タイミング的には完全にはねられてもおかしくなかったのだが、なぜか車は直前で止まり、気がついてみると、そこにはボールを持って立っている自分がいた。驚いて周りを見ると、近くに5人のシリウス星人たちが立っている姿が目にとまった。どうやら、彼らがバリアを張ってガードしてくれたようであった。

次は10歳の時のことである。親の目を盗んで乗馬していたとき、馬から落ちて頭頂部を強く打ってしまった。驚いた両親が病院に連れて行ったが、その時には既に脳死状態で意識はまったくなく、検査の最中に脳波が止まってしまった。医師は首を横に振って両親に諦めるよう告げたそうである。

ところがその瞬間、突然眼を開けた少年は何もなかったかのように、「さあ、家に帰ろう！」と言って皆を驚かせることとなった。その時に現れたのも例のシリウス星人の女性で、「こんなことばかりしていると、役割を果たせずに終わってしまうわよ！」と注意して消えたという。

18歳になっても無茶をする性格は一向に変わっていなかったようである。今度はバイク事故に遭遇することになる。その頃、バイク仲間で、目をつぶってどれだけ走れるか競う

ポロハウ少年はバイクごとこんな牛の大群に突っ込んだのだから大変だ。さぞかし牛もびっくりしたことだろう。

遊びが流行っていたそうである。

ある時、友人の持つ30秒の記録を破ってやろうと、真っ直ぐな道路を選んで挑戦することにした。しばらく走って牛の鳴き声を聞いたときにはすでに遅かった。道路を横切り始めていた牛の大群に突っ込んでしまったのだ。車の来ないことは確認していたものの、よもや放牧の牛が道路を横切ることになるとは思ってもいなかったようだ。

驚いたのは牛も一緒であった。モウモウと叫ぶ彼らの群れのまっただ中で地べたにうずくまった少年に「早く立ち上がってバイクを起こしなさい。もう二度と馬鹿なことはしないように！」そう言って声をかけてくれたのも、またあの女性であった。

さすがに、その後、20歳を過ぎた頃からはこうした無謀なことはしなくなったので、シリウス星人から助けられるような事故はなくなったようである。それから12年の歳月を経て、再びシリウス星人たちに巡りあうことになるのだが、それは、これまでのような事故ではなく、シリウス星人が計画した別次元での出会いであった。

別次元でシリウス星人と行ったイニシエーション

30歳の誕生日に行われるある儀式が終わったあと、5人のシリウス星人たちに、時がやって来たので行きましょう、と誘われて車である山に向かうことになった。途中しだいに目指す山が近づいてきていたのは記憶していたが、しばらくして気がついてみると、そこは自分の思っていた山などではなく、次元の違うまったく別の場所、別世界であった。

そこには100人を超す太古の古代人のような姿をしたシリウス星人がおり、イニシエーションの仕方や様々な知識を授けてくれたという。その中には今でも記憶に残っているもののあるが、多くは思い出すことができないという。

どうやらそれらはアカシックレコードのような宇宙の空間に保管されており、必要な時にはそこにつながって情報を引き出すことができるようになっているようである。長老は、その時に必要な「鍵」を渡されているので、「心配はありません」と語っていた。

与えられたすべての情報を3次元的な肉体の脳の中に収容しようとするには無理があるために、そうした処置が施されたものと思われる。

先に出版した拙著『龍蛇族直系の日本人よ！』に登場する宇宙人の記憶を持つジェイソンさんも、あまりの情報過多のために夜中に凄い頭の痛みに遭遇したことがあった。その時、彼は30分ほどしゃべりつづけてその情報をアウトプットすることによって、痛みから解放されている。同じ苦しみに襲われることを避けるために、長老にはそうした方法がとられたのではないだろうか。

そのような異次元体験をしたあと、長老は再び3次元世界に戻されることになるのだが、ご自身の感覚では、3時間ほどして戻って来たつもりだったが、この世では1週間が過ぎており、ファトゥクラがどこかに行ってしまったと大変な騒ぎになっていたという。

長老の話をお聞きして、マオリッツオ・カヴァーロ氏とペトル・ホボット氏の体験を思い出した。

カヴァーロ氏もクラリオン星に連れて行かれた際に、ご自分の感覚ではせいぜい3日間ほどの旅だと思っていたようである。しかし、地球に帰還して駐車しておいた車に乗り込んだときバックミラーに映った自分の顔を見たら、何と1カ月もひげ剃りをしなかったように、ひげがボウボウであったという。

ホボット氏もタジキスタンの宇宙人基地に行った時に、同様な体験をしており、高次元の世界に比べ3次元の世界の方が時の流れが速いようだと語っていた。

私がこれまでにお会いした宇宙人との遭遇体験者三人が共に、3次元と高次元世界との時の流れの違いを同じように語っているのは、大変興味深いことであった。

第七章

シークレット・ジャーニーでのクライマックス――「龍の巣」におけるセレモニー

オタマテアでの一日――マヌカの養蜂見学

1月20日は離島・オタマテアに留まり、ジョンさんの経営する養蜂の様子を見学させてもらうことにした。山の裾野には何カ所かに分かれて250個ほどの蜂の箱が置かれており、マヌカの蜂蜜を採取している。

マヌカ蜂蜜は現在日本でも輸入されて愛用されているが、値段はかなり高価である。特に濃度が高いものは500グラムで1万2000円ぐらいする。そんな高価な蜂蜜がジョンさんのキッチンでは無造作にポリバケツに入れられており、紅茶に入れたりパンにつけたり好きなだけ食べられるのだから、なんともうれしい限りである。

少々のどの調子がおかしかったので、ウイスキーのお湯割りにたっぷり溶かして飲んだら、翌朝はすっきりしていた。効果てきめんであった。

蜜箱が置かれている養蜂所に行ってみると、50センチ四方ほどの大きさの箱が5段に積まれたセットが十数個並んでいる。こうした場所が何カ所かに分かれて散在しているようだ。5段セットの下の2段は女王蜂と子供蜂の巣になっており、上の3箱の中に採取用の巣が作られる仕組みになっている。

付近には「マヌカ」と「カヌカ」の木が密集しており、例年だと南島のこのあたりでは12月初めから2月にかけて2カ月半ほどきれいな白い花が咲くのが通常だという。今年はすでにピークを過ぎているようだが後咲きの花の上を働き蜂たちが盛んに飛び交っていた。日本で手にするマヌカの蜂蜜の中でも一番殺菌力が強く高価なものは、花が咲き終わる最後の段階でできるもののようである。

蜜箱の中を覗く

蜂の巣の箱を開けて見せてくれると言うので、宇宙服のような真っ白な防護服を着て見学させてもらうことになった。色が付いていると蜂がより攻撃的になるのだという。同行の3人は車の中からの見学である。うっかり車中に蜂が入ったら大変なので、窓はしっかりと閉められている。

車から降りたジョンさんと私は箱に近づく。ジョンさんはまずは用意した煙出し機から煙を箱の周囲に吹きつけ、上の段から箱を開け始めた。

箱の中には厚さが5センチほどの層でできた薄い箱が縦に入っており、その両面に蜂たちがロウ（ワックス）で巣を作り蜂蜜をため込む仕組みになっている。板の一面全体が蜜の溜まった状態になったら取り出すわけであるが、花の盛りの時期には3～4日に1度のペースで取り出すようである。

とにかく蜂の数は大変で、箱を開けると一斉にこちらに向かって飛び立ってくる。これだけの蜂たちに刺されたら一巻の終わりである。1箱の中におよそ1万匹がいると言うから、1セットで5万匹ということになる。それは、選ばれた女王蜂が一匹で産卵し、孵化《ふか》した幼虫の面倒を見ることができる数である。

成体としての蜂の寿命はおよそ52日間、それは、卵から孵化し飛び立つまでの日数とほぼ一緒であるから、蜂の数は一定している。冬の時期には蜂の姿を見かけないので、この時期には皆死んでしまって、いなくなっているのではないかと思っていたが、箱の中に閉

蜂の巣の箱の中を見せてもらい撮影する著者
１箱の中にはおよそ１万匹の蜂がいる。顔に向かってくる大群を見ると、防護服をつけていても一瞬たじろいでしまう。

厚さ５センチほどの、薄い箱の巣穴に群がったミツバチたち。もう少しすると蜜を採集するため箱は取り出される。

じこもり、自ら貯めた蜜を吸って春まで過ごすのだそうだ。養蜂家が花が咲き終わる頃になると、最後の蜜はそのままにして残しておくのはそのためである。

上段の3つの箱はもっぱら採取する蜂蜜用の巣になっているが、下の2段はさなぎと子供蜂、それに女王蜂のための巣である。下から2番目の箱を開けると、そこに置かれた1枚の層には、サナギが入った巣と孵化した子供蜂が食する蜜の入った巣、それに花粉が詰まった巣が混在している。

さらに、一番下の箱には女王蜂だけが吸うことが許されている濃度の高い特別の蜜が詰まった巣が用意されており、そこから集められるのがロイヤルゼリーである。

1匹の女王蜂が死ぬと、選ばれた10数匹の女王蜂候補が戦って残った勝者が新たな女王蜂となる。こうした蜂の生態系について聞けば聞くほど、人間社会とあまりに似通っており、不思議である。

先日アレハンドロ長老と一緒に来日したマヤの昆虫学者で、蜂に関する世界的な研究家であるフリオ・ロペス博士にお聞きした話では、マヤに残された絵文書には、古代マヤ人が蜂の生態を熱心に研究した結果が書かれており、彼らはそこから、自分たちの社会基盤を作っていく上での多くのヒントを得ていたようである。

蜂の生態から人間が社会基盤を学ぶなどというと、信じられないことであるが、それは紛れもない事実のようで、その一例をあげれば、チチェンイッツアに代表されるマヤのピラミッドが9層構造になっているのも、9層の蜂の巣作りから学んだものであるというから驚かされる。

1匹のメス蜂が52日間の生涯をかけて蓄える蜜の量はおよそ小さじ一杯。つまり、我々が食するスプーン一杯の蜂蜜は、蜂の一生涯の蓄えを丸ごと頂くことになるわけだから、感謝して頂かないと罰が当たりそうである。

この島にあるマヌカの木は3~5メートルほどあるが、先日訪ねたトンガリロ山のような火山台地に咲くマヌカは1メートルくらいしかない。しかし、この小さな木の花から採取される蜜を集めたマヌカの蜂蜜が一番効能が高いと言われている。

さらに、ニュージーランド産の白紫色の花が咲くヒイブ（Hebe）から採れた蜜とマヌカの蜂蜜を混ぜるとマジック的な蜂蜜ができるようである。マヌカから採れる蜜は細胞を浄化するが、ヒイブの蜜は浄化した細胞を再生、増殖するからである。

また、ヒイブの蜂蜜はミリミリと呼ばれるマッサージにも使われている。ヨーロッパではヒイブの花は悪い精霊から守ってくれると言われており、スコットランド人がその白紫色の花を胸に差しているのはそのためである。

また、ターファイ・ロウヌイ（Tawhai-Raunui）の木に咲く紫色の花の蜜は働き蜂に力

マヌカの花
マヌカ蜂蜜の蜜を生む白くて可憐な花。このマヌカの木には1メールくらいの小さい物と、3～5メートルに達する大きな木の2種類があるが、オタマテアの木は大きい方である。

ヒイブの花
ニュージーランド産のヒイブの花から採れる蜜とマヌカの蜂蜜を混ぜると、マジック的な蜂蜜ができる。

を与えたり、蜂の巣をバクテリアから守る役目をする。また、この花の蜜からはローヤルゼリーによく似たハニーデュー（Honey Dew）ができる。

この木は大木となり、その木を加工した材木は金色、赤色、黒色、銀色の4色の色を出すので、家具などに使われる。昔は双胴船やカヌーなどにも使われたようである。先日ウエリントンの博物館で見た巨大なカヌーが蜂蜜用の花の咲く木でできていたことを読者は憶《おぼ》えておられるだろうか。最近までヨーロッパでは、ニュージーランドから輸入したこの木をバイオリンにも使っていたようである。

山頂での不思議体験

午前中めったに体験できない養蜂の様子を見学させて頂いた後、午後から、長老とランギ氏、それに鈴木さんの三人は魚釣りに海辺に出かけていった。私はハウスに残って写真の整理と原稿書きである。

車の中や船の上での長老の話が、どれもみな興味深いものばかりだっただけに、まとめるのが一苦労。話が面白ければ面白いほど、原稿の枚数は増えていくからだ。読者はここまでの紀行を読まれて、どう感じられただろうか。面白い、面白くないは別にして、日本人の誰もがかつて聞いたことのない話の連続であったから、驚かれたことは間違いないはずだ。

窓の外を眺めると、親馬と子馬が二頭、ニワトリと一緒にのんびりと草を食《は》んでおり、その先にはタズマン海の青い海が広がっている。こんな風景を見ながら原稿を書いたら、さぞかし筆が進むことだろう。それに波動が高いせいか、頭が冴えて原稿書きにはもってこいの環境である。

そうこうしているうちに、長老たちが帰ってきた。鈴木さんの顔がやけにほころんでいる。それもそのはず、両手に釣り上げた大きな魚が2匹、一方、長老とランギ氏は浮かぬ顔、空になった餌箱だけしか手にしていない。ただ、腰には浜辺で採った貝の袋がぶら下がっていた。どうやらこれで今夜はおいしい海の幸にありつけそうだ。

その後は近くの山に登ることにした。そこで祈りと瞑想をするためである。前輪駆動のジープでないと到底登れそうもないような山道を時間をかけて山頂へと向かう。川を渡り、急斜面の道をエンジンフル回転で登る。そんなことを繰り返しながら、およそ40分ほどかかったであろうか、ようやく山頂にたどり着いた。

眼下には、タズマン海のコバルトブルーが広がっており、周囲のマヌカの木に咲いた真っ白い可憐《かれん》な花が眼を楽しませてくれている。祈りと瞑想には最高の雰囲気である。50

パソコンを打っていると、窓から小馬が顔を出した。なんとものんびりした風景である。

2匹の魚を釣って満面笑みの鈴木美穂さん。お陰で今夜はおいしい海の幸が食べられそうだ。

00年前、ワイタハの人々が長い航海の末にこの地にたどり着いた時にも、こんな情景が広がっていたのだろうか。そんなことを考えながら、祈りと瞑想に入った。

これまでと同じように龍たちの解放を願った後、人類が穏やかな形で新しい世界に移行できるように念じていると、突然、これから先、人類が遭遇することになるのではないかと思われる、さまざまな情景がまるで早回しの走馬灯を見るように脳裏をかすめた。

それはあまり思い出したくなるような映像ではなかったが、その映像が終わる瞬間、ほんの一瞬であったが、人や動物、それに草や木々が光り輝いている姿が見えた。あれはアセンション後の地球の姿だったのだろうか。そんな走馬灯体験が終わった後、今度は自分が空を飛んでいる場面に遭遇する。

それはどこかの星を目指して飛んでいる情景のようであった。手をまっすぐに伸ばして気持ちよさそうに飛んでいる。飛揚している世界は広大無辺の宇宙で、その時私の心を満たしていたのは、心地よいほどの大きな満足感であった。やるべきことをし終えた後で感じるあの充足感である。

ふと周りを見回すと、自分と同じような人間が何百、何千体、皆同じような姿で群れをなして飛んでいる。きっと同じ星に戻る仲間に違いない。そんなことが直感で感じられた。すべてが一瞬であったが、こうして原稿を書いている今も、それは鮮明に残っている。特に、宇宙を飛んでいる時の情景とその時の感情がひときわ鮮明だ。

第2部のメキシコ・グアテマラ探索の中で書くことになると思うが、アマゾン源流のジャングルの中でキャンプしていた時にもあるヴィジョンを見せられた。

それは過去世での体験を再現したものであったが、今回は未来体験であったようだ。どうやら私は宇宙船に乗せられるのではなくて、幽体離脱をした後、高次元の肉体を持って自力で母星に帰還することになるようである。

普段の生活では、幻視体験などまったくすることのない私であるが、アマゾン源流のジャングルの中とかこうした太古を思い出すような場所に来ると、奇妙な体験をすることになる。今回は、強いボルテックスの力によって波動が高められ高次元に引き上げられたことが、要因だったのかもしれない。

「龍の頭」マルイア・スプリングスへ

1月21日。この日は、午前中、アレンさんを交えて四方山話《よもやま》に話が弾んだ。しばらくすると、突然長老がシリウス時代の話やイルカ型生命体として地球にやって来た話を始め出した。しかし話が飛んでしまって、いつもと違って、話に脈略がなく、聞いている私にはうまくまとめられない。

ランギ氏もジョンさんも、時々、怪訝《けげん》な顔をしている。どうしたのかと思っていると、長老が、「どうもこの地に来るとボルテックスのエネルギーが強すぎて肉体の波動が高まってしまうため、過去とのつながりが強く出てしまう。そのせいか断片的で脈絡のない話をしてしまうことが多いんですよ」と戸惑った様子で、突然の変容状態を語ってくれた。

どうやら、私が昨日、珍しい未来体験をしたのも同じことだったようである。ただ受けるエネルギーの量が私と長老とでは違うため、脳に及ぼす力に差が出るのだろう。いずれにしろ、やはりこの場所が強力なエネルギースポットであることは間違いなさそうである。

私のような凡人にはそうしたエネルギーの強弱は感じられないが、こういった現象を実体験すると、3次元的意識では感じられなくても、実際に場所によって強弱に差があることが分かってくる。「百聞は一見に如《し》かず」とはよく言ったもので、百冊の書物で知る知識より一度の実体験の方が、遥かに得心がいく感じだ。

昼食を済ませた後、ジョンさんに修理が終わったボートで港町・ハヴロックまで送って頂いた。そこから、5時間ほどかけてワイタハの人々が「龍の頭」と呼んでいるマルイア・スプリングス（Maruia Springs）に向かった。そこには、スプリングスの名の通り温泉が湧いており、新潟県の赤倉温泉の旅館経営者が20年ほど前から運営する、和風のロッ

絵はがき
日本人の経営する和風ロッジ式の宿泊施設には露天風呂があり、旅の疲れを癒すには最適である。宿泊客の入っている露天風呂は撮影できないので、宿の絵はがきを掲載させてもらうことにした。

ジ式宿泊所「Maruia Springs 秀心」があった。

このロッジには、外風呂や男女別の大浴場、個室風呂などがあり、浴衣も用意されているので、旅の途中で心身を癒すのには格好の温泉宿である。特に180度展望のきく川沿いの露天風呂で川のせせらぎを聞きながらの湯浴みは格別である。ただ、外風呂は混浴なので水着を用意していく必要がある。

温泉談義

到着したのは夜の9時半頃であったが、まだ空にはうっすらと明るさが残っている。とにかくこの国の夏の日の入りの遅さには驚かされる。露天風呂に入ると、ニュージーランドに来て20年ほどになるというイギリス人男性と一緒になった。

話をお聞きすると、日本には2度行ったことがあるという。最初の旅は青森県の弘前市で学校の先生をしていた長男を訪ねる旅であったようだが、そこで入った日本式の銭湯に驚かれた話を、懐かしそうに語って下さった。

ご本人は息子と一緒だったので戸惑いながらも、なんとか銭湯を堪能することができたようだが、一人で入った奥さんは何から何までが初めてのことで、ただ驚きと戸惑いの連続であったという。

一番の驚きはお湯の温度が高いことであった。なんでこんなに熱い湯に入るのかと思ってまわりを見渡すと、さも気持ちがよさそうに目を閉じて湯につかっている人ばかりなので、日本人はこの温度が適温なんだと思いながらも、たいそう不思議に感じられたそうだ。「おかげで今はこうして熱い湯に入っても平気でいられるようになりました」と、笑っていた。

息子さんは日本の女性と結婚したあと帰国し、今はウェリントンに住んでいるそうだ。そんな話をしていると、ポロハウ長老が入ってきた。湯の熱さに顔をしかめる長老を見て笑いながら、温泉談義が始まった。

お二人の話をお聞きしていると、どうやらイギリス人の彼が今回この地に立ち寄ったのは、日本式の温泉に入りたいこともあったが、そもそもの目的は先住民の間に伝わる龍伝説の地を訪ねることであったようである。それだけに、ポロハウ長老から直接その話を聞けたことに大変感激したらしく、よい機会に恵まれ幸運でしたとたいそう喜んでいた。

今回こうした話を長老ができるのも、前述したように、１９８９年に時の首相ジェフリー・パルマー氏に直訴して、先住民に関する法令の中から、民族の歴史や伝承を語ることを禁じていた部分を廃止させていたからである。それがあったればこそ、こうして政府機関に勤めているという人物にも龍伝説の話ができたというわけである。

部屋に戻った彼が、奥様に熱心に長老の話を伝えている姿が目に浮かぶようである。ご夫婦の龍伝説を訪ねる今回の旅は、きっと実りのあるものになるに違いない。これもまた、一期一会《いちごいちえ》という縁が取り持つ旅の楽しみの一つでもある。

アラフラ川で「龍の涙」を拾う

1月22日。今朝はせっかくだから朝風呂に入って出発しようかと考えたが、昨日までの長老の話が整理できていなかったので、諦めて原稿書きに集中。いつものように朝食はとらずに9時過ぎにホテルを出発、西海岸の町グレイマウス（Greymouth）に向かって南下する。今日は快晴なので、途中の景色が一段と映えそうである。

案の定、出発してから1時間ほど走った先にある滝の前に立つと、そこには、白く輝いて飛び散る瀑布《ばくふ》の水しぶきと紺碧《こんぺき》の空がコントラストをなした素晴らしい景観が広がっていた。

ポロハウ長老によると、昨夜泊まったホテルのあるマルイア・スプリングス辺りが「龍の頭」に当たり、この辺りは横たわった「龍の尾」に当たる場所であるという。そう言わ

グレイマウスに向かう途中で立ち寄った滝

アラフラ川の清流をカヌー下りをする人たち

金鉱の町リフトンには、クラシックカーで旅する人たちが立ち寄っていた。

れてみると、その間の道中延々と続いていた山並みは峰の高さがあまり変わらず、まるで龍の背のように見えた。ヨーロッパ系の人々は南アルプスのようだと言うそうだが、ワイタハの人々はこの峰を「龍の背」と呼んでいる。

さらにしばらく走った後、リフトン（Reefton）というおよそ150年ほど前から金の採掘が続いている金鉱の町に立ち寄った。この町には、金の採掘が始まってから一気に多くの人々が押し寄せて、賑わいを見せるようになったようである。そんなこともあって、ニュージーランドで最初に電灯がともったのはもこの町であったという。

しかし、第二次大戦のあと採掘が次第に縮小されていくにつれ、町は次第に寂しくなっていった。4年ほど前に再び大々的な採掘が再開された結果、町は賑わいを一気に取り戻すことになった。ここから採掘される金はオセアナ・ゴールド（Oceana gold）と呼ばれ、地金やコインとして世界中に出回っている。金価格が高騰してきている今、企業はしてやったりといったところではないだろうか。

昼食を取ろうと、町のレストランに立ち寄ったところ、その前の道路に数台のかなり年代物のクラシックカーが停車していた。どうやら、クラシックカーのオーナーたちが、我々とは反対に北に向かう旅の途中に立ち寄ったようである。

一台の車をランギ氏が懐《なつ》かしそうな顔で眺めていたので、そのわけを尋ねると、今から

35年ほど前、彼が15歳の時に初めて買った車と同じ年代のものだからだという。どうやらそれは、1940年代に造られたイギリスのオースティンA―40のようである。

彼が120ドルで車を購入した1974年当時のバイト代が、1週間で1ドル60セントだったというから、今の価格にすれば、およそ200万円くらいになるだろうか、いずれにしろ結構な値段だったことになる。3年半かかって60ドル貯め、残りの60ドルはローンを組んだと言うが、15歳の若さでそうやって車を手に入れたというのには驚かされた。

18歳まで車の免許も取れない上に、15歳ではローンも組めない日本では考えられないことである。どうやって15歳やそこいらでそれができたのかと尋ねたら、親戚の叔母が銀行の窓口にいて、母のOKを取ったと言ったらローンを組んでくれたというから、当時のニュージーランドはなんともおおらかな国であったようである。

金鉱の町からさらに3時間ほど走って、今日の宿泊地グレイマウスの町に着いた。宿には寄らずそのまま車を走らせ、更に40キロほど海岸線を南下してホキティカ（Hokitika）に向かう。

そこにはアラフラ川が流れており、川の中から「タフラ」（龍の涙）と呼ばれる緑色に輝くグリーンストーンを拾うことができる。ただ、この川はワイタハ族やナイタフ族、ナキマモヘ族の所有地内を流れているため、3つの部族の人間か、特別の許可を持った人間しか入れないそうだ。

穏やかに流れる淡いグリーン色の川面を眺めていると、心がすがすがしくなってくる。長老のお許しを得て、さっそく川に入らせて頂いた。辺りを見回すと川底には6～7センチから20センチくらいの文字通り緑色をしたグリーンストーンが転がっている。より艶やかな色の石を幾つか選び、拾わせて頂いた。

これらの石は加工され土産物のペンダントや置物になるのだそうだ。しかし、今回この地を訪れ聖なる「龍の涙石」を手にしたのは、明日以降訪れる「龍の巣」と「神の巣」、それに「アセンション（変容）の地」で祈りを行う際に、龍と神に捧げるためである。

今回の旅の早々、北島の最先端レインガ岬の灯台の近くから、半島に横たわる龍の背に向かって投げた石もまた、長老がこの川で拾われたタフラの石であった。

この辺り一帯も88カ所あるボルテックスの一つである。川岸に腰を下ろし長老と共に、この地に長い間閉じ込められている龍たちが解放されることを願って祈りを捧げた。祈りを終えた後の気分はいつものことながら爽快で、まるで心の中がタフラのエメラルドグリーンで満たされたようであった。

ボルテックスをつなぐ「龍の道」はここから72キロにわたって東に向かい、川を離れた後は山沿いに進む。途中には２８００メートルのトゥフア山があり、その山頂近くには3

つの大きなグリーンストーンが置かれているという。

一つは男性性、もう一つは女性性を持つ石で、あと一つは神につながった石で祭司だけしか触れることのできない石であるという。トンガリロ山に登った時に眺めた、3つの「龍の目」の池と同じ役割を持った石のようである。そこからさらに24キロ先に進むとカンタベリーを通って、東海岸のヘラカイアの町に行きつく。

明日はいよいよ旅のハイライトの一つ「ドラゴン・レアー」(龍の巣・龍の住処)を訪ねることになる。

聖なる地「龍の巣」に向かう

1月23日、朝9時に宿を出てプナカイキ(Punakaiki)に向かう。聖なる「龍の巣」でセレモニーを行うためである。海岸沿いの道を北に向かって進むことおよそ1時間、高台で車を停め海岸を見下ろすと、そこには幾つかの大きな岩が海から突き出ているのが見える。

私の横に立たれた長老は遠くに見える海沿いの岩々を指しながら、ワイタハの古い巻物に書かれた戒《いまし》めを語って下さった。「あの岩の先に進む者は覚悟をしなさい。その先はシリウスの龍につながっている場所であるからである」。それはまさに、我々の今向かっている「龍の巣」に近づくことに対する強い警告でもあった。

さらに30分ほど走って脇道に入った所で車から降り、前方に広がる海岸に向かって降り始めた。およそ30分ほどかけて急な傾斜地を下る。草地であるため歩き心地はよい。長老は途中にある大きな岩に手を当て祈りを捧げながら進む。

手前の岩が男性性を象徴し、少し先の小さめの岩が女性性を表している。女性性の岩の割れ目にはかつては木で造られた祭壇があり、そこにはホワイトジェード（白ヒスイ）で作られた龍が飾られていたという。しかし、この地にやって来たイギリス人が完膚無きまでに壊してしまったために、今は跡形もない。なにゆえ彼らには先住民の伝統を尊重する気持ちがそれほどまでに欠けていたのだろうか。なんとも残念なことである。

険しい聖なる道を抜けて、龍の巣へと向かう！

海岸の絶壁に立った長老はしばらく眼下の白波が押し寄せる海岸を眺めていたが、いよいよこれから赤龍たちが住む「龍の巣」へと向かうという。どうやらそこは、海岸に面した岩の洞窟の中にあるようだ。そのためには低い樹木の生い茂った急な下り坂を段差で1

00メートルほど下ることになる。距離にすればおよそ300メートルほどだろうか。

問題はその下り坂が文字通り道なき道であることである。背丈を越す南国的な木々が生い茂る鬱蒼《うっそう》とした藪の中を降りていくことになるのだが、とげを持った木や巨大な葉が行く手をさえぎり、かき分ける手が傷だらけになる。

平坦な地なら何とかなるが、急な傾斜地である上にうっかり踏み外すと大けがをしそうな穴や深い溝があったりするので、なかなか前に進めない。藪に気をとられていては、穴に落ちてしまうし、溝に神経を配っていたら顔や手は傷だらけになってしまう。

どうやら、通いなれているはずの長老も進み方が分からなくなってしまったようで、戸惑っている。後でお聞きした話では、この6年間、この道は誰一人歩いていないということであった。進んだ道が間違った方向であることに気づき、何度となく引き返しては別の方向に進む。あまりに茂みが深いため長老から少しでも離れると、すぐにその姿が見えなくなってしまうのでなおさら大変だ。

何度も方向を変えたり戻ったりしているため、今自分がどの辺りにいるのかまったく見当がつかなくなってしまった。こんなところではぐれてしまったら、元に戻るのも容易ではない。

トンガリロ登頂もきつかったが、この藪の中の下りも想像していた以上に難儀だ。聖地への道はどこも皆きつく、気楽に行き着けるものでないことを否が応でも実感する。降り始めてからかなりの時間が過ぎたはずだが、一向に視界が開けてこない。少しばかりの空間を見つけて休憩をとる。

ところどころに花を咲かせたマヌカやカヌカの木が見え隠れしており、その上空をミツバチが飛んでいる。この辺りも溶岩台地であるためか、トンガリロと一緒で、マヌカもカヌカも木の高さは1メートルほどの低木である。

しばらく進むと、波の音が耳につくようになってきた。大分海辺に近づいているようだが、なかなか視界が開けてこない。お互いに声を掛け合って進むことさらに30分、前を行く鈴木さんの喜びの声が聞こえてきた。

どうやら難関を突破し海岸にたどり着いたようだ。こうして悪戦苦闘の末、わずか数百メールの距離をなんと1時間近くもかかって、やっと海岸までたどり着くことができた。降り立った浜辺を少し歩くと洞窟の前に出た。ワイタハ語で「テ・コハンガ・オ・アツウア」と呼ばれる「龍の巣」の前である。しばらく一休みした後、ポロハウ長老は語り始めた。

――この地はワイタハの人々だけでなく、今ここに立っているあなた方にとっても聖地であることには変わりはありません。かつてこの地には、東西南北の龍たちが集まり、魚をとって食べたり休んだりしながら、ワイタハの人々をどのように導き、助けていったらよいかを相談したのです。

また、古くは何百万年も前、レムリア文明を切り開いていく人々をどうやって導いていくかを相談した場所でもあるのです。彼らが人類にとってのエンジェル的存在になろうと決めたのもその頃だったのです。

「龍の巣」での祈り

いよいよ我々は「龍の巣」に入ることになる。先ずは長老の指示で洞窟の入り口近くにある岩山から流れ落ちる滴《しずく》で身を清めた後、中へと向かう。入り口は思っていた以上に広く、奥に進むと内部も海岸に面した一面が開けているため、ある程度の明るさがあり、広々としている。

洞窟内の広さは車20台分ほどあり、卵型に広がっている。長老が洞窟で目撃される龍は、入り口の近くに頭を、奥の方に尾を置いた状態で横たわっていることが多いという。

そんな洞窟内でワイタハの人々が古くから行ってきたセレモニーに思いを馳《は》せながら、我々は洞窟の中心部に海岸で拾い集めた枯れ木を重ねて点火した。

すぐに清らかな聖火が燃え上がり、程なくして長老の祈りの言葉が唱えられ始めた。いよいよセレモニーの始まりである。長老は最初に、我々にその言葉の意味が分かるように英語で語られ、その後にワイタハ語で祈られた。長老の後に続いて、私もまた祈りに入った。

先ずは、この地に無事立つことができたことへの感謝を申し述べたあと、来るべき地球の一大チェンジと人類のアセンションに向けて、彼ら龍神たちから大いなる助けを頂けるようにと願った。

あとで長老からお聞きした話では、祈りを終え柏手《かしわで》を打った瞬間、頭上からたくさんの光り輝くエネルギーが降ってきたそうである。それは、私自身が「きっと願いがかなえられるに違いない」という確信が湧いた瞬間でもあった。

長老の話をお聞きして、この地に着くまでの道中の悪戦苦闘が決して意味のないことではなかったことが、理解できたような気がした。それはトンガリロ山と同様、聖なる地に立つための試練であり、禊ぎでもあったのだ。だからこそ、長老をはじめとする聖者や祈り人が祈願の地に立つには、一般の観光客が歩く道を通らずに、より険しい聖なる道を歩

海岸にある「龍の巣」に向かって、道なき道を進むポロハウ長老。聖者の通る王道は決して安易な道ではない。

背丈を超す樹木の中に入ると、お互いを見失ってしまう。深い溝に落ちてランギ氏に引き上げてもらう長老。

聖地「龍の巣」に向かう途中の海岸。ワイタハの人々はここから北に向かう時には、巻物に書かれたある戒めを胸に刻んだという。

むことになっているのである。

セレモニーが終わった後、長老の指示で昨日アラフラ川で手にしたグリーンストーンを龍への捧げものとして安置し手を合わせ終わると、一つの大事を成し遂げたという達成感が湧いてきた。これでまた今回の旅の一つの大きな山を越すことができたようである。我々はしばらく休んだ後、すがすがしい気持ちで洞窟を去った。

ホテルに戻ると、時計はすでに3時半を回っていた。車中の時間が2時間ほどであったことを考えると「龍の巣」の往復にいかに時間を要したのかを、改めて実感するところとなった。

守護霊となって頂いた金龍

ホテルに戻り部屋に入ると、疲れがドッと出てベッドに横になるやいなや、あっという間に寝入ってしまった。2時間半ほど完全に熟睡状態だったようで、こんなに深く眠ったのは久しぶりであった。後で長老が話してくれたことでは、私がそうなったのにはそれなりの理由があったようである。

長老も私がすぐ眠りにつくことが分かっていたので、急いでシャワーを浴びて横になり眠りに入ったという。それは眠りの中で、私がセレモニーによって得たエネルギーを上手にコントロールができるように、私の潜在意識に働きかける必要があったからである。

私の今回のニュージーランド訪問の目的の一つは、邪悪な力によって長い間閉じ込められていたたくさんの龍を解放するためのお手伝いをすることと、龍神たちにアセンションの支援をお願いすることであった。レインガ岬やトンガリロ山で行った祈りも皆そのためであったことは、既に述べてきた通りである。

ただ、今回の「龍の巣」では、この洞窟に数百年前から棲みついている強力なパワーを持った一体の「黄金の龍」に私自身の守護霊となってもらうという、もう一つの目的があったようである。

「ようである」というのは、私自身はそうした目的があることをまったく意識していなかったからである。もしそうだとすると、私が今世で果たさねばならない更なる使命を達成させるために、上の存在がそう図って下さったのかもしれない。

長老の話では、私が生まれた時、身体の一部に障害があって将来が心配されたので、私の祖父が神社で無事なる成長を祈願してくれたようである。その祈願によって縁が結ばれたのが、この金龍であったのだという。

今回私について頂いた金龍は恐れ多いことであるが、日本の7代目の天皇（孝霊天皇だろうか?）を守護されたことのある龍だったそうであるが、祖父が祈願した時には、既にニュージーランドのこの地に移動して棲んでおられたので、守護霊となって頂くには私自身がこの地を訪れて、改めて祈願をする必要があったというわけである。

それゆえ、この金龍は長い間この地でずっとがまん強くお待ちになっておられたようで、今回の私の訪問を機に守護霊となって頂けたということのようである。長老は「これから先時間が経過するにつれ、あなたはしだいにこの金龍の発するパワフルなエネルギーを強く感じることになるでしょう」と、語っておられた。

ただ、「今回守護霊となられた龍神は非常にエネルギーが強い方なので、あなたに活力を生み出すことは間違いありませんが、あなたは何事にも夢中になるタイプなので、あまり熱中すると、パソコンまで壊してしまうことになるかもしれませんよ」と笑っておられた。

長老ご自身、大変強いエネルギーを持っており、同じような力を持ったお兄さんと一緒だと、車のエンジンが故障したり、飛行機が飛び立たなくなったりした経験をしているだけに、そんな心配をして頂けたのかもしれない。

ちなみに、今回私の守護霊となられた龍神は、人々が鉄の武器を持って戦うようになった時代に北半球を離れ、まだそうした武器を持たない南の地にやって来たようである。

「龍の巣」の洞窟
中はかなり広く海岸側の一面が開いているので、思っていた以上に明るかった。

聖火の前で祈る長老
暗い背景に白の祭服姿が聖者の雰囲気を醸し出している。

それは他の多くの龍たちが、悲惨な戦いが行われはじめた北の地を離れ、南半球にやって来た時代でもあった。その頃はまだ南米や南アフリカ、オーストラリア、ニュージーランドといった南の国々では鉄を兵器として使うことはなかったからである。

明日からの2日間は最後の一大セレモニーが「神の巣」と「変容《アセンション》の地」で行われる。

一体どのような2日間になるのだろうか。不安と期待が交錯している。

第八章

地球アセンションへの祈りのセレモニーは、こうして成就した……

広大な裾野が広がる「神の巣」――かつての神の宮で……

1月24日、今朝は雲ひとつない快晴。町を離れてタイポ川沿いに東に向かって走る。この川の名前は長老の4代前の祖父の名前だというから、きっと意味のある名前に違いない。しばらく走ると両側に1000メートルから1500メートル級の山並みが続く。ひときわ高いのが山頂近くに白雪を残すティラ山、おそらく2500メートルは越しているものと思われる。

途中、鮭が産卵のために上ってくるワイマカリリ川の川瀬で停まる。ワイタハの人々がこの先の聖なる地「神の巣」に向かうには、昔はこの辺りまで川を上って来たのだという。ということは、この辺一帯はかつては海につながる巨大な入江の一つであったのかもしれない。当時は水の量もはるかに多く流々と流れていたようであるが、イギリス人の入植以来、周囲の山の木を伐採するようになってから、一気に水の量が減ってしまったようだ。

さらに川をさかのぼると、山裾から川に突き出た100メートルほどの高さの一際高い台地が見えてきた、そこは、シリウスからやって来たワイタハの遠いご先祖が地球に降り立ち、イルカへと変身していった記念すべき場所でもあるという。

この神聖な場所には、「神の宮」が作られていたようだが、入植者の手によって跡形もなく壊されてしまって今はなにも残されていない。北米、中南米へ渡ったスペイン人と同じような破壊行為が、この国でもあちこちで行われたようである。

またこの道路を挟んだ周辺には緑色に輝いた綺麗な湖が散在しており、おもわず車を停めて、ゆっくりとその景観を味わいたくなってくる。長老によると、この地方には、世界中からマラキーホー（天狗などの自然霊）たちがやって来るという。そして新たにここで生まれ育った彼らは、世界各地へと散っていくのだそうだ。

川沿いを離れて右手の山裾に向かって進むと、やがて視界の先に巨大な岩が散乱するワイタハ語で「コハンガ・オ・ガ・アトゥア」と呼ばれる「神の巣」の壮大な景色が見えてきた。写真を見てもらえば分かるように、広大な丘陵地に散在する岩の数は大小かなりの数に達する。

途中で、車を降り徒歩で進むことおおよそ20分、前方に幾つかの巨大な岩が見えてきた。左手に少し変わった形にそびえ立っている岩は、シリウス星人の姿を表しているという。そこからうかがえる姿はあまり人間型生命体には似ているようには思えない。正面に見える巨岩は縦横が20×10メートル、それは磁気的にエジプトの第一ピラミッドと同じ役割を果たすもので、さらに右手に見える横長の巨岩はスフィンクスを表しているという。

巨岩がそびえる丘を越える道にも3通りあり、それらは、一般の観光客が上り下りする道、修行者が歩く道、長老や神官が歩む聖なる道に分かれている。登り口のわきにある湧き水で身を清めた後、長老に続いてスフィンクスの岩に向かい、しばらく手を当てて訪問の挨拶をする。長老はあちらこちらの岩に額を当てて祈りをしながら登って行く。

私はそこから見える景観に目が奪われ、ただひたすら写真を撮り続ける。眼下には、写真好きの人間ならいくら眺めても見飽きることのない壮大な景観が広がっている。まるで、阿蘇の外輪山から眼下を一望しているような感じだ。

私はピラミッドと同じ役割を持つという巨岩の上に登ることにした。そこで一人で祈りをしてみたかったからである。なかなか難儀であったが、どうにかして頂に立って360

「神の巣」
聖地「神の巣」には広大な広陵地が広がっていた。高台から眺めると人や牛の姿が小さな点のように見える。

祈りの地に近づくと前方に巨大な岩が林立している。

度を展望すると、まるでエジプトのピラミッドから眼下を眺めているようで、この地一帯がかつては巨大な入江であったという太古の世界が目に浮かぶようであった。

シリウスからやって来た巨大な母船は、一際高い神の宮の台地に着陸し、長旅を終えた人々は初めて地球に降り立ったのではないだろうか。岩の上に座して祈りを捧げていると、そんな情景が浮かんでは消え、浮かんでは消えていった。

岩を降り反対側に回ると丘の下の小さな池の横で、長老がテ・トゥア・アトゥア（祭祀の場）と呼ばれる平らな石の上で祈りを捧げていた。その眼前には小さな泉「月の泉」が横たわっている。長老の祈りの姿が周りの風景と一体となってまるで一枚の絵のようである。聖者の祈りとはそういうものなのではなかろうか。ワイタハ族がこの地にたどり着いた当時も、このような雰囲気でセレモニーが行われていたのに違いない。

今は真夏、今日の温度は20度は超えていそうであるが、長老が9歳の時にこの地で行った修行は真冬、そこには雪が積もり今よりずっと大きかった池に氷が張っていたという。まる1カ月間、丘の上の小さな洞窟に籠もって雨風を凌《しの》ぎ、乾燥ウナギを食べながらの修行であったようなので、まさに命懸けの荒行である。

さらに、その翌年の10歳の時には、この地に集まったワイタハの300人を超す人々を前に教えを説いたというから、驚きである。祖父の死後、4歳でファトゥクラの地位につ

祈りを捧げる著者
「龍の巣」と違って広大な台地での祈りは、宇宙に通じる気持ちが湧いてくる。

小さな池の畔でひざまずいて祈りを捧げるポロハウ長老。幼少の頃、ファトゥクラとしての修行を積むため、厳冬の8月、雪の降り積もるこの地で小さな洞窟に籠もった。

いた少年には、それだけの役割があったということである。

それにしても、この地に南の島の各地から多くの人々が集まって、定期的に祭祀が行われてきたということは、それだけこの「神の巣」がワイタハの人々から神聖視されていたからに他ならない。ここもまた、強いボルテックスを発する聖なる地であったのだ。

名残惜しかったが、宿泊地に決められた時間までに着く必要があったので、後ろ髪を引かれる思いでこの地を後にした。

今日と明日の宿泊先は「神の巣」から車で30分ほど離れたシアリング・シェッド・クォーターズ。そこには、一晩5万円は下らないだろうという高価な高級リゾートホテルが立っている。ただ我々が宿泊するのはホテルのオーナーが無料で用意して下さった簡素なロッジ風の宿泊施設であるから、宿代は心配する必要はなさそうである。

この辺り一帯はかつてはすべてワイタハ族の所有する土地であったために、今でも長老には敬意を表する習わしが残っているようである。しかし、そればかりでなく長老の人柄がそうさせている面もあることは確かだ。

夜はオーナーのトムさんとジョアンさんご夫妻のご自宅にお招き頂き、おいしいバーベキュー料理をご馳走になる。なんともありがたいことである。お訪ねしてみるとお二人はまだお若く、気持ちのよいご夫妻で長老を心から慕っているのが感じられた。オーナーの

「神の巣」の近くにある高級ホテルのオーナーの自宅に招かれ、バーベキューをご馳走になった。

奥様ジョアンさんは、長老がホキティカで高校の先生をしていた時の生徒さんだそうである。

実は今、お招き頂いたご自宅の別邸のベランダで、夕食の前の一時を利用してこの原稿を書いている。夜の8時を過ぎているのに外はまだ明るく、日本の夏の6時過ぎのようだ。とにかく、ニュージーランドの夏の日の暮れの遅いのには、驚かされる。

その夜遅く、長老の呼びかけで、オーナーの自宅の近くにある一段と高い丘の上に登り、ワイタハ族のご先祖が「神の住処」への巡礼の際に、立ち寄ったであろう聖なる岩の上にグリーンストーン（龍の涙石）を供え、セレモニーを行った。

周りを見渡すと、いつの間にか長老を慕う人々が何人か集まっており、一緒に祈りに参加していた。夜空には月とシリウスが輝き、私たちのセレモニーを見守っていた。長老が後に語ったところでは、上空には何体かの龍が飛び交い、そこには、私たち日本人が「神の住処」に戻ってくることを預言していた長老格のご先祖や、部族の酋長の霊も来ておられたそうである。

明日はいよいよポロハウ長老と変容の地アトゥア・アリキ（Te Atua-ariki）で神への祈りを捧げる日である。それはまた、アセンションのための儀式でもあるのだ。

変容《アセンション》の地「アトゥア・アリキ」でのセレモニー

1月25日、日の出を見ようと朝の6時半に起床。部屋を出て空を見上げると雲一つない快晴。宿の裏手の山は朝日に染まり、まるで黄金の山のようだ。急いで写真を撮ろうと場所探しをしているわずかな間に陽が昇ってしまい、黄金色が消えてしまった。なんとも残念なことであった。

それでも早朝ならではの爽やかな写真が何枚か撮れたので、気分は上々である。さて、いよいよ今日は変容《アセンション》の地「アトゥア・アリキ」(Te Atua Ariki)でのセレモニーが行われる日である。「龍の巣」でのセレモニーでの難行を思い出すと少々気が重くなったが、最後の一仕事だと自分に言い聞かせて準備を整える。

長老がゆっくりしておられるのでお聞きしてみたところ、今日のセレモニーは午後1時から始める予定だという。宿から「神の巣」までは1時間弱ほどなので、急いで出発する必要はないとのことであった。

長老からは、セレモニーの場所や時間などについては、前もって詳しく教えてはもらえないので、時々戸惑うことがある。しかし、その理由は、前日の夜の睡眠中に肉体を離れた意識が天や龍とつながって、翌日の行動を決めていくことが多いためであるという。

中でも大事な点は、この2週間の行動の中で私がどのレベルまで達し、どこまでできる段階に至ったかをしっかり確認をすることのようである。さらに有難いことに、私の体調や心の状態も併せて、勘案して頂いているようであった。

これまでに、南北の島で9カ所の重要なボルテックスを回って来たわけであるが、それには皆順番があり、段階（レベル）があるようである。それはこれまでに回って来たボルテックスの地名やそこで私が行ってきたことを考えるとよく分かる。今日予定している「変容の地」を加えて、これまで回った来た聖地を整理してみよう。

［北島］

ケープレインガ（日の出）

ワイタンギ（龍の涙）

ロトルア湖のモコイア島（大元の場所へ戻ること）

トンガリロ（男女の龍）

ウェリントン（首都）

［南島］
オタマテア（マオリベイ）（最初に降りた宇宙船のキャプテンの名前）
マルイア・スプリングス（龍の頭）
ホキティカ（龍の涙　グリーンストーンが取れる場所）
プナカイキ（龍の巣　龍の隠れ家）
グラスミア（神の巣　神の住処）及びアトゥア・アリキ（変容の地・神になる地）

11時過ぎに出発。途中大きな牧場を経営している方の家に寄る。どうやら「変容の地」は現在その方が所有している土地の中にあるようで、入り口に張られているチェーンを外す鍵を借りるために立ち寄ったようである。

許可が下りなかったらどうしようと不安であったが、無用な心配に終わった。今日の「変容の地（神とつながる洞窟）」への訪問は既に天のご手配が為されていたようである。向かった先は昨日訪れた「神の巣」からそんなに遠くないところにある。

山の裾野に広がる広大な牧草地には、きれいな小川が流れ、その周囲では親子の羊の群れがゆったりと草を食《は》んでいる。そんな風景の中を進むこと30分、昨日と同じように巨石が点在する広大な山の稜線《りようせん》が見えてきた。

早朝、ロッジの裏山の上空には半月が残っていた。

「変容の地」に近づくと大きな岩が散乱する丘陵地が見えてきた。

山の麓で車を降り、岩山に向かって歩き出した。急な登り坂が200メートルほど続くが、一昨日の「龍の巣」への道のりに比べるとかなり楽だ。傾斜はきついが道に迷うことはないのが安心だ。いずれにしろ、聖地にたどり着くのには、それなりの試練は欠かせないようである。

20分ほどかけて、10メートルほどの高さの巨石の立つ場所にたどり着く。そこは洞窟状になっており、どうやらここが神のエネルギーと一体となるためのセレモニーが行われる場所のようだ。そこは、ワイタハ語でテ・コハンガ・オ・ガ・アトゥア（Te Kohanga o Nga Atua）、「変容《アセンション》の地」「神とつながる地」と呼ばれている。

この洞窟は、アトゥア（神）の名がついていることからも分かるように、聖地中の聖地で極めて神聖な場所だ。この周辺の土地一帯をワイタハ族が所有し守っていた時代には、この洞窟の中にはファトゥクラ以外はいっさい足を踏み入れることができなかった。それだけに、今自分がそんな由緒ある聖地に立っていることが、信じられない気持ちである。

洞窟の奥にごく簡単な祭壇が作られ、草花や果物、パン、お米、蜂蜜入りの飲み物、それに塩などのお供え物が捧げられ、その先に、所持してきたグリーンストーンが置かれた。程なくしてセレモニーが始まった。

祈りの途中、長老は手にした杖で地面に何やら絵を描き始めた。後で確認したところ、それは太陽に月、シリウス、地球。セレモニーの始まりを午後1時にしたのは、ちょうどこの時間帯に地球を挟んで太陽と月とシリウスの位置が三角形になるからだという。

マヤやインカの先住民たちと同様、ワイタハ族の祭祀においても皆、天体との関係が重要視され、自分たちの勝手な都合で行うことはないようである。

「龍の巣」でのセレモニーと同様、長老の祈りの言葉が終わった後、私も最後の祈りをさせて頂いた。2週間にわたる旅のご加護に感謝し、「変容《アセンション》の地」にふさわしく人類がよりよい形でアセンションを果たすことができるよう念じた。ニュージーランドの各地に長い間閉じ込められてきた龍たちが皆そろって解き放たれることを祈ったことはもちろんである。

今回のアセンションは人類にとって最後のチャンスであることは間違いない。地球はもはやこれ以上、人間の蛮行と悪想念に耐えられそうもないからである。ならば、今回は何としても最後のチャンスを活かさないわけにはいかない。そんな思いをめぐらせながら、アセンション成就の祈りは終わった。

トゥファレ・ランギ氏や同行の鈴木美穂さんも同様に祈りをされた後、最後に神への感謝とさらなるご加護を念じて供えられていた飲み物を頂くことにした。

旅立つ前には、ニュージーランドの地に神(アトゥア)とつながった「変容の地」があ

「変容の地」の入り口にある洞窟

「変容の地」での祈り。私の祈りを支えるかのように、長老は後ろに立って共に祈って下さった。「神とつながる地」、つまり、アセンションを遂げることのできるこの洞窟の中には、ファトゥクラ以外は何人たりとも入ることが許されなかったという。その地に今自分が立って祈っていることが、信じられなかった。

ることも、ましてや、そんな聖なる地に自分自身が立って祈りをすることなど思いもしなかっただけに、まるで夢の中にいるようであった。

これで、今回の旅の聖地でのすべての祈りの儀式が無事終わった。それぞれの祈りがみな多くの困難を伴うものであっただけに、無事にやるべきことをやり遂げた大きな達成感と安堵感が心を占めた。

セレモニーが終わった後、長老は「近くには儀式の仕方が書かれた古代の絵文書が残されているので、岩山の上に登って探してみてはいかがですか」と勧めてくれた。「自分は案内しませんが、もしも、あなたが今日のセレモニーで神とつながったなら、その場所をご自身の直感で探し出すことができるでしょう」と言われた。

巨石が散在する山中での絵文書探しは相当厳しそうであったが、好奇心に誘われて登ってみることにした。この地でもまた、私の探求心という性癖が顔を出すところとなった。

登り始めると途中途中で巨岩の織りなす奇怪な景色が次々と広がり、それらを写真に収めながらさらに上を目指す。それにしてもかなり広い範囲に巨石が散っているので、すべての石をチェックしたら大変な時間がかかってしまいそうだ。どうしたものかと考えていたところ、向かって左手前方にある石が無性に気になり出した。

巨岩が散乱する「変容の地」周辺の岩山を上り下りしながら、長老が言われた「古代の絵文書」が書かれた洞窟を探した。

それは切り立った丘の先端にあるため、近寄るのがなかなか難しそうな場所であった。洞窟状にえぐられている面の一角が下から展望できたので、望遠レンズに切り替えて覗いてみると、そこには文字と絵らしいものが見え隠れしている。より良く見える場所を求めて立つ場所をあちこちと移動し、ここならと思った場所でどうにか一枚の写真を撮ることができた。

周囲を探しても他にそれらしいところが見当たらなかったので、多分長老の言っておられたのはこのことだろうと勝手に推測して戻ることにした。鈴木さんと一緒に私の帰りを待っておられた長老に、早速デジタルの画面をお見せすると、「これが私の言った絵文書です。よく探し出しましたね」と言って祝福して下さった。

長老が語る私に課せられた使命

しばらくして、長老はおもむろに「すべてのセレモニーが無事終わったので、あなたが今回ニュージーランドにやって来ることになった経緯と背景をお話ししましょう」と語り始めた。

それは、旅の初日にオークランド空港からケープレインガに向かう最中に、車中で長老が私に語られた話を補足するものであった。２週間前、単なる探索の旅のつもりでやって来た私に長老が述べたその言葉は、実に衝撃的であった。それは、旅の道中ずっと頭の中にあって、時には私を不安にし、時には心を奮《ふる》い立たせてきた。私は長老の言葉に一心に耳を傾けた。

以下は長老のお話の要旨である。

私たちが長い間あなたが日本の地から来られるのを待っていたことは、旅の始まりの日に申し上げました。２０１１年の1月12日という「ストーン・クロック」（石の時代）から「ウォーター・クロック」（水の時代）へと移り変わった直後の大変重要な日、この地にやって来られたあなたには大変な役割がありました。

しかし、本日をもってそれらの役割をすべて成し遂げられましたので、あなたの今回の訪問に至るまでの経緯をお話しすることにしましょう。あなたがお聞きになりたいと言っていた話です。

それは40年以上前、１９６７年にまで遡ります。その年、私の祖母と母、それに叔母たち16人の叡智を持ったグランドマザーたちが集まって、ある祈りのセレモニーを行ったのです。そこは、あなたに立ち寄って頂いた私の事務所がある「カイユヘ」の町から、山に向かって車で25分ほど行った所にあるタヘケという町のマラエ（集会所）でした。

彼女たちは輪を作って祈りました。

エネルギーを解放し、シリウスにもどることができますように！

悪の力で長い間、この地に閉じ込められた黄色、赤色、青色、白色の龍たちが再び飛び立つことができますように！

川や湖で動けずにいる水龍たちもまたイルカと共に泳ぎ始めることができますように！

物質主義に偏重した人々の霊性を目覚めさせて光の世界へと導くために、アカシックレコードを読み解くことができるようになりますように！

その時降りた啓示は、「65万年間続いた石の時代（ストーンクロック）から水の時代（ウォータークロック）に移る時、あなた方の願いは叶えられるだろう」というものでした。

「その日その時、あなたたちルカファミリーの本家に当たるマウント・フジのある国から、龍の人がやって来て必要なセレモニーを成し遂げ、最後に神の巣の近くに描かれた岩絵を探し出すであろう。その時こそが心願成就の時である。

その時、伝統の教えにある心の歌に秘められていたワイタハ国のアカシックレコードが開かれ、翡翠《ひすい》の扉が開き、その開口部からワイタハの先師たちの心の歌の一番奥底に隠されていたすべてのスピリットが鳴りもの入りで登場するであろう」

あれから半世紀近くがたった今、まさにウォータークロックの始まった直後、1月12日というビックチェンジの始まりの日に、祖母や母、叔母たち賢きグランドマザーたちの願いを聞き入れるように、あなたはやって来られたというわけです。

しかし、私たちの希望が成就されるためには、あなたに決められた幾つかのセレモニーを成し遂げて頂くことが必要でした。それが、私がこれまでに案内してきた10カ所のボルテックス（エネルギースポット）でのセレモニーと祈りであったのです。

セレモニーには導き役の私とあなたをガードする役割を担ったトゥファレ・ランギ、それにウナ（男性性）とルナ（女性性）のバランスをとるための女性役として鈴木美穂さんが必要でした。

マラキーホ山頂の「龍の目」の池のセレモニーに私たちが同行しなかったのも、今日のセレモニーの後で岩絵のありかを教えなかったのも、みな意味があったのです。あなたが自身の力で成し遂げねばならないことを知らされていたからです。それをあなたは見事にやり遂げました。

今日のセレモニーをもって今回の旅が完遂したことで、私は家に戻りルカ一族の主だった者たちを集め、北島・南島の10カ所の最重要なボルテックスでのセレモニーによって、一族の長年の願いがかなえられたことや、旅の間にあなたからお聞きした大事なメッセージを伝えることにしようと思っています。一族のルカファミリーは皆喜ぶことでしょう。

ポロハウ長老の語る話は、私にとって、あまりに思いがけないことであり、驚き以外の何物でもなかった。しかし、私の今回の旅がもしも長老が語られたようなお役目を持ったものであったとしたら、謙虚な気持ちで素直に受け取るしかなさそうである。

ペトル・ホボット氏が昨年来日の際に語った、私のアマゾンとアンデスでの6回の過去世がすべてシャーマンだったこともまた、今回の役割に関係しているのかもしれない。

おそらくこの50年ほどで、この地を訪れる大役を担う大勢の候補がいたものと思われるが、道を間違えたり、途中でお役目を降りて行かれたりしたのではないだろうか。

それらの人の中から篩《ふるい》の網の目にかかって、私のような凡人が大切な役割を担うことになったのは、この10年間、ただひたすらに前を向き心にムチ打って一心不乱に進んできた結果かもしれない。

いずれにしろ、今回の旅は始めからまさに不思議な出会いと導きの連続であったことは間違いない事実である。日本人が龍蛇族と直結した民族であることを知り、さらにはニュージーランドのワイタハ族には、今もなお龍のお世話をしておられるファミリーがいることを知るに至ったのも、みなそうした天からのお力を頂いた結果であった。

真実を求めた「探索の旅」

思い起こせば11年前、勤務先の重役職をなげうって「未知との遭遇」を求める旅に出たのが、今回の旅のそもそもの始まりであったようだ。その後、勇躍ペルー、エジプト、メキシコ、グアテマラ、果ては、北極、南極と辺境の地を訪ねては、地球と人類の隠された真実を求め続けて今日に至っていることは、私のこれまでの著書を読まれている方は、ご承知の通りである。

その結果、学者の語る地球や人類の歴史がいかに虚偽と欺瞞《ぎまん》で塗り固められたものであるかを、実感するところとなった。学者は今でも人類はサルから進化したと言い続けているが、それならなぜ、動物園のサルはいつになってもサルのままで居続けるのか。

進化の前提になるのが「必要性」であることは生物学者が等しく認めるところである。

しかし、人間の持つ「利他心（己を捨て他人のために尽くす心」や「美に対する感動」、

「真理を得るための探求心」といったものはすべて、サルがこの世を生きていく上でなんら必要とされるものではなかった。だからサルから人間への進化は絶対にあり得ないのである。

エジプトの巨大ピラミッド群がもしも学者が主張するように、4500年前にエジプト人の手で造られたものなら、メンカウラー王の死後、その建造技術は一体どこへ消えてしまったというのか。ナスカの地上絵が2000年前のナスカ人によって造られたというなら、一体なんの目的で岩山を切り開いてあんな巨大な幾何学図形を描く必要があったのか教えて欲しい。

標高3300メートルのクスコにあるサクサイワマン遺跡。そこに積み上げられた少なくとも250トンはある巨石は、車輪一つ作れなかったインカ人によって一体どうやって運ばれたというのか、メキシコ湾に面したオルメカ遺跡に残された人頭像、この青銅では到底歯が立たない超硬度の玄武岩を彫った人たちはいかなる道具を使ったというのか、……考古学者に答えて欲しいことは山のようにある。

「宇宙」に関してもまた同様である。クラリオン星人と30年間にわたってコンタクトを取り続けているイタリアのマオリッツオ・カヴァーロ氏や、チェコの超能力者であり、シャーマンでもあるペトロ・ホボット氏との対談によって知らされた宇宙もまた、我々が長い間知らされ、教えられてきたものとはおよそかけ離れた世界であった。

昨今の世界各地で起きている宇宙船の目撃報告や信頼できる巨大母船の写真などはカヴァーロ氏やホボット氏の証言をしっかりと裏付けているではないか。宇宙には知的生命体が数え切れないほど存在し、彼らが太古の時代から人類とかかわりを持ってきている事実をNASAや天文学者は一体いつになったら認めるのか。

また「死後の世界」についても同様、死んだら無に帰すといった唯物論的生命観から、輪廻転生を認めないキリスト教的宗教観に至るまで、我々は真実の世界からはおよそかけ離れた誤った知識を教え込まれて今日に至っている。しかし、臨死体験や退行催眠といった現代医学的な見地からも、すでに「死後の世界」の存在や「輪廻転生」の事実は十分に裏付けられているはずである。

なのに、医学に携わる学者はいつになっても、死後の世界は無であるとしか語ろうとしない。正しい見識と勇気を持った学者は一体どこへ行ってしまったのか。

こうした曇りガラスに覆われた歴史・宇宙・霊的世界に併せて、現代社会もまたマスコミという手段によって多くの真実が歪んで伝えられて来ていることは、すでに読者のご承知の通りである。

二つの世界大戦に続くベトナム戦争、湾岸戦争、イラク・アフガン戦争の裏に隠された

マオリッツオ・カヴァーロ氏との対談（写真：石本馨）

ペトル・ホボット氏との対談

他に類をみない希有《けう》な体験を持つカヴァーロ氏とホボット氏との対談は、学者が隠し続ける驚異的な宇宙の真相を知らしめてくれた。それはまた、ポロハウ長老の語るレムリア文明やシリウスの世界へとつながるものであった。

真の目的や「9・11同時テロ」の真相は未だ世に出ないままである。

つまり、我々は四方を曇りガラスで張りめぐらされた家に閉じ込められ、そこから見る嘘と欺瞞に満ちた世界を、真実の世界と長い間思い込まされて来ているのである。

この10年余を通じて、ようやくその暗闇に閉ざされた世界の実態を垣間見、それを世に著してきた私であったが、それでもなお、日本神話や龍蛇族の話などにはまったくと言っていいほど関心を向けることなく今日に至っていた。

しかし、それがこの半年間で急変したのである。そのきっかけとなったのが昨年の夏、九州に住む娘たち家族に連れられて高千穂峡を訪れ、高千穂神社や幣立神宮を参拝したことであったのは、すでに『龍蛇族直系の日本人よ！』で述べた通りである。

この高千穂峡への旅は私の関心を日本の歴史の隠された闇へと向かわせ、日本書紀や古事記から先代旧事本記、カタカムナ、ホツマ伝、竹内文書、さらには出口王仁三郎《でぐちおにさぶろう》の大本神諭から岡本天明《おかもとてんめい》の日月神示へと探求の先を広げていくところとなった。

その中に登場してきたのが龍の存在であった。私は龍など人間の想像が生み出した生き物だとばかり思っていただけに、それは大きな驚きであった。さらには、龍なる存在が地球や人類の創世に深くかかわっていたことや、神武天皇はじめ初期の天皇のお姿には角や鱗といった龍とのかかわりを示す記述があることを知るに及んで、驚きはさらに大きなものとなっていった。

調べを続けているうちに、記紀と称される古事記と日本書紀には世界の創造と日本誕生のほんの一端が記されているに過ぎず、その真実の多くは誤って伝えられたり、意図的に隠蔽《いんぺい》されていることが分かってきた。

何にも増して間違って伝えられた重要な点は、天皇家と龍とのかかわりであった。天孫降臨についても宇宙人とのかかわりが明確に知らされておらず、また、国常立尊や天照大御神《アマテラスオオミカミ》といった存在を神々として、ややもすれば空想上の存在として取り扱っている点にも大きな問題があった。

天照大御神を女性神としている点や須佐之男命《スサノオノミコト》を荒ぶれる神（弟）として登場させている点などもまた大きな誤りの一つである。ホツマ伝にはアマテラス神が実在した男性神で、その奥方の名前も詳しく示されている。アマテラス神の「天の岩戸」伝説もまた真実からは遠く離れた物語の代表であった。

考えてみれば記紀が編纂《へんさん》されたのは712年と720年であるから、その歴史はわずか1300年ほど前のことである。一方、人類や我が国の誕生は数十万年、あるいは数百万年前のことであることを考えると、残された記録や伝承を記紀の編纂時の人々の持つ知識で理解できなかったのは当然のことである。

しかし、それでもほぼ同時代の先代旧事本記やホツマ伝など、学者の世界でいわゆる偽書とされている書には、真実の一端が伝え残されている。それを考えると、記紀にまとめられた内容の過ちは、編纂者の単なる不理解によるものというより、意図的な歴史の改ざんもあったと考えざるを得なくなってくる。

救われたのは、古事記に登場する竜宮伝説を思わせる山幸彦（ホオリノミコト）と豊玉姫の恋物語であった。もしも、この一文が私の目に留まらなかったら、ここまで龍伝説を追い求めて、遠く離れたニュージーランドの地にまでやって来ることはなかったに違いない。

ホオリノミコトが垣間見た豊玉姫のワニの姿の話からつながる、神武天皇の2本の角や龍の背びれ、72枚の鱗のお姿こそが、私の龍蛇族への興味を沸き立たせた最大の要因であったことを考えると、この物語に出会ったことは大変重要であった。

今、ニュージーランドの「変容の地」と呼ばれるこの聖地に立ち、2週間にわたるポロハウ長老との祈りの旅を振り返った時、すべては、大いなる存在のご手配であることが分かってくる。ただ私は、そのご手配にしたがって、昨年の夏以降、いやこの10年を超す歳月をひたすら前へ前へと進んで来ただけである。

変容の地、アトゥア・アリキを離れる私の頭の中には、こうしたさまざまな思いが頭の中を駆けめぐり、各聖地で体験してきた印象的な出来事が走馬灯のように目に浮かんできた。まだこれからも同じような荒波を進むことになるのだろうか。どうやらこれで終わりということにはなりそうもないようである。私の直感がそう語っていた。

震災前のクライストチャーチを散策

1月26日は、出発便に乗るため、太平洋に面したニュージーランド第3の都市・クライストチャーチに向かった。早めに着いたので市内見学をすることにした。回ってみるとガーデンシティーと呼ばれるだけあって評判通り緑の多い街で、どの家もみな手入れの行き届いた庭を持ち、そこには色とりどりの草花が植えられていた。

何より日本と違うのは、住宅のほとんどが平屋建てであるという点である。これはクライストチャーチ以外の都市でも見られたことであったが、どこも皆、都市とは思えないのどかさが感じられ、心がなごまされた。

序文にも書いたように、ニュージーランドの国土は日本の本州プラス九州で人口はわずか420万人、我が国の30分の1である。ニュージーランド最大の都市オークランドでも200万、首都ウェリントンとクライストチャーチでは50万人だというから、うらやましい限りである。

それに自然と緑を大切にしてこられた先住民の思いがあってのことだと思うが、旅の最中に目にした景色は素晴らしいの一語に尽きる。羊や牛が放牧された延々と広がるなだらかな牧草地。今回は訪ねることができなかったが万年雪に覆われたケープ山の景観の写真を見ると、思わずため息が出そうになる。

それになんといっても心をときめかせたのが、海や湖の青さであった。なかでもマラキーホ山の山頂の「龍の目」色をした3つの湖の美しさは、艱難辛苦の末に眺めることができた景観だっただけに、生涯忘れ得ぬものとなった。

そんな風光明媚な景観と共に私の心を打ったのは、ワイタハ族のテ・ポロハウ・ルカ・テ・コラコ長老とトゥファレ・ランギ・ルカ氏の優れた人格であった。長大な歴史を持つ先住民としての誇りと、旅の最中に接した人々に対する謙虚さと優しさ、それになんといっても朗らかでユーモアに富んだ心。厳しいスケジュールと困難を極めた聖地でのセレモニーをどうにかやり遂げられたのも、そんなお二人の心のこもった支えとお導きがあってのこと。今はただただ感謝あるのみである。

第九章

２０１１年のストーンクロック（石の時代）からウォータークロック（水の時代）への大転換期には、水の天変地異が起こる⁉

ファトゥクラ一族が語る「未来予知」

最後の夜、夕食を挟んでの会話の中で、隣国、オーストラリアを襲っている大洪水に話題が及んだとき、話は近未来へと飛んだ。

ストーンクロックからウォータークロックへの移り変わりが始まったことについてはすでにお聞きしていたが、この夜には、長老のお兄さんに当たる方が、アメリカのブッシュ大統領（父親）の前で語られた、ウォータークロックの始まる前後に発生する出来事について話して下さった。

このお兄さんは兄弟の中でも特に未来予知の能力に優れていたようである。それを知ったアメリカの諜報機関に属する人間から要請を受けて、お兄さんは1990年代の初めに、渡米することになった。

チェコのペトル・ホボット氏が超能力を持っていることを知った当時のソ連政府の諜報機関KGBが、彼をサンクトペテルブルク大学へ入学させ、遠隔透視などの超能力者を使った諜報活動に参画させたのと同じことが行われたわけである。

当時の大統領だったブッシュ氏に面談し、アメリカの近未来について問われた時、お兄さんは次のようなことを語られたそうだ。

ウォータークロックの時代が本格的に始まる頃から、アメリカでも自然災害が多くなり、特に南部の海岸沿岸では強烈なハリケーンの来襲により、壊滅的な打撃を受ける都市が出てくるでしょう。その時はそんなに先のことではありません。さらにそれより時代が進むと、恒常的にひどい寒波に襲われたり、さらには国土の多くが水面下に沈むような事態も発生してくるでしょう。

大統領は笑いながら、その話を聞いていたようだが、2005年に南部を襲ったカテゴリー5のハリケーンでニューオリンズ市が壊滅的な打撃を受け、今もなお復興にはほど遠い状態でいることや、昨年あたりからニューヨークやシカゴ、ワシントンといった北東部が猛烈な寒波と大雪に襲われ、都市機能がマヒする状態が発生していること、さらには2011年に入って始まった竜巻による記録的な被害のひどさを考えると、お兄さんの予言がまさに正鵠《せいこく》を得ていたことが分かる。

それにしても、笑いながら聞いていたブッシュ大統領のその息子、ブッシュ・ジュニアがニューオリンズ市のハリケーン被害への対応で遅れをとって、世論の非難を浴びたことはなんとも皮肉な話である。

心配なのは、アメリカ国土の多くの地が水に覆われるようになるという予言であるが、お兄さんが直接長老に語った話では、そうした状況に見舞われるのはアメリカの国土だけではなく、南北アメリカ全体であるというものだったようである。

それはまさに、ムー大陸水没の再来を思わせるような話であるが、先代のファトゥクラであった長老の祖父が、ルカ一族を前に語られた話もまた、それを裏づけるような内容であった。

長老の祖父のお話の概要はおよそ次のようなものであったという。

ストーンクロックの時代が間もなく終わりを告げる。それは次なるファトゥクラの時代である。グレゴリウス暦で2011年、ウォータークロックの始まりと同時に、母なるガイアは大いなる変化を迎える。それは水による洗礼から始まるだろう。
酸素と水素が結合し、水のシステムが動き出す。洪水は海岸だけでなく、大陸の真ん中でも起きる。我々はこれまでにも水が戻ってくるという時代を7回経験してきている。地球が創世された時と同じ状態に水のシステムが戻ってくるのだ。

水位は古代の満潮時の最高位まで上がるだろう。私たちはその高さまで移動しなければならなくなる。今世界は物質から精神世界への移行期に入っている。その過程の中で水位が最高位に達した時に、肉体は魂の存在へとアセンションしていくだろう。その時こそ仲間である龍と共に新しい高い波動の世界に進むのだ。

祖父がこのような内容の話をされたのは、長老が生まれる前だというから今から80年も前のことであることを考えると、ファトゥクラであった祖父が高位の存在とつながっていたことは確かである。それにしても、そんな古い時代に人類が3次元的物質の世界から次元上昇によって、高次元の世界へ移行する時がやって来るなどということが、伝えられていたことには心底、驚かされた。

祖父は亡くなられたあと、シリウスに戻って行かれたことはすでに述べた通りであるが、それに関して長老は大変興味深い話をして下さった。

ワイタハの人々は死骸を決して荼毘《だび》に付すことはしないようであるが、アセンションを果たし故郷の星シリウスに戻った人の死骸は、墓から消えてしまうそうだ。現に、祖父の他、父親の9人の兄弟のうちの4人の死体は消えてしまって、墓の中は空であるという。

アセンションと呼ばれる次元上昇がこうした目に見える形で起きることを聞かされたのは、後にも先にも初めてである。

生きたままアセンションが起きた時には、肉体が人の目から見えなくなることは、ペトル・ホボット氏自身の体験から聞かされていたが、死後にアセンションを果たした場合にも、それまで魂の器であった肉体（死体）がこの世から消えてしまうというのには、驚きを禁じ得なかった。

肉体は魂の入れ物に過ぎないとはいえ、この世に魂が存在した3次元的証でもある。それゆえ、アセンション後には肉体の残片である骨までが消えてしまうことになるようだ。

やむを得ず荼毘《だび》に付す場合でも、死後3日はそのままにしておかれた方がよいことはかねがね述べてきたことであるが、この話をお聞きして改めてその必要性を感じた次第である。

アセンションの話が出たところで、これから先、人類はどのような道を歩むことになるのか、長老のお考えをお聞きしてみた。概略を箇条書きにまとめると次のようになる。

①祖父の予言にあるように大洪水をはじめとする災害は人間に気づきを与えるものでもあるが、それに気づかず物質的世界観や価値観から離れられない人々は、地球がアセンションを果たした後、別の銀河の3次元的世界へ移行することになる。

②ワイタハの人々は自分の故郷を自覚しているので、アセンションを利用して意図的にシリウスへ帰ることになる。

③他の人々も覚醒を果たした者はそれぞれ故郷の母星へ帰還する。ただしその中の一部の魂は再生した地球に戻ってくる。

④災害を乗り越えて地球に残った者は、4～5次元的存在となり生まれ変わった高次元の地球で学びを続ける。

どうやら、長老のお考えは、私がこれまで著書で述べてきたことと差異はなさそうである。また、こうした現象が起きるのはいつ頃だと思いますかという問いに、「ウォーターークロックが始まった2011年から2015年にかけてではないかと思います」、というご返事を頂いた。

「闇の勢力」の存在と「正と邪の戦い」

チベットのダライラマやマヤのアレハンドロ長老、それにホピの長老は後継者が見当たらない状況にある。それは新しい世界が到来するため、もはや従来型の指導者は必要でなくなるからではないか、と私は考えていた。そんな話をすると、ポロハウ長老も「私も同感です。人類がアセンションを果たした後は、そうした指導者は必要なくなってくるのです」とおっしゃられた。

その時、つけ加えられたのは、次のような話であった。

大事なことは、そのアセンションを阻止しようとする存在がいることを忘れてはならないということです。我々の後ろにはルシファー的存在がおり、人類がアセンションを果たせないよう妨害をしている事実をしっかり頭に入れておく必要があります。

一つのことを為すのには、その裏で「光と闇の戦い」が必ず行われることを忘れてはなりません。イエスもブッダもマホメット（ムハンマド）もそのことを伝えてきたのですが、教えを受けた弟子たちが、すべてが光だと受け止めてポジティヴな面のみ強調してきてしまったため、すべての現象に光と闇があることを伝えそこなってしまったのです。

すべての人々を助けるために3人の聖者が築いた宗教のシステムが、結果的に戦争につながってしまったのはそのためなのです。私は軍隊に入隊していた時、軍隊に所属する神父が、皆さんの敵をたくさん殺すことができますように一緒に祈りましょう、と言うのを聞いて涙を流したことを今でも鮮明に覚えています。

まさに長老のおっしゃる通りである。長老もまた「闇の勢力」の存在と、目に見えない世界で行われている「正と邪の戦い」の実態を理解しておられることを知って安心した。私も日頃の考えを申し述べることにした。

オリオンから来ている邪悪な存在は一部の地球人と手を組み、地球を我が物にしようと虎視眈々《こしたんたん》と計画を進めています。彼らがその目的を達成する上で何より邪魔になるのは、人間の意識の覚醒です。

意識の覚醒が進まなければ、地球のアセンションが起きないことを彼らは熟知しているからです。だからこそ、それを阻止するために彼らはありとあらゆる手段を駆使して、人々の覚醒を遅らそうと躍起になっているのです。

私たちは今こそ邪悪な勢力の思いを阻止するために、心を一つにしなければなりません。それには、今起きていることの真実を知り、邪悪な者たちの悪しき目論見《もくろみ》が実現しないことを強く念じることが大事です。

私が今回ニュージーランドの地を訪ね、長老のお力添えを頂いて龍たちを解き放ち、また、人類の歴史の原初に至るお話をお聞きして、日本の人々に伝えようとしているのもそのためなのです。

熱心に耳を傾けておられた長老は、何度も何度も頷《うなず》いておられた。別れ際の握手の力強さが、心を同じくしていることを伝えていた。

後日談

ニュージーランド3500キロの旅を終えて帰国してから3日ほど経過した後であっただろうか、少年和宏君から電話がかかってきた。いつもはお母さんやお父さんを通じて話を聞くことが多かったが、珍しく直接本人が電話口に出たので驚いていると、開口一番、「おじさん今回はたくさんの龍さんたちを救い出したね」と言う元気な声が受話器の向こうから聞こえてきた。

「うまくいったのかな？　和君はそれをどこで見たの？」と問い返すと、「昨日の晩、天界に行った時、遠くに色とりどりの米粒のような塊《かたまり》が見えたので、近づいていったら、それは今まであまり見たことのない西洋の龍たちで、赤や青や銀色をしていて、とても綺《き》麗《れい》だったよ。そこで、どこから来たのか聞いてみたら、皆ニュージーランドの島や海に長い間閉じこめられていた龍たちで、おじさんに助け出してもらった龍たちだったんだよ。みんなとても喜んでいたよ！　皆おじさんによろしく言っていたから、そのうちになにかご褒美《ほうび》をもらえるかもしれないね（笑い）」

「みんな羽のある龍だったの？」と聞くと「うん、羽のある翼龍もいたし、羽のない水龍や海龍さんたちもたくさんいたよ。数えてみたらもの凄い数だったけど、おじさんはきっと信じられないと思うから、言うのをやめとくね」

「その龍さんたちはもう戻って来ないの？　地球には」

「ううん。天界にとどまる龍や、星に帰って行く龍さんたちもいるけど、たくさんの龍たちはまた地球へ戻って来て悪い人たちと戦うんだよ。だから、アセンションを止めさせようとしている悪いおじさんたちや宇宙人たちはこれから大変だよ。それからおじさんには凄い龍神さんがついてきたね」

「あ〜そう。君には見えるんだ。それはどんな龍なのかな？」

「うん、黄金の天龍さんだよ。立派なヒゲやたてがみが付いているから天龍さんに間違いないね。その龍とは別に、伯父さんのまわりをたくさんの龍たちが取り囲んでいるのが見えるよ。その内の一体はフェニリティー・ドラゴンといって顔は優しそうだけど凄くパワーの強い龍神さんだよ。それは、ヒゲもたてがみもあって、それに大きな翼もついているんだよ」

　こんな話を聞いていると、なんだかおとぎ話の世界に入ったかのように錯覚してしまいそうになる。でも、少年は真剣に、電話口の私に向かって一生懸命語ってくれている。そんな少年の話を聞いていると、トンガリロ山頂の湖「龍の目」や、「龍の巣」「神の巣」、それに「変容の地」で祈った時に得たあの達成感が、現実のものとなってくるように感じられてならなかった。

　信じる、信じないは読者におまかせする。「なにを、そんな馬鹿なことがあるか」と一笑に付すのもよし、「自分たちに目に見えない世界では、今そんなことが起こっているんだ」と真摯《しんし》に受け止めるのもよし。こればかりは、皆さんの感性で判断して頂くしかなさそうである。

　ただ一つ確かなことは、帰国してから重要な問題に対処しようとするとき、先に手配がされていて、今まで以上に事がスムーズに進むようになってきたことである。龍神さんたちのお力添えを頂いているのかもしれないと思うことの多い、今日この頃である。

第二部

中南米龍蛇族〈オシュラフンティク〉〈ボロムペル〉探索の旅

第十章

古代中南米の神ケツァルコアトル、ククルカンの正体は、オシュラフンティク(龍蛇族系宇宙人)だった!

龍蛇族実在の証拠を求めてメキシコ、そしてグアテマラへ

日本神話に登場する龍人系の神々、国常立尊《クニトコタチノミコト》や天照大御神《アマテラスオオミカミ》の実在の証と、神々の人類の誕生にかかわる真相を求める第1弾が、これまでお読み頂いたニュージーランドの先住民、ワイタハ族を訪ねる旅だったわけであるが、次なる第2弾はメキシコ、グアテマラへと飛び、中米の先住民が残した遺跡と神話の中にそれを探す旅である。

メキシコ、グアテマラの遺跡探索はすでに何回か行《おこな》ってきている。しかし、今回のような「龍」の存在を求めての旅は初めての試みである。拙著『謎多き惑星地球《このほし》』(この本は

徳間書店より刊行されていたが、装いも新たに2011年秋ヒカルランド文庫に収録される予定である）を読んでおられる方ならすでにご承知の通り、「ジッシュ・バラム・ケ」（Jix Balam Kih）と呼ばれるマヤ族、オルメカ族、トルテカ族などのメソアメリカ一帯に住む先住民たちには、「ククルカン」や「ケツァルコアトル」の神話があり、そこには、神々は「翼のある蛇」すなわち龍神の姿として描かれている。

「ケツァル」とは、メキシコのチアパス州やグアテマラの高原地帯に生息する緑色の翼を持った鳥の名称である。この鳥は木の梢《こずえ》に棲《す》み、めったに人目に触れることはない。また、「コアトル」は、マヤ語の「蛇」を意味する「コ」と、「水」を意味する「アトル」との合成語である。

つまり、ケツァルコアトルとは、「空を飛ぶ蛇」、「鳥の羽毛《うもう》を持った水蛇」、「翼のある蛇」という意味である。日本語的表現で言うなら、空を飛ぶ「翼龍」であり、海に棲む「海龍」となる。

しかし、この二つの名前は後古典期と呼ばれる紀元900年以降に登場するものであるため、今回は、古典期（紀元200年～紀元900年）あるいは先古典期（紀元前2000年～紀元200年）以前の遺跡や遺物の中に同じものを探し出そうとする試みの旅であった。

これは、私一人の力では容易にできることではない。しかし、今回それを承知の上で旅立ったのは、フリオ・ロペス博士という「マヤミツバチ」の研究家として比類なき研究成果を挙げているマヤ人の昆虫学者が同行して下さることになったからである。

読者は、「昆虫学者が遺跡の研究やマヤ文字の調査にどう関係があるのか」と思われるだろうが、実はマヤ文明とマヤミツバチの生態との間には非常に深い関係があるのである。それゆえ、ロペス博士は、２０１０年のＢＳ－ＴＢＳのスペシャル番組『マヤ暦の真実』の最後で、私が紹介したように、新たに数千文字を超すマヤ文字を発見することになったのである。

なにゆえそんなたくさんの数のマヤ文字が見つかったのかについては、後に詳しく説明するが、博士自身が難解なマヤ文字を使ってきたマヤ人の直系であること、マヤ人の社会構造や生活様式がマヤミツバチの生態系を参考にでき上がっていることが、大きな助けとなったようである。

メソアメリカ一帯に古くから住む先住民の呼称である「ジッシュ・バラム・ケ」は、「ジッシュ（マヤミツバチ）」を敬《うやま》う民族や「バラム（豹・ジャガー）」を敬う民族、それに「ケ（鹿）」を敬う民族の総称である。その中でも黎明期《れいめいき》（紀元前２０００年以前）にまで遡る長大な歴史を持つ先住民族の中に、「ジッシュ（Jix）」系のマヤ民族が多い。それはとりもなおさず太古の時代から彼らがマヤミツバチと深く結び付いていたことを示すものであろう。

マヤ文字については、欧米を中心とした考古学者や言語学者たちによって、コデックス（絵文書）やステラ（石板）に残されたその多くが、すでに読み解かれたものと考えられてきていた。

しかし、彼らが発見し、「読み解いた」と主張している文字の数は、わずか800文字程度に過ぎず、ロペス博士によって、新たに発見された数に比べれば、その1割にも満たない。となると、我々がこれまで知らされてきたマヤやオルメカの歴史を鵜呑《うの》みにするわけにはいかなくなってくる。

そうした中、ロペス博士は今、新たに発見された膨大な数のマヤ文字をもとに、従来の考古学的見地とは異なる立場から、コデックスやステラを読み解こうと試みている。

『龍蛇族《りゅうだぞく》直系の日本人よ！』の巻末にも記したように、博士とは、昨年2010年の晩秋に、マヤのアレハンドロ長老の来日の際に同行されたのが縁で出会った。今回の旅は、ロペス博士のお力添えを頂いて「ジッシュ・バラム・ケ」の太古の文明の中にククルカンやケツァルコアトルの元となった神の姿を探そうと思い立ったわけである。

今回の旅では、メキシコとグアテマラに散在する8カ所の遺跡と4つのミュージアム

（博物館）を11日間で探索する。前回のニュージーランド同様かなり厳しいスケジュールである。

そうした強行日程の中で日々見聞きしたものを、原稿にしていく。車中ではパソコンに向かう時間が多くなるだろう。ニュージーランドの道路とは違って、遺跡へ通じる道は、かなりのデコボコ道が続くので、文字を打ち込む指先は、かなり不安定なものにならざるを得ない。そんなことを考えながら今回もまた鈴木美穂さんと一緒に機中の人となった。

成田からメキシコシティへ旅立つ

4月5日。成田を出発。ダラスまでおよそ11時間、さらにトランジットして2時間半、メキシコシティ。空港ではグアテマラから先着していたフリオ・ロペス博士と通訳の松本眞吾氏が出迎えてくれた。合流してホテルへ向かう。

街を走ると東京の都心に比べてはるかに暗い。これはいつも感じることだが今回は、出発前、東京自体が地震による節電で無駄な照明がかなり消されていたので、あまりそういった感じを受けないのではないかと思っていた。しかし、やはり、明るさの違いは明瞭《めいりょう》だった。東京をはじめとする先進国の大都市の明るさが、夜を昼に変えるような度を超した異常な明るさであることを、改めて実感する。

グアテマラやメキシコは日本との時差が14～16時間と、ちょうど朝晩が逆になるので、時差ぼけに一番悩まされるエリアである。出発時間が昼前後だと、飛行機に乗るとすぐに眠りに入って、到着時には時差を感じないようにするのだが、成田発の時刻が夕方や夜になると、逆に起きていようと思っている時間帯に機内の明かりが消されてしまうため、どうしても眠らざるを得なくなってしまう。そのため、時間調整がうまくいかず一日、二日は時差ボケに悩まされることになる。

しかし明日からは早速、ロペス博士のレクチャーやメキシコ国立人類学博物館での説明が始まる。時差など気にしているわけにはいかない。今は日本では目がらんらんと輝く昼の2時であるが、現地時間では夜中の12時。明日からのために早々に床に就くことにする。うまく眠れてくれると助かるのだが。

マヤミツバチの専門家フリオ・ロペス博士とは、いかなる人物か⁉

旅の成果を報告する前に、ここでフリオ・ロペス博士について、その生い立ちと現在の研究の状況を簡単にご紹介しておこう。

マヤの古文書「マドリッド・コデックス」の中に「養蜂の章」というのがあり、マヤミツバチの生態研究をしていた博士は、いわば必然的にこの資料にたどり着く。そして生粋《きっすい》のマヤ人として初めて体系的なマヤ文字の解読に成功した人として知られている。そんな博士であるが、そもそもマヤミツバチとは生まれた時から深い縁があった。

フリオ少年が生まれた家はグアテマラの小さな村のマヤミツバチの養蜂家であった。ただ、養蜂家と言っても、単に蜂を育て蜜を採取して利益を上げるというのとは違っていた。ミツバチの面倒を見ながらミツバチと生活を共にし、そこから自然界の仕組みを理解し、彼らから学んだ事柄を自分たちの生活に取り入れていく。そんな珍しい生活スタイルを持つ人々であった。

我々はミツバチと人間の生活には何の関係もないように思っているが、実はハリを持たない「メリポナベチ」と呼ばれるマヤミツバチは、マヤ文明の社会構造やコミュニティーを学ぶにあたって、非常に重要な蜂のようである。一例をあげるなら、古代マヤ人が残したチチェンイッツアのピラミッドの9段の構造は、マヤミツバチの9層の巣から学んで造られたものだという。

その話をお聞きして、龍の世話をしながら、彼らから様々な知恵を授かるという役割を持ったワイタハ族のルカファミリーを思い出さずにはおれなかった。フリオ少年とその祖父との間柄をお聞きしていると、ポロハウ長老の幼少時代と見事に重なってくる。

フリオ博士の場合も、孫の特別な能力を感じた祖父が、この子にこの先々どういった道を歩ませるべきかをマヤのスピリチュアル・ガイドの「アフキフ」に尋ねたところ、「お孫さんは、特にミツバチと関係が深いので、その道を歩ませるように」と言われたそうである。それ以来、養蜂家の跡取りとして育てられ、祖父と多くの時間を過ごすことになったという。

5、6歳の頃には、祖父から自然界をより理解できるようにと、アフキフについての儀式や水や風との会話の仕方を学んだ。また、蜂の観測の仕方などをしっかり教わって、しだいに蜂の社会構造がマヤのそれと大変よく似ていることを実感するようになったという。どうやら博士も、ポロハウ長老が3歳の時からファティクラとしての修行に入ったのとよく似た人生を歩むことになったようだ。

その後、15歳で大変競争率の高い農業技術学校に合格し、通常3年目に取得する「国家認定の養蜂家の資格試験」に1年目で合格したというから、頭脳明晰《めいせき》な少年であったことは間違いない。さらに大学に進んだ後、研究の一環としてマヤの24ある部族の中で、最も大きくまた歴史も古いキチェー族の村に出向き、養蜂について実践的な知識を深めることになる。

しかし、ここで彼の人生は一変する。当時グアテマラは内戦のまっ最中であったのだが、その紛争に先住民たちが次々と巻き込まれ、目の前で村ごとたくさんの人々が焼き殺されるのを目にすることになったからである。

キチェー族の村で起きている悲劇を世に伝えようと、学生仲間と活動を起こすことになったのだが、18人のうち14人が犠牲となり、彼自身も軍に捕まり、ひどい拷問にあうことになった。

その後、アメリカに渡った彼は5年間かけて完全な英語を習得し、夢にまで見ていたカリフォルニア大学のデービス校に入学する。この大学は昆虫学では世界一有名な学校であっただけに、彼の喜びもひとしおだったようだ。

大学では、巣の中にハイテクのマイクロカメラを入れたり、特殊な照明装置を使って映像を撮ったりしながら、毎日24時間をかけて「一匹の蜂が、生まれてから死ぬまでどのような行動をとるのか、蜜蜂たちの社会構造はどうなっているのか」などを研究し続けた。

1998年、彼の37歳の誕生日、友人の一人がある本の数ページをプレゼントしてくれた。それは「マドリッド・コデックス」と呼ばれているコロンブス以前にマヤ文字で書かれた古文書であった。

ここからフリオ青年の人生が大きく開ける。この古文書に書かれている「養蜂の章」を読み解くには、蜜蜂に関する知識だけではなく、昆虫学全般や建築学の知識も必須であった。そのため、すべてのコデックスの研究は初歩的な段階からほとんど進んでいない状況だった。博士は「マヤン・ライティング・システム」という方法でこれを読み解き、その論文でデービス校の博士号を取得する。才気あふれる優秀な学生が集まるデービス校でも博士号を取れるのはほんの数人だという。優れた才能だけでなく彼のひたむきな探究心とが相俟《あいま》って大きな実を結ぶことになったようである。

その後、グアテマラに戻った博士は、「マドリッド・コデックス」だけでなく、他のコデックスやグアテマラやメキシコに残されたステラ（石板）の絵文字などの研究も併せて進めており、その成果が期待されているところである。以上がフリオ・ロペス博士の大まかなプロフィールである。

人類創成にかかわったオシュラフンティク〈龍蛇族系宇宙人〉

4月6日、この日は午前中、ロペス博士やスタッフの人たちと打ち合わせをして、午後からメキシコ国立人類学博物館に出かけた。

幾度となく訪れた博物館であるが、これまでは、先史文明の存在を明らかにするのを目

2－0　ケツァル
メソアメリカにおいて、守護神・ケツァルコアトルの名の由来となっている神聖な鳥。グアテマラの国鳥となっているが現在その数は激減してきており、むしろ隣国コスタリカの方が生息数が多いようだ。この写真もコスタリカの保護林を訪ねた際に撮影したものである。柔らかく密生した羽毛をもち、オスは緑、紫、赤など金属光沢をした鮮やかな色をしている。一方、メスは灰色がかった地味な色をしている。樹上で生活し、地上に降りることはほとんどない。

的としていたこともあって、それにつながるような発掘物以外には目が向かなかった。だが今回はククルカンやケツァルコアトルの正体を突き止めるのが目的であったので、幅広く見て回る必要があった。

それに今回は、特にロペス博士に解説してもらいながらの見学であるので、今までとは別の見方で一つ一つの展示物を見ていく。博士の説明を聞きながら改めて感じたことは、同じ展示物でも、見る人の考え方や解釈の仕方によってこんなにも受け止め方が違ってくるものかという点であった。

ロペス博士には従来の考古学者が持っている、人類や地球の歴史にかんする固定観念というものがない。それに「宇宙」や「死後世界」にかんしても、学者が持ちがちな唯物論的な考え方ではなく、正しいスピリチュアリズムに基づいた考え方を持っている。

それだけに、展示物の説明をお聞きしていても非常に納得する点が多く、学者でありながらもこんな考えを持っておられる人もいるのかと、驚かされることが多かった。

その典型的な例が、オルメカ文明のコーナーに展示されているラ・ベンタ遺跡から発見された奇妙なステラ［写真2−3］に対する説明であった。

堅い花崗岩《かこうがん》でできた幅1・2メートル、高さ1・5メートルほどのこのステラには大きく口を開けたサーペント（龍）の胎内に一人の人物が描かれている。左手でレバーのようなものを引き、右手には手提げ箱のようなものを持っている。博士は「これは宇宙船に乗ったオシュラフンティクという龍蛇族系宇宙人を表しており、彼が手に持っている金属製のケースのようなものは滅亡した人類を再生するためのＤＮＡ（遺伝子）が入った箱ではないか」と語った。

一瞬耳を疑ってしまった。これは私のようなアマチュアの人間が想像をたくましくしていうセリフであって、まさか博士のような人物からこのような先進的な見解を聞かされるとは思ってもみなかったからである。

「オシュラフンティク」(oxla hun tiku) なる言葉は、今回初めて耳にする言葉であったが、この人物というか神こそが、実は、今回の旅で私が求めていた人類の創生にかかわった龍蛇族系の宇宙人、すなわち、ククルカンやケツァルコアトルの正体だったのである。

館内を巡っている最中、頻繁に博士の口から出るのは、数字の13と9と7であった。詳細は後で述べるが、どうやら、「13」という数字は人類の創生のために地球にやって来た龍蛇族系宇宙人「オシュラフンティク」を表し、「9」は地底世界を司《つかさど》る神「ボロムペル」、そして、「7」が両神によって創造された「最初の2人の人間」を表しているようであった。

オシュラフンティクやボロムペル、あるいは13とか7という数値はこれまでのマヤに関

2－1　メキシコ国立人類学博物館

2－2　メキシコ国立人類学博物館
メキシコシティーにある博物館で、メソアメリカ一帯の主要な遺跡から発掘された数多くの遺物やその複製・模写を見ることができる。

2－3　不思議なステラ
オルメカ文明のラ・ベンタ遺跡から発掘されたステラには、龍と共にヘルメットとマイクをつけた人物が大事そうに手提げ箱を握っている。一体この箱の中には何が入っているのだろうか？

する本には登場しない。しかし、ロペス博士は自らが発見した新たなマヤ文字によって「マドリッド・コデックス」などの絵文書を読み解いた上で、それらがマヤだけでなく、メソアメリカ先住民全体の歴史を解明していく上で、非常に重要な意味を持っていると認識しているようであった。

幸いにもこの日館内で、このオシュラフンティクを表した像を見ることができた〔写真2―4〕。これはユカタン半島にあるツゥルム（トゥルム）遺跡から発見された香炉《こうろ》を飾る像である。

オシュラフンティクはククルカンやケツァルコアトルの元となった神である。つまり「翼のある蛇」、「龍神系の神（宇宙人）」なのである。しかし、地上に出現する際には当然のことながら、人間の身体をもって現れる。それは、前著『龍蛇族直系の日本人よ！』でも記したように、神界の龍神たちが地上界に現れる時には、人間の姿で出現しているのと同じことである。

したがって、写真のオシュラフンティクも人間の姿をしているが、天から降臨してきたことを示すために、下向きの姿で表されている。手に持っているのは、右手は蜜蜂のハニーポット（蜜壺《みつつぼ》）で左手は写真では消えてしまっているが、コデックスなどを参考にするとトウモロコシのようである。

つまりこの像は、オシュラフンティクがマヤの人に社会生活の基盤を蜂の生態から学ぶことの大切さと、食糧の元となるトウモロコシの栽培方法を教えるために、降臨したことを表現している。もちろんすべての学者がこの人物をオシュラフンティクとして捉《とら》え、右手に持ったものをハニーポットと解釈しているわけではないが、私は旅を続けていくうちに博士の解釈が決して間違いではないと思うようになっていった。

チャルカツィンゴ遺跡探索——秘密に満ちた岩絵

4月7日、今日から遺跡探索が始まる。先ずはメキシコシティから車で1時間半ほどの、メキシコ高原の南西部にあるチャルカツィンゴ（Chalcatzingo）遺跡である。

この遺跡は1942年に発見されたものであるが、本格的な発掘はまだ始まったばかりで、現在も発掘が行われている最中である。そのため時代がおよそ紀元前9～紀元前5世紀頃の先古典期中期の遺跡とされている以外、詳しいことはほとんど分かっていない。

なお、年代については遺跡から発見された一部の土器などを炭素14測定法によって推定した年代をもとにしているが、ロペス博士は「実際にはそれよりはるかに古く、オルメカ遺跡と同様、紀元前4000年～紀元前3000年といったメソアメリカ文明の黎明期《れいめいき》にまで遡る可能性もある」と語っていた。私にも同じようにかなり古い時代のものに感じられた。

それは、あとで見て回って分かったことであるが、岩肌に彫られた彫刻の摩耗《まもう》の度合いが非常に進んでいることや、そこに描かれた絵図の内容が、その年代の古さを示しているように思われたからである。

太古の都市跡に後代になって人が住みつくようになった場合、その時代に使われていた食器などの土器の年代を測定してしまうと、まったく年代が違ってきてしまう。マチュピチュ遺跡の建造年代やナスカの地上絵が描かれた年代が実際のそれと、大きく違って伝えられているのがそのよい例である。

マチュピチュやナスカ遺跡には、先史文明のハイテクノロジーで建設された巨石建造物や途方もなく巨大な地上絵が残されているにもかかわらず、わずか１０００年〜１５００年前のインカ時代やナスカ時代の都市跡だとされてしまっている。それは、後代にその地に住み着いたインカ人やナスカ人の残した生活の痕跡を元に、年代が測定されているからである。

こうした、黎明期の可能性を秘めたチャルカツィンゴ遺跡であるが、ガイドブックにも載っておらず、我が国ではほとんど知られていない。そのため訪れた日本人はあまりいな

2－4　香炉を飾るオシュラフンティク像
メキシコ半島のツゥルム遺跡から発見された香炉には、天から舞い降りるオシュラフンティクの飾り像が彫られている。右手にはハニーポット（蜜壺）、左手にはトウモロコシを持っていた。

いようである。

こうした遺跡がこれから先次々と発見されていくと、レムリア文明（ムー文明）やアトランティス文明といった、先史文明の滅亡前後の歴史が次第に明らかとなってくるに違いない。

なんといってもこの遺跡の特徴は眼前に聳《そび》え立つ巨大な岩山である［写真2－5－1］。ほぼ横に連なる大小4つの岩山の中で、その中央にひと際高く垂直にそそり立っているのが、チャルカツィンゴ山とデルガド山である。

ロペス博士は「この地に住み着いた太古の人々は、この2つの山を先祖から伝えられてきている2柱の神、13の数字で表すオシュラフンティクと9で表すボロムペル、さらにその両サイドの小さな2つの山を、神から生まれた7で表す2人の聖者と見なし、ここを聖地として住み着いたのではないか」と、述べている。

蜂の巣状のピラミッド

遺跡の入り口には円錐形の小さなピラミッドがある［写真2－5－2］。元々は9段から成り立っていたようだが、現在は再構築中で7段しかでき上がっていない。ロペス博士の話では、これはメキシコ国立人類学博物館で見た降臨する神、オシュラフンティクが右手に持っていた蜜蜂の巣・ハニーポット（蜜壺）を表現したものではないかという。博士の考えが正しければ、ピラミッドと一対《いっつい》となる場所に、左手に持っていたトウモロコシを表す建造物が、これから先発見されることになるかもしれない。

グアテマラには集団で巣を作る習性を持ったハリナシバチが33種類おり、その中のトリゴナアカプルコニスという蜂は地下1~3メートルに巣を作る。その巣はこのピラミッドと同じように9層からなっており、上が狭くなる円錐形のピラミッド型をしていて、その一番下の層が蜜を貯める蜜壺になっている。

その形状が、オシュラフンティクが右手に持っていたハニーポット（蜜壺）そのものであることを考えると、チャルカツィンゴ遺跡に住んでいた太古の人々がオシュラフンティクを表す岩山の前に、トリゴナアカプルコニスの巣をかたどったピラミッドを建造したことは、十分にありそうな話である。

2－5－1　チャルカツィンゴ山
オシュラフンティクの象徴となっているチャルカツィンゴ山の中腹に、我々が求めていた岩絵とモニュメントがあった。

2－5－2　デルガド山とピラミッド
ハリナシバチの巣を象った9段からなる円錐形のピラミッドの後方に見える山はボロムペルを表すデルガド山。

第十一章

地下世界を司る〈ボロムペル〉——遺跡を通して、いよいよ龍神的生命体と出会う！

人類誕生神話の岩絵

遺跡にはふだん特別な案内人はいないのだが、ロペス博士が同行するとあって、遺跡を管理している方が直々《じきじき》に案内してくれることになった。先ず最初に訪れたのが、急傾斜の山道を百数十メートルほど登った岩壁の前の高台である。そこにある縦横5×6メートルの平らに削られた岩肌には、ある情景が描かれていた。

考古学者の説くところでは、二重の線で囲まれ右方向が開いた十字形の中に描かれているのは、地下世界を司るボロムペル神が椅子に坐している姿で、両手で抱えている箱のようなものの中には、人類にとって大切な豊穣や繁栄といった宝物が収められているという。ボロムペル神の前に描かれた幾つもの渦状の玉は、神が地上界に吐き出した宝物の一つ一つを表したものだという［写真2－6］。

また上段には、横向きの波形の3本の線と何本かの縦状の線がセットになったものが、3カ所に描かれている。3本の波線は三層の雲を表し、その下の縦状の線は隕石や小惑星ではないかと想定されている。

私はこの岩絵を眺めながら、ここに描かれた人物（神）をボロムペルととるか、オシュラフンティクととるかによって二通りの解釈が成り立つのではないかと思った。

もし、ボロムペル神という前提で考えるなら、三層の雲と縦の線は、レムリア文明やアトランティス文明を滅亡させた大洪水の元凶となった、地球を取り巻く厚い雲とそこから降り注ぐ膨大な雨の様子を描いているのかもしれない。

そして、地下世界を統治するボロムペル神が前方に吐き出している丸い泡状の物体は、洪水の後に地下世界へと避難した人間を再び地上に出現させている様子を描いているものではないだろうか。

アレハンドロ長老はアトランティスの滅亡時にユカタン半島やその周辺に住んでいた多くのマヤ人は、プレアデス人から事前に大洪水の到来を知らされ、数カ所の入り口から地下世界へ逃れ、洪水の引いた後、再び地上界に出てきたと語っていた。

一方、オシュラフンティク説をとるなら、先史文明の滅亡後に、宇宙から人類創成の神であるオシュラフンティクが、再び人類と地球の再生のためにやって来た場面を描いている可能性が高くなってくる。

三層の雲とその下の縦線で描かれた長方形の物体は3機の巨大母船で、そこから下に向かって下降している渦巻状の物体は小型円盤を表しているのかもしれない。

その時には、オシュラフンティクが大切そうに手に抱えている箱の中には、マオリッツオ・カヴァーロ氏やペトル・ホボット氏が語っていたように、人類をはじめとする地球上の生命体を再生させるための遺伝子（DNA）が収められている可能性が大きい。となると、現代の人類は他の動物や植物と一緒にこの箱の中から再生したことになってくる。まるで、先述したラ・ベンタ遺跡の石板［写真2-3］と同じことを伝えようとしているようである。

宇宙から降臨した龍

この岩絵の左手に隣接した巨大な岩も平らに削られている。そこにもさまざまな絵が描かれていたにちがいない。残念ながらこちらは摩耗《まもう》が進んでいて、左右の端に描かれたもの以外はほとんどが読み取れない。

右端に残された葉が生い茂るウリ科の植物の絵はかなりはっきり見えるが、その下に描かれた龍とも蛇ともとれる絵は、もう一つはっきりしない。

なんといっても驚異的な図が左端に描かれた絵である。それは写真［写真2―7］をご覧頂ければ分かるように、長い首と尾を持つ「恐竜」とも「龍」とも思える姿をした不思議な動物の絵である。この4本の足を見た時、ブラキオサウルスのような巨大恐竜ではないかと思ったが、展示室の説明文にはドラゴン（龍）と明記されていた。

この不思議な動物の長い首から上の頭の部分が、なぜか二手に分かれた二重の四角で描かれている。まるで巨大な目のようにも見えるが、翌日訪ねたショチカルコ遺跡や、テオティワカン遺跡にも同様な壁画やモニュメント［写真2―8、2―9］があり、どうやらそれは、人間に向けて発する言葉であったり、豊穣や叡智であったりするようである。

人間に叡智や豊穣を与えた生命体という考えに立って、この絵を解釈すると、それは「恐竜」というより「龍」と考える方が当を得ているように思えてくる。

それに和宏少年の切り絵（巻頭カラーページ参照）にも4本足の龍が描かれていることからして、4本足を恐竜の根拠とする必要はなさそうである。

２－６　岩壁に彫られた岩絵１
５×６メートルに削られた岩肌には、ボロムペル神ともオシュラフンティク神ともとれる人物が椅子に腰掛け、両手に長細い箱を大事そうに抱えている。周りを二重の十字形のカルトーシュで囲まれていることから、人物が宇宙から来た存在であることは間違いないようだ。前方のカルトーシュの開いた窓からは丸い玉が幾つも放たれている。それは人類にとって重要な知恵や豊穣、繁栄を表しているようである。

ちなみに前著『龍蛇族直系の日本人よ！』で述べたように、和宏君によると、「そもそも恐竜は、天界からやって来た龍神が、地上で生きるのに都合のいいように、自分の容姿を元に創造したもの」というから、似ていて当然といえば当然である。

メソアメリカ一帯に残された神話に登場するケツァルコアトルやククルカンの全体像は、幾何学的に描かれている場合が多い。それがより写実的に描かれたのが、ここチャルカツィンゴ遺跡の岩絵だったのではなかろうか。

この遺跡がメソアメリカ一帯の遺跡の中でも、最も古い遺跡である可能性が高いことを考えると、太古には自分たちを創造した存在がより具体的に、このような姿をした生命体として認識されていたのかもしれない。

この不思議な動物が二重の線で囲まれているように描かれていることも、それが宇宙からやって来た生命体であることを表している。こういった二重線のカルトーシュ（囲み）はあとの遺跡のところで詳しく説明するが、宇宙からやって来たことを表すのに使われることが多いからである。

それにしても、メキシコの太古の遺跡で、こんな姿の龍的生命体の絵を見ることになるとは思ってもいなかっただけに、大変驚かされた。

この岩絵も摩耗が進んでいたため、自分の眼で見る分には、その姿の全体像をなんとか認識できたが、撮影した写真を見るとなかなか判別が難しそうである。さて読者にどう伝えたらよいだろうかと悩んでいたところ、遺跡の入り口の小さな展示館にかなりはっきりと描かれた模写が飾られていた。これなら読者にも確認して頂けるに違いないと、ホッとした次第である。

2つの壁画を見た後、岩壁に沿って下に向かって降りて行った。途中、発掘現場に差し掛かったところで、管理人が特別に保護シートを取り払って、発掘中の岩絵を見せてくれた。そこには、4人の祭司と思われる人物が、長くて太い棒を持った姿で描かれており、「豊穣のための祭祀を行っている場面を描いたものだ」という。

この岩絵も摩耗がかなり進んでいるため、正確な絵柄をなかなか読み取れなかったが、展示室にあった模写を見ると、3人の祭司がトウモロコシの種を蒔《ま》くための穴を掘る棒を手に持って描かれており、1人は横になって休んでいる。

4人の祭司は神話に出てくるオシュラフンティクとボロムペル、それに原初の2人の人間を表現しているようにも思えるが、それとは別の四柱の農業を司る神々かもしれない。

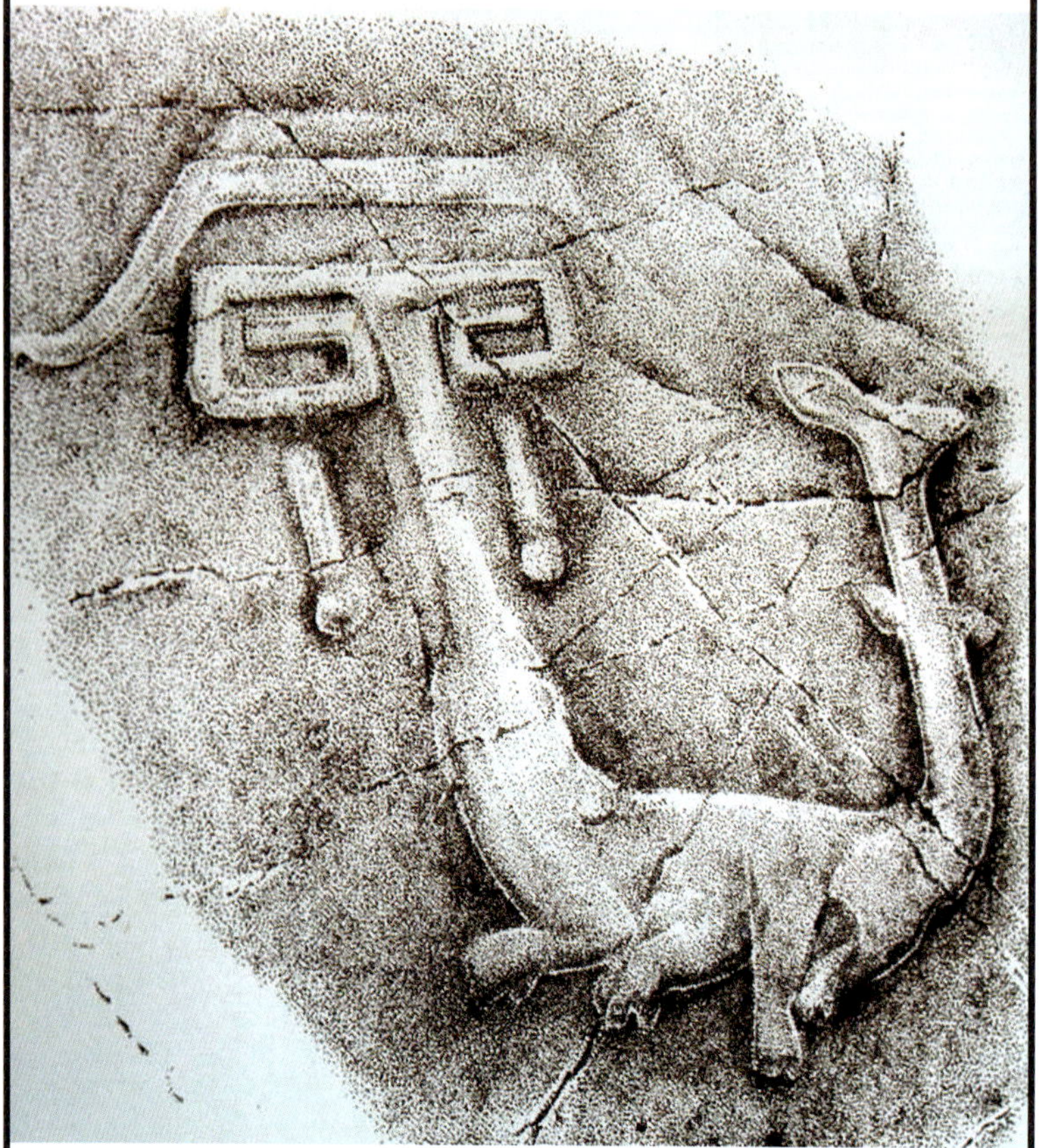

2－7　岩絵2・オシュラフンティク
4本の足と長い首と尾を持つ生物は巻頭カラーページの龍の切り絵を見ると、龍（オシュラフンティク）の可能性が高い。龍の中には4本足の龍もいるからである。頭の部分の二股に分かれた二重の四角は、知恵や豊穣、繁栄を吹き出している姿を表している。同じ表現が次ページのショチカルコ遺跡やテオティワカン遺跡の遺物にも見られる。

2－8　ショチカルコ遺跡の龍（オシュラフンティク）

2－9　テオティワカン遺跡の龍（オシュラフンティク）。口から出ている図形に注目。

人類を生んだ龍神——巨大な龍の口から人間が吐き出される岩絵

さらに発掘中の現場の中を特別に通してもらうと、ジャガーと思われる動物の絵が描かれた岩絵が幾つかあった。どうやらこの地に住んだ先住民たちは、オルメカ文明の人々と同様、ジャガー信仰をもっていたようである。

なお、ジャガーの姿で登場する神はポロムツェカ神と呼ばれて、ジャガー族の繁栄に力を貸した存在である。チャルカツィンゴの人々は、オシュラフンティクやボロムペルをポロムツェカ神よりも上に置き、自分たちをこの世に誕生させた聖なる存在として意識していたようである。

さらに先に進んだ場所に置かれた岩絵には、巨大な龍の頭部が描かれ、その口の中から女性と思われる人間が吐き出され、されにその人間から渦状の玉がいくつも放出されている様子が描写されていた［写真2－10］。

この絵も摩耗が一段と進んでいて、一見しただけではよく分からなかったが、管理人が岩の前に立って、その絵の全体像を指で示しながら説明してくれたのでなんとか理解することができた。後で模写を見ると、確かに管理人が示してくれたように、龍がその口から人間を吐き出している姿を確認することができた。

この絵は一体何を表しているのだろうか。私には龍が最初の人間を生み出し、その人間から次々と我々人類が誕生したことを示しているのではないかと感じられた。先に見た岩絵には、龍から抽象的な形で人類やその叡智を持った文明の誕生が描かれていたが、それをより具体的に描写したものがこの岩絵ではないかと思われる。

なお、龍の頭部のすぐ隣に描かれた四角に囲まれた「斜め十字《クロス》」は、その存在（龍）が宇宙から来たことを示している。この「斜め十字」は宇宙とのかかわりを示す意味で、これからもしばしば登場するので記憶しておいて頂きたい。

いずれにしろ、この遺跡に住んでいた太古の人々は、龍もしくはそれに近い存在から叡智を持った人間が誕生したことを認識していたことは間違いないようである。それは、日本の神話に登場する龍神による人類の誕生物語そのものである。それにしても、探索の初日から日本神話を彷彿《ほうふつ》とさせるこのような絵を見るとは驚きであった。

「マドリッド・コデックス」は、アマテの木の樹脂から作られた紙に書かれている！

岩山から降りてくる途中で、黄色の巨大な根が岩盤の上を這《は》った「アマテ」と呼ばれる

2 −10　岩絵３
龍が口から一人の女性を吐き出し、さらに女性の口から泡となった人間が放出されている。オシュラフンティクに代表される龍蛇族系宇宙人が人間を創造し、その人間が人類を産み増やしたことを表現しているようだ。左下の斜め十字《クロス》が宇宙から来たことを表している。

2 −11　アマテの木

珍しい木に出会った。アマテは中南米に繁殖する木であるが、岩地や土の層が浅く肥沃《ひよく》でない土地に生育するため、根が地上を這《は》っている。

根の色には、黄色の他に黒色と白色の3種類があるようだが、アマゾン流域やアンデス山中など中南米の色々な地を旅してきた私も、これほど巨大な根を持ったアマテに出会ったのは初めてであった。写真［写真2－11］に写ったロペス博士の姿と比較してみると、読者にもいかにこのアマテの根が巨大であるかがお分かりになるはずだ。

古代のマヤ人たちはこのアマテの木の樹皮をはいで溶かし、緑青《ろくしょう》や石灰で目止めをして平らにし、紙を作っていた。それはエジプト時代のパピルスと同じ作り方である。

現在残されている有名なマドリッド・コデックスやドレスデン・コデックスといった絵文書もみな、アマテの樹脂から作られた紙を用いたものである。

拡声スピーカーのように作られたショチカルコ遺跡でケツァルコアトルの姿を見る！

4月8日、宿泊先のモレーロス州の州都クエルナバカから南西に25キロ、車で1時間ほど走ると、小高い丘の上に石組みの建造物が見えてきた。ショチカルコ（Xochicalco）遺跡である。こちらは前日のチャルカツィンゴ遺跡と違って世界遺産に登録されているだけあって、博物館の設備も整っており、発掘品も数多く展示されている。そのため、たくさんの見学客が訪れており、その中には小学生や中学生の姿も含まれていた。彼らは学校教育の一環として来ているようである。

ここショチカルコには、先古典期の紀元前500年～紀元前300年頃にはすでにチャルカツィンゴから移住した人々が住み着いていたようである。今我々が目にする建造物の多くは、それよりずっと後代、テオティワカンが滅んだ後の離散者の一部が移住して来て、造ったようである。

したがって考古学的には、650年頃から急速に発展した古典期の都市跡ということになっている。テオティワカンのように巨大ではないが、それでもかなりの広域にピラミッドや祭壇、基壇が広がっているところをみると、人口4万～5万人の中規模程度の広さを持つ都市であったように思われる。

遺跡の中に入ると、高台の中央部は広場になっており、その前には様々な建造物が立っている。ひときわ目を引くのは、頂上部が平らになったピラミッド。広場を歩いていると観光客がそのピラミッドに向かって手拍子を打っている。

何をしているのかと思って見ていると、手を打ったあと、なにやら奇妙な音が聞こえてくる。耳を澄ますとそれは、「キューーン、キューーン」というまるで鳥の鳴き声のような不

2 −12　ショチカルコ遺跡の復元図
階段状に広がった都市には多くのピラミッドや神殿が立ち並んでいる。

2 −13　ピラミッド前の広場
ピラミッドの中段で手を打つと、「キューン、キューン」と奇妙な音が反響してくる。祭司や族長の話し声が広場に集まった民衆によく聞こえるように設計されているようである。

２－14　羽毛のある蛇の神殿
神殿の壁面には24人の人物と８体のケツァルコアトルが図案化されて彫られている。これだけ摩耗の少ないケツァルコアトル像は他にない。

２－15　神殿壁画の模写

思議な音である。どうやらそれは、手拍子の音が広場を取り囲むピラミッドや祭壇に反響して聞こえてきているようであった。

その様子を見ていたガイドが「今度は私がピラミッドの階段の上に立って声を出しますから、ここにいて聞いてみて下さい」といって、ピラミッドの上に上がっていった。見ているとなにやらこちらに向かって話しているようなので、耳を澄ますと、彼の話し言葉がはっきりと聞こえてきた。本来ならよほど大きな声を出さない限り、30メートルも離れているので聞こえるはずがない。

どうやら、先ほどの手拍子の反響音がうまく利用されているようである。ピラミッドの中段に立って、祭司なり族長が民衆に対して話をする際に、広場に集まった人々によく聞こえるように、音響効果を考えて広場全体が設計され、造られたものと思われる。これもまた、古代人の持っていた知恵の一つであったようだ。

ピラミッドの横を通ってさらに高台に向かって行く途中に、クアウロテ（Cuaulote）と呼ばれる木が何本かあった。ガイドの話では、この木の実を10個ほど1リッターの水に入れ20分ほど沸かしたものを飲むと、前立腺癌や腎臓癌、糖尿病などにそれなりの薬効があって、1カ月ほど飲み続けると症状が改善されるという。

我が国でこうした病気を患《わずら》って病院に行くと、与えられる薬はすべて現代医薬である。

そうした薬品はもちろん効用がないわけではないが、副作用が恐ろしい。私の知り合いにも前立腺癌の症状は抑えられているものの、ボケ症状が進んでしまって、生きていることの意味が半分なくなってしまっている人が何人かいる。

医学に従事する研究者たちは、なぜもっとこうした副作用のない、植物性の治療薬の研究に真剣に取り組まないのだろうか。アメリカ医学を中心とした金儲け主義に突き動かされる現代医学の問題点が、見え隠れするようなガイドの話であった。

遺跡の最上部には、この都市で最も神聖な「羽毛《うもう》のある蛇の神殿」と呼ばれる祭壇状の建造物が立っていた。周囲の垂直壁には全面にわたって浮き彫りが刻まれており、その中心的存在が24人の人物像と8体の羽毛のある蛇、ケツァルコアトルである[写真2−14、2−15]。

24人の人物はショチカルコを中心とした周辺の部族の族長、あるいは祭司を表しているものと思われるが、なんとも異彩を放っているのが、大きく口を開け長い胴体をくねらせたケツァルコアトルの姿である。

ケツァルコアトルは遠い昔に天から降臨し、人間に農業やすべての文化、知識を与えた神として、トルテカ族からアステカ族に至る人々の崇拝の対象であったわけだが、ここシ

2 −16　オアハカの街
世界遺産に登録されているオアハカの街は16世紀の雰囲気を今に伝えている。

ヨチカルコでは、それが見事に図案化された姿で描かれている。

それはマヤ文明の創世にかかわったククルカンでもあると同時に、昨日訪ねたチャルカツィンゴ遺跡に残されていたオシュラフンティクの龍の姿を図案化したものでもある。

我々現代人がもしも龍の存在を知らずに空を飛ぶ巨大な龍の姿を見たとしたら、なんと表現するだろうか？「巨大な蛇に羽根がついた動物」、「2枚の翼を持った巨大な蛇」などと表現するしかないのではなかろうか。

メソアメリカの人々がケツァルコアトルやククルカンを「羽毛のある蛇」、「翼のある蛇」と呼んでいたことを考えれば、まさにケツァルコアトル神が龍神そのものであることを納得してもらえるだろう。

原初の時代から長大な歳月が経過し、その姿を眼にする人々が少なくなって久しいため、その容姿はしだいに変容を遂げ、チャルカツィンゴ遺跡に残されたような恐竜に似た姿やショチカルコ遺跡の壁画のように一見蛇に見える幾何学的な姿で登場するようになったが、その実体は龍そのものだったのである。

ショチカルコ都市を築いた部族が、ケツァルコアトルすなわち龍を自分たちの生みの親と考えて崇拝していたことは、ガイドの次のような説明を聞けばより明確となってくる。

ショチカルコの部族長、あるいは祭司のトップはすべて、自分の名前の最後に必ずケツァルコアトルの一文字をつけ、自分たち一族の生みの親がケツァルコアトル神であることを忘れないようにしており、他に移動して身を汚さないために生涯この都市から出ることはなかった。

そうした伝統は、我が国の皇室が黄金の龍・国常立尊《クニトコタチノミコト》によって創造された民族の代表であることや、ニュージーランドのワイタハ族がシリウスからやって来た龍の守護者であることを、代々記憶して語り継いできているのと同じことではないだろうか。

また、南米のペルーやブラジル、ボリビアに住む先住民のシャーマンたちが自分たちの祖先がシリウスやプレアデスの龍蛇族《レプテリアン》につながることを記憶していることと併せて考えると、中南米に住む多くの民族が皆一様に、自分たちが宇宙からやって来た龍蛇族系の宇宙人によって創造され、加護を受けながら導かれてきたことを、潜在意識の中に残し続けてきていることは間違いなさそうである。

D・H・ロレンス『翼ある蛇』とマリファナで有名な街オアハカへ……

4月8日はショチカルコ遺跡を探索し終えた後、メキシコ南部のモンテ・アルバン遺跡やミトラ遺跡があるオアハカ州の州都・オアハカ（Oaxaca）に向かった。思った以上に時間がかかりおよそ9時間の旅を終えホテルに着いたのは4月9日の夜半過ぎであった。ニュージーランドの旅も長い車の旅が続いたが、道路の状況を考えると、今回の方がきつい旅になりそうである。

オアハカは、マリファナとD・H・ロレンスで有名な街である。ロレンスは1920年代に小説『翼ある蛇』をここで書いている。『翼ある蛇』つまりケツァルコアトルやククルカンはメソアメリカの多くの遺跡に登場するが、モンテ・アルバン遺跡のあるオアハカは、『翼ある蛇』を書き上げるのに、もってこいの街である。

今回、私たちが泊まっているホテルは街中の道路に面したところであるが、以前泊まったのはオアハカ盆地を取り囲む山並みの中腹にあって、オアハカの街が一望できる場所であった。そこは、こんなホテルに長期滞在して原稿を書いたら、さぞかし筆が進むのではないかと思ってしまうほど、気持ちの落ち着く宿であったことを覚えている。

オアハカは「街並み」そのものがユネスコの「世界遺産」に指定されているだけあって街全体が落ち着いていて、16世紀の雰囲気を今に伝えている。ネオンサインと電柱が一切ない街並みを歩いてみると、文明化の象徴のようなネオンと電柱がいかに美しい街並みを汚しているかを実感する。電柱と信号がないといえば、先に訪問したニュージーランドの美しい街並みが思い出される。

現在、オアハカとその周辺はメキシコで先住民が最も多く住んでいるエリアで、サポテカ族など16の部族、およそ20万人が暮らしている。その中でも、古代都市モンテ・アルバンを築いたサポテカ民族は、その話し方がなぜか日本語によく似ていることもあって、日本人に非常に親近感を持っていると言われている。サント・ドミンゴ教会の前の広場で会った少年たちも私が日本人だというと、「ヤーパン」「ヤーパン」と言って親しみを込めてそばに寄ってきた。

最初に訪問した時の帰り道で、現地のガイドさんから驚くような話を聞かされた。この地方の一角に、現地の人が「カラス人間」と呼ぶ特殊な人種が住んでいるという。彼らには体毛が一切ないだけでなく、皮膚に発汗作用が働かないため、1日に何回か水浴をしないと生きていけないのだという。

さらによく聞いてみると、彼らの歯はほとんどが犬歯のように先が尖《とが》っているというのだ。何とも奇妙な種族だが、現在ではわずか数十人にまで減少してきているというから、特別の保護措置が施されない限り数十年で種が途絶えてしまうことは間違いなさそうである。

まだまだ地球上には、我々の知らない不思議な人種が生き延びているようである。

ボロムペル神へのセレモニーが行われたのか⁉――モンテ・アルバンの競技場跡

4月9日、今日はサポテカ語で「聖なる山」と呼ばれているモンテ・アルバン（Monte Albán）遺跡を訪ねる。

今回で3回目の訪問になるモンテ・アルバン遺跡は、昨日まで探索してきたメキシコ中央高原とグアテマラのマヤ地域との中間に位置する、中央アメリカ最古の都市遺跡の一つである。

現代考古学的には、紀元前1500年頃から人が住み始めていたようで、その中の一大勢力であったサポテカ族によって、紀元前500年頃から祭祀センターとして、都市の建造が始まり、その後、およそ1300年もの信じられないぐらい長期間にわたって神殿ピラミッドや球技場、宮殿などの各種の建造物が継続的に造られていったようである。

遺跡はオアハカの街からそう遠くない場所にあり、周囲の高原地帯からさらに400メートルほど登った、標高1850メートルの山頂にある。どうやらこの山頂は、サポテカ人たちによって、周囲およそ1キロにわたって平らに削られたようで、そこに広大な広場が作られている。この大広場を挟むように、北と南の端には「北の大基壇」と「南の大基壇」が築かれている。

最初に訪ねたのが、遺跡の入り口近くにある「フエゴ・デ・ペロタ」と呼ばれる球技が行われた競技場。こうした競技場はその大きさに大小はあるが、メキシコからグアテマラに広がるマヤやサポテカなどの多くの遺跡に残されており、むしろないのが珍しいくらいである。

かねてからこの球技は「神にささげる神聖なものだ」ということは知っていたが、ショチカルコ遺跡とモンテ・アルバンの球技場跡を見てそもそもこの球技は一般庶民の見物人を前に行われるものではなかったことを改めて思いしらされた。

それが分かったのは、一段と低くなっている競技場の周りは階段状の土手で囲まれているが、観客の座る席がどこにも見当たらなかったからである。さらにロペス博士の指摘は、決定的なように思う。神官たちの座ったと思われる高台の前の階段は、球技がいかに神聖なものであったかを裏付けるように、オシュラフンティクを表す13段、さらに左右に斜めに造られた壁の一番下にある地面に面した階段は、地下世界を司るボロムペル神の9段からなっているのだ［写真2－18参照］。

ガイドさんも「フエゴ・デ・ペロタは、一般庶民が楽しむための競技などではなく、

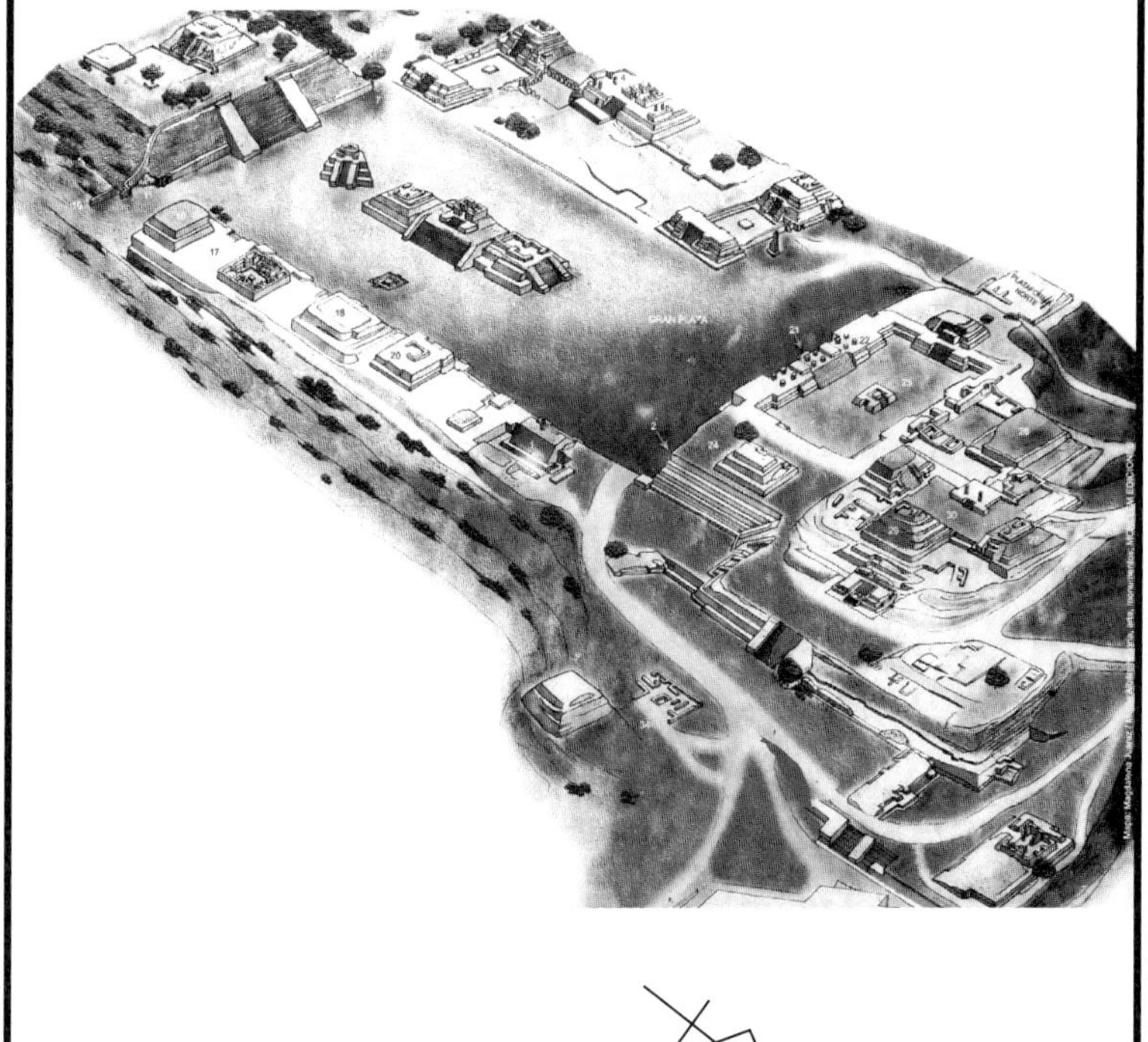

2－17　モンテ・アルバン遺跡
遺跡の中央部にあるメソアメリカ最大の広場を南北の大基壇や東西の神殿が取り囲んでいる。これらは1300年の長きにわたって建造されたものと言われている。南に比べて北の大基壇の方が広いことが分かる。広場の南側に45度ずれて立っているのが天文台。

神々に民族の平和や豊穣を祈る神事としての神聖な球技であった」と説明していた。ロペス博士はさらに踏み込んで「2組あるいは2人の間で行われた球技は、地下世界を司っているボロムペル神から、地下世界の知識や豊穣を獲得する許可を得るための神事であったのではないか」と。これはなかなか得心のいく説明である。

時代が経過するうちに神事としての球技の仕方も変わり、さらに15世紀に征服者スペイン人が統治するようになってからは、彼らは先住民が行っていた一切の神事を不浄なものとして止めさせてしまったために、単なるスポーツとして、多数の選手が参加し争う競技へと変化してしまった。その結果、最後には一気に庶民の博打《ばくち》の対象にまで成り下がってしまったようである。

征服者スペイン人たちは、神官を皆殺しにするといった残虐極まりない行為や、民族の伝承を伝えた貴重なステラ（石板）やコデックス（古書）の破壊や焚書《ふんしょ》という蛮行だけでなく、こうした伝統的な重要な神事の仕方まで変えさせてしまったのである。

なお、ショチカルコ遺跡やモンテ・アルバン遺跡には、球技場にボール（球）を通すゴールマーカー（石の輪）がなかったことを考えると、太古に行われていたフェゴ・デ・ペロタなる球技は、ステッキを使ったり、足や腰を使った競技方法とは大分違っていたはずである。バスケットボールとテニスとを合わせたような球技となったのは、古典期の中期

（紀元400年以降）になってからのことのようである。

チチェンイッツア遺跡に残された球技場［写真2－19］は、ショチカルコ遺跡やモンテ・アルバン遺跡といった先古典期の競技場に比べると数倍の大きさになっている。そこでは20～30人が敵味方に分かれて戦ったものと思われるが、原初の球技は、わずか数人、もしかすると「7」の数字で表される、聖なる2人の人物によって行われたのかもしれない。

メソアメリカ最大の広場の天文台は、金星とのかかわりを示す！

球技場から離れて、遺跡の中央部の広場に降りる。そこには、南北360メートル×東西240メートルの広大な広場が広がり、周囲を祭壇や基壇が囲んでいる。北側の大基壇の下に小さな小部屋のような空間が造られていた。

ガイドがわざわざそこに立ち寄ったのは、入り口の梁《はり》にジャガーと対峙した龍の絵が彫られていたからであった。

サポテカ族にはジャガー信仰があったようだが、ジャガーだけでなくケツァルコアトルとしての龍の姿も描いている。すると彼らもまた自分たちの創造神の伝承を受け継いでい

2 −18　フェゴ・デ・ペロタの球技場
長さ41メートル、幅24メートル。ボールを通す石の輪はない。

2 −19　チチェンイッツアの球技場
神聖な神事としての球技が行われた競技場。後代になるにつれ競技場は次第に大きくなり、球技自体も神事から競技へと変化していったようだ。チチェンイッツアの競技場の広さはショチカルコの数倍もあり、右側の壁面にはゴールマーカーも見える。

2－20　南大基壇からの展望
大基壇の上から展望すると、メソアメリカ最大といわれる広場の大きさが実感できる。なにゆえこんな広さが必要だったのだろうか？　45度方位をずらした手前の建物が天文台。ここで金星の動きが精緻に観察されていたようだ。

たようである。

広場の中には2つの建造物があり、北側の大きい方が祭壇、南寄りの小さな砲弾型（矢じり型）の建物が「マウンドJ」と呼ばれる天文台である。

この天文台で天体のいかなる現象を観察していたのか、定かなことは分かっていない。ガイドの話によると、金星の軌道を精緻《せいち》に観測していたことは確かなようである。興味深いことに、金星の軌道が、この天文台と広場の東側に造られたもう一つの階段状の天体観測所とを結んだ線から、ある一定の範囲に収まっているのだという。

ということは、金星の動きを知った上で、それに合わせて広場や建造物が造られたということだ。モンテ・アルバンの遺跡全体は、南北に対して数度傾いているが、天文台はさらに全体の方位から45度傾いている。そうした方位のずれもまた金星や天体の動きを考慮して、造られた証《あかし》かもしれない。

チチェンイッツアにあるカラコルム（カタツムリ）と呼ばれるマヤの天文台やパレンケにある天文台においても、金星の運行が精緻に観測されていたことを考えると、メソアメリカの人々にとって、金星には重要な意味があったことは間違いない。

「遠い祖先がシリウスから地球にやって来る途中、その一部の者が金星に立ち寄った」というワイタハ族の長老が語った話を思い出さずにはおられなかった。

また天体観測者たちは、太陽やプレアデスの運行も観測し、季節の移り変わりを正確に把握して農業に活かしたりする一方で、オリオン座の観測の結果を未来予知に役立てたりもしていたようである。

もう一つの天文台といわれている建造物が、東側の基壇の上に建てられている。広場から見ると、階段状の側壁の上段に穴が開いているのが見える。この穴には5月3日と8月10日（今年は5月8日と8月5日にずれている）の2日間、天上から真っ直ぐ「光の柱」が降りて来るように、光が差し込む［写真2－21］。

なぜその日に光の柱が立つのかよく分からないが、実は、昨日訪問したショチカルコ遺跡でも同じ日に、そっくりな現象が起きる場所がある。一般的には、種まきや作付けの確かな日を知るために造られたものだとされているが、2日間の夜、穴の真上に来るプレアデス星団を観察するためとか、太陽の黒点を観察するためという説もある。

不思議なのは、その日にそこに立って光に手をかざすと、手のひらが透けて骨の形が綺《き》麗《れい》に見えることである。

その写真が博物館に飾ってあったので見てみると、それはまるで、レントゲン写真に写った手のひらと指のようであった。こんなにはっきり骨が透《す》けて見えるのであれば、危険なレントゲンなど照射せずとも、人間の身体を太陽光の照射で検査することができるので

2 −21　モンテ・アルバン遺跡の光の柱
ショチカルコ遺跡には５月と８月の特定の日だけ、天井に開けられた開口部から光が降り注ぎ、「光の柱」が出現する。同じ現象がモンテ・アルバンの東側の基壇に造られた天文台でも見ることができる。ただ、1976年時点では５月２日と８月10日であったのが、今年2011年には、５月８日と８月５日にずれてきている。

はないかと、素人は考えてしまう。それにしても不思議な現象である。

遺跡を回りながら、ガイドのラウル氏とロペス博士のやり取りを聞いていると、大変興味深かった。ラウル氏は社会考古学を学んでおり、娘さんも大学で考古学を専攻していることから、サポテカ文字やミステカ文字についてはそれなりの知識を持っている。それだけにマヤ文字研究の第一人者であるロペス博士から、ステラ（石板）や岩壁に残されたサポテカ文字の読み解き方を聞かせてもらうのは、大変興味深かったようだ。

その中で、13、9、7というマヤにとっての重要な数字からオシュラフンティクやボロムペルに話が及ぶと、「自分たちが今まで聞かされていた見解より、理解しやすい」と盛んにうなずいていた。

おそらく今までの学者の説明では、納得し難い点がたくさんあったに違いない。ロペス博士のような既存の学説にとらわれない、斬新な考えを持った言語学者や考古学者がメキシコにも出てきて、未解読のサポテカ文字やミステカ文字が、一時も早く解き明かされる日が来ることを望んでやまない。そうなれば各地に散在する遺跡の年代や人類と宇宙とのかかわり、さらにはオシュラフンティクやケツァルコアトルの実態が明らかになることだろう。

広場を一周した後、「南の大基壇」と呼ばれている南側の高台に登った。およそ50段ほどの急階段だったが、登り切って広場を一望すると、宇宙都市としてのメトロポリスが広がっているようで、まるで金星や火星にある都市を眺めているようであった。

太古の時代、人々がここに立った時の思いは、いかなるものだっただろうか。宇宙や神々との一体感を味わって、一種の波動上昇（アセンション）を体験することができたのではないかとさえ思えてくる。

広場を挟んで反対にあるのが「北の大基壇」である。40メートル近い幅を持つ階段を上り切ると、南の大基壇の3倍も広い広場に、ピラミッド型神殿や祭壇などの祭祀用複合建造物が数多く造られており、１３００年間という長大な歳月をかけて建設を進めた様子をうかがい知ることができる。

およそ3時間ほどかけて遺跡を探索した後、駐車場に向かって降りて行くと、前方に巨石で造った門柱のようなものが見えた。近寄ってみると、その辺り一帯はたくさんの墳墓の集合地となっているようであった。

ミステカ族は、サポテカ族の去った後のモンテ・アルバンに移り住み、その地を神聖な土地として周りに多くの墳墓を築いたという。これはその名残かもしれない。しかし、この門柱は墓とは関係なく、サポテカ時代に広場の一角に建てられたもので、写真［写真2－22］を見てもらえれば分かるように、かなり大きな巨石が使われている。４メートル×１

２－22　巨大門柱
精緻に加工された巨石を見ると、マチュピチュやエジプトの巨石建造物を思い出す。この地にも、先史文明のテクノロジーを受けついだ人々がいたのだろうか。

メートル×0・5メートルほどの大きさで、上段にはおよそ5トンはありそうな巨石が置かれている。石の切り口を見ると、カンナをかけたように綺麗に削《けず》られており、エジプトやマチュピチュで見かける精緻に加工された巨石に似通っているのが分かる。

オアハカのサポテカ人たちも、先史文明の高度なテクノロジーを一部受け継いでいたのかもしれない。そう考えれば、青銅器すら持たなかったと言われているサポテカ人たちが周囲1キロ四方ほどの山を平らにした謎も解けてきそうである。

もしかすると、オアハカの巨大な都市はアトランティス文明崩壊の前後に造られたものかもしれない。そう考えると、モンテ・アルバン遺跡に残された「踊り子」と称される奇妙な人間、つまり、子宮や卵巣に異常を来たした女性や性器を持たない男性、さらには背中が極端に曲がった人間の姿は、一般的に言われているように支配者によって捕虜にされて拷問にかけられた首長や王たちなどではなく、「核戦争の後遺症に苦しむ人々の姿を表したものではないか」というロペス博士の冗談交じりの意見も、一笑に付すというわけにはいかなくなってくる。

博士はチャルカツィンゴ遺跡にしろモンテ・アルバン遺跡にしろ、考古学者の言うところの年代よりは遥かに古い年代を考えていることから、そうした発想を持たれたようである。

それは決して、お門違《かどちが》いの発想とは言いがたい。なぜなら、テオティワカンの建造年代一つとっても大多数の学者は紀元前後としているが、別の学者は紀元前1500年頃、さらには、地質学的見地から紀元前4000年より古く、近くの火山ヒトリが噴火する前に建てられたのではないかと主張する学者もおり、遺跡の建造年代については不明な点が多いからである。

第十二章

マヤ神話の謎は、龍蛇族系宇宙人の存在によってはじめて解ける！

ロペス博士の驚くべき説を聞く

4月10日、今日は午前中ホテルの私の部屋で、ロペス博士から、これまでの遺跡探索の補足説明と残りの遺跡についての予備講習を受けた。博士は考古学者ではないが、昆虫学者の立場からマヤ文字を研究してきているだけに、歴史学者や考古学者が語る遺跡の説明とは一味も二味も違った見方を持っている。それは興味深い話の連続であった。

これまで誰もが理解できなかった多くのマヤ文字を読み解き、ステラ（石板）やコデックス（絵文書）に書かれているマヤの神話をより正しく理解している博士の説明だけに、語る内容がどんなに奇抜なものに思えても「真摯《しんし》に耳を傾けねば」というのが私の考えである。

メソアメリカの神話に秘められた人類の誕生、宇宙とのかかわり

この日、博士が語ってくれたメソアメリカの神話に対する新しい解釈をお聞きして、メキシコ到着以来、博物館訪問時や遺跡探索時に何度も聞かされてきた、オシュラフンティクやボロムペル、それに7とか9、13といった数字の意味するところがようやく理解することができた。

実は、到着した翌日の夜に一度レクチャーがあり、同じテーマについてお聞きしていたのだが、何しろ時差がきつく半分朦朧《もうろう》状態であったため、十分に意味が呑み込めないままで終わってしまっていたからだ。

そこで、この項では、多くの考古学者が語らずにきているオシュラフンティクやボロムペルが、過去の歴史の中で先住民にどういう存在として受け止められてきていたのか？また、それはいつ頃から記録に残され、後世に語り継がれるようになったのか？さらには、博士がその存在に気づくことになった経緯はなにか？といった点について、触れて

おくことにする。

博士の語られた話の概略を記すと、およそ次のようになる。

マヤをはじめとするメソアメリカ文明の発生の起源やその後の発展の経緯を理解するにあたって、一つの大きな壁がある。それは神話の伝承者であったデイキーパーや神官たちが、征服者スペイン人によって皆殺しにされてしまったことである。そのため、今となってはステラやコデックスに残された象形文字や絵文字を読み解くしか方法は残されていない。

メキシコ、グアテマラ、ホンジュラスなどに散った先住民の中の主だった民族は、次の9つに分類される。マヤ（MAYA）、オルメカ（OLMECA）、ミステカ（MIXTECA）、サポテカ（ZAPOTECA）、イツァニア（ITZMANIUA）、ナワ（NAHUA）、アステカ（AZTECA）、イツァパ（ITZAPAH）、トルテカ（TOLTECA）である。

このうち、古典期（紀元200年〜紀元900年）以前に残されたとされているコデックスは、マヤ族の残した有名な3冊（マドリッド・コデックス、ドレスデン・コデックス、パリ・コデックス）、ナワ族の4冊、トルテカ族の6冊、ミステカ族の9冊の合わせて22冊だけである。サポテカ族にはステラに残されたものしかない。

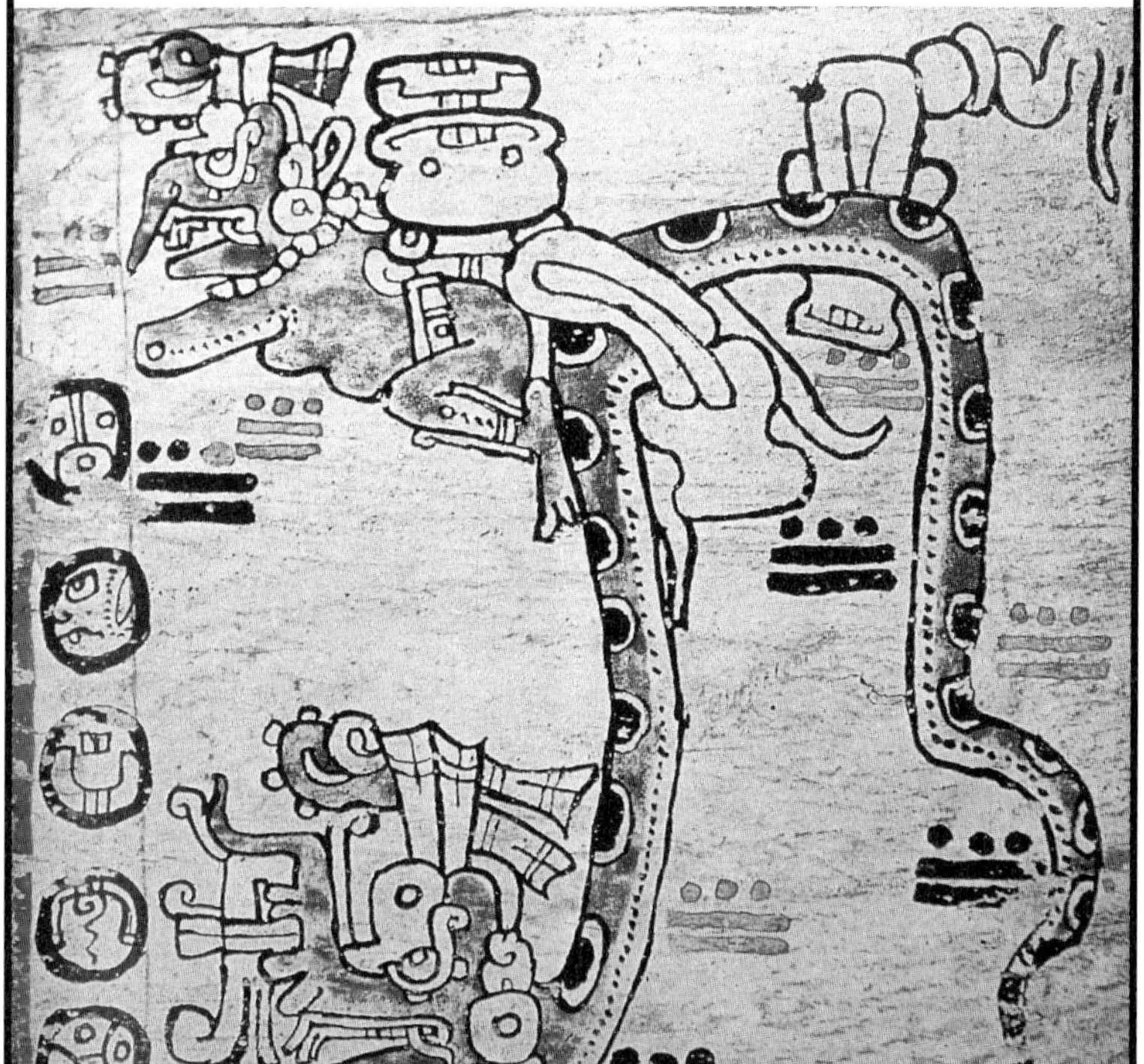

2 −23 「マドリッド・コデックス」のオシュラフンティク
細長い蛇状の胴体を持つ人物の周りには、横棒2本と3つの点で表された13という数字がたくさん表示されており、それが「オシュラ・フン・ティク＝13の聖者」であることを示している。

数少ないこれらのコデックスであるが、そのどれもが十分な解釈は為されていない。というより、ほとんど何も分かっていないというのが実態である。解読が進んでいるといわれているマヤの3冊一つとってみても、これまでの欧米の学者による解釈とロペス博士が読み解き始めた内容は、およそかけ離れている。となると、その他の種族のコデックスに至っては推して知るべしといったところであろう。

そうした状況下で、自ら新しく発見された文字を参考にして博士が読み解いたところでは、民族や種族、時代や住む場所に違いはあっても、それぞれが伝えてきた神話や伝承には、人類の誕生や宇宙とのかかわりに関して幾つかの共通点があるようである。

15世紀にスペイン人に征服されて、16世紀にかけて植民地化が進んでいく途中、あるいは17世紀以降の完全に植民地化が完了した後に世に出たコデックスの中に、マヤ族の「チランバラン」や「ポポル・ヴフ」、アステカ族の「キントソウル」などがある。これらはスペイン人が自国語で書きとったものである。そのため、多くの聞き間違いや書き間違いがあるとしても、神話や伝承の主要な点は正しく伝えられている面もあるようである。

実はロペス博士がオシュラフンティクやボロムペルの名前をはじめて見つけたのは、この「チランバラン」と呼ばれる古書の中であった。その後、マドリッド・コデックスやドレスデン・コデックスにも同じ名前を見つける［写真2−23］。

さらに調べを続けるうちに、ペテン地方で発見された多彩色の古典期の土器やユカタン半島のツゥルム遺跡から出土した香炉、コパン遺跡の古典期の皿に書かれた絵文字の中などに、次々とオシュラフンティクの姿を見つけることができた。

ツゥルム遺跡から発見された香炉にはオシュラフンティクが頭を下にして降臨してくる像が飾られており、コパン遺跡の皿には亀の甲羅の上に乗ったオシュラフンティクの姿が描かれていた。どれにもオシュラフンティクには13、ボロムペルには9の数字が付記されていたことから、それを確認することができたのだという。

そうした流れの中で、「オシュラフンティクは人類の誕生にかかわった龍蛇族系の宇宙人であり、ボロムペルは地下世界を司る役割を持った存在である」ことを博士は明らかにした。それらは13と9からなる数字をもって表されており、その2柱の神から生まれた原初の人間が7というわけである。

読み方を変えれば、13は宇宙を表し、9は地下世界を表し、7が地上界を表すということでもある。そのオシュラフンティクこそが、マヤ族のいう神「ククルカン」であり、アステカやサポテカ族のいう「ケツァルコアトル神」、つまり「翼の生えた蛇」である。我が国の国常立尊や天照大御神と同じ龍神的存在であったというわけである。

メソアメリカ一帯に住んでいた先住民の間にはオシュラフンティクという存在は、宇宙

2 −24　2 −25　世界最大の木「サンタ・マリア」
根元の幹の周囲が58メートルというのには驚かされた。ギネスブックに載る世界最大の木である。

２－26　奇妙な姿が彫られたステラ
モンテ・アルバン遺跡には男性のシンボルがない像や極端に背の曲がった人物像など異常な人間の姿が彫られた「踊り子」と呼ばれるステラが残されている。この写真の人物はお腹が少し膨らんだ女性像で、ロペス博士によると彼女の性器や卵巣、子宮に異常があることが表現されているという。

からやって来て、自分たちの先祖を創造した神として古くから認識されており、それが古典期以前に書かれたと思われる各種のコデックスに、「オシュラ・フン・ティク」（「13という神」）という抽象的な呼び名で登場するようになったというわけである。

その同じ存在がより具体的なククルカンとかケツァルコアトルという名前で呼ばれるようになったのは、それより大分後のことであったらしい。ロペス博士はその年代については「さらなる研究をしてみないと確かなことは言えないが、ポストコロニアル（植民地時代以降）の可能性もある」と語っている。そうなると早くても後古典期の始まる紀元900年以降ということになってきそうである。

オアハカ・トゥーレ村の42メートルの巨木「サンタ・マリア」

博士の説明をお聞きした後、市内にある国立文化博物館に出かけた。途中、前回この地を訪ねた際に見て大変驚いた巨木のことを思い出し、同行の鈴木さんに見せてあげようと、立ち寄ることにした。

それはオアハカのトゥーレ村で2000年間にわたってマヤ人やトルテカ人、アステカ人たちの暮らしと争いの歴史を眺めつづけてきた、通称「サンタ・マリア」と呼ばれる高さが42メートルの巨大な杉の木である。現場に立ち、文字通りの巨木を目の前にして、鈴木さんだけでなく、ガイド兼通訳の松本氏も初めて見たらしく、驚愕《きょうがく》の声をあげていた。

前回一度目にしているにもかかわらず、私もその巨大さにはあらためて目を見張った。高さが40〜50メートルある高木は、アマゾン川流域を旅していると時々目にすることがあり、特段珍しいものではない。この木を見て驚かされるのは、その幹《みき》の太さである。なにしろ、直径が14メートル、幹の根元の周囲は58メートルもあり、その周りを取り囲むには大人が両手を広げても40人近くは必要だというから、その太さがいかに凄いものであるか、読者にも想像がつくだろう。

ちなみに、この巨木はヌマスギという杉の一種で、「アメリカ大陸最大の木」として知られており、ギネスブックにも「世界最大の木（樹）」として登録されている。この村には同じヌマスギの巨木が9本あるそうだが、すべてこの木の子供、あるいは孫であるという。

旅を続けていると、こういった珍しいものに出会えて目の保養ができるのも楽しみの一つである。ショチカルコ遺跡で見たアマテの木の巨大な根もその一つであった。「百聞は一見に如かず」のことわざ通り、何ごともみな自分の眼で見るのが一番である。

鈴木さんも松本氏も大満足されたようなので、博物館に向かうことにした。

2－27　族長の像
首に蛇を巻き付け、胸には宇宙とのつながりを表す斜め十字のペンダントが飾られ、オシュラフンティクの直系であることが誇示されている。

2－28　2－29　亀（宇宙船）と合体した蛇

そこから車で10分ほどの所に、オアハカ国立文化博物館がある。そこにはモンテ・アルバン遺跡から出土した遺品が多数展示されており、オアハカの歴史を知る上で非常に参考になる。

ロペス博士の話の中に出てきた「踊り子」と称される人間の像が彫られた石板は、本来遺跡の博物館に展示されているのだが、昨日は天井のペンキの塗り替えのため、そのすべてにカバーがかけられていて、目にすることができなかった。

しかし、この博物館にも別のステラが展示されていたので、オリジナルの石板をじっくりと目にすることができた［写真2－26］。そこにはお腹の少し膨れた女性が描かれ、性器だけでなく卵巣や子宮に異常があることが示されていた。発掘品の中には性器を持たない男性や背中が極端に曲がった人間の姿が彫られた石板もあり、確かに謎の多いステラである。

他にも目を引いた発掘品が幾つか展示されていたが、その一つがオアハカに君臨したサポテカ人の族長と思われる人物像であった［写真2－27］。

その人物は、自分が「翼の生えた蛇」であるオシュラフンティクにつながる高貴な子孫であることを示すために、首に龍に代わる蛇を巻き付け、両手にトウモロコシの葉とハニーポットを持ち、胸には斜めにクロスした十字の紋章が彫られたペンダントをつけている。

トウモロコシとハニーポットがオシュラフンティクの一種の象徴であり、斜めのクロスの十字は宇宙からやって来たことを示す象徴であることは、すでに述べてきた通りである。

こう見てみると、少なくともモンテ・アルバンが建設された時代までは、人類の創造に龍蛇族系宇宙人としてオシュラフンティクがかかわったことを語り伝え、自分たち一族がその直系であることを誇りにしていた種族がいたことは間違いなさそうである。

もう一つ注目した展示品は、一見したところ日本の三味線《しゃみせん》のような形をしているもので、蛇とも龍とも取れる頭部を持つ棒状の長い身体が亀に合体したような不思議な遺物であった［写真2−28、2−29］。

頭部は一見、鳥の頭のようだが、よく見てみると大きく口を開けて舌を出した姿は蛇というより龍に近い感じがする。頭部についた鳥のようなものは、この動物が空を飛べることを表しているようにも思える。オシュラフンティクが乗っている乗り物に亀が多いことを考えると、この遺物は宇宙船（亀）に乗った「空飛ぶ龍（または蛇）」を表しているようである。

また別のコーナーに行くと、2体の龍が描かれた模写が展示されていた。こちらは完全に龍の姿をしており、上段は空飛ぶ「翼龍」で、下段は翼を持たない「海龍」に見える［写真2−30］。

それにしても、2500年も3000年も前のモンテ・アルバンの遺物に、これほどは

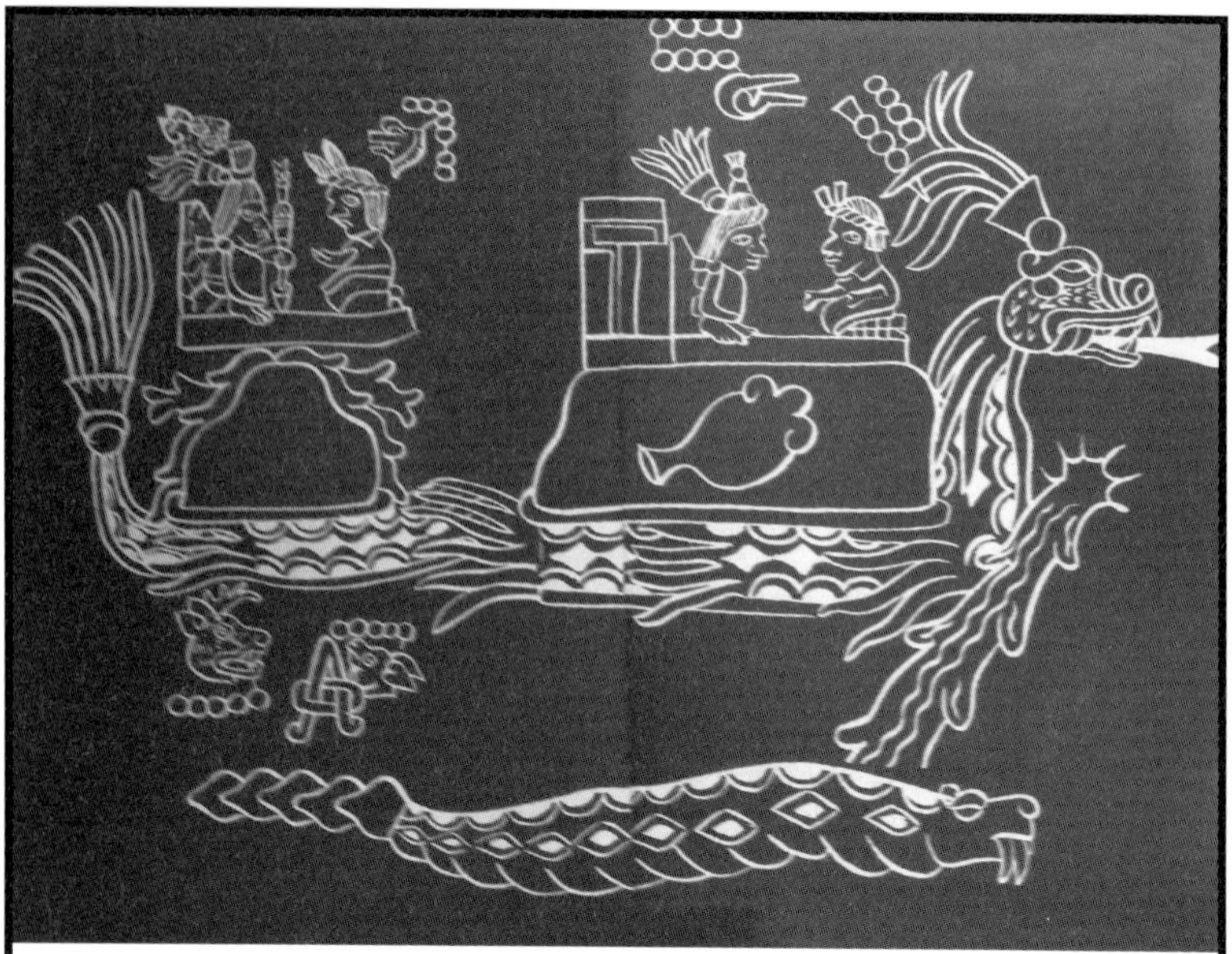

2 −30　2 体の龍　上段が翼龍、下段が海龍。

2 −31　子供の絵
この絵はオアハカの先住民たちの間にはジャガー信仰と龍神信仰が共存していたことを表しているようである。

っきりした龍の姿が描かれていたのには、驚かされた。

オアハカ国立文化博物館の展示品を見終わって館内を散策していると、子供たちの絵が展示されているコーナーに出た。そこである子供が描いた絵を見て、再び驚くところとなった［写真2-31］。というのは、その絵にはこれまでの遺跡探索でしばしば目にしてきた龍とジャガーの存在を示すように、二本足で立つ龍とジャガーの絵が描かれていたからである。

描かれた絵の右側の動物の顔を見ると、龍の特徴であるギザギザが顔の上部に描かれており、それはまさに龍の顔である。おそらく、この絵を描いた子供は両親なり先生から龍とジャガーが人間にかかわってきたというこの地方の伝承を教えられていたに違いない。

この絵からは、モンテ・アルバン遺跡の北側大基壇の下にあった小さな個室の入り口に彫られた龍とジャガーの絵を、より分かりやすい姿で見せてもらったような気がしてならなかった。

それにしても、たまたま出くわした十数点の子供の絵画の中に、求めていた龍伝承の一コマが描かれていたのは、単なる偶然とは思えないのだがいかがだろうか。

龍雲を見る

次の探索地は、メキシコ湾沿いのベラクルスである。800キロほど離れているので、1日の行程ではとても無理な距離である。飛行機を使っても、どのみちトランジットをしなければならない。地方空港では待ち時間が長くなってしまうため、かえって時間がかかってしまう。そこで、途中、プエブラで一泊することにして、そのまま車で向かうことにした。

プエブラに向かう道はなかなか快適で、車窓にも雄大な景観が広がっていた［写真2－33］。しかし、車中では、ロペス博士が語る話や朝から見聞きしたことを整理するために、携帯パソコンのキーボードを打ち続けていたので、ゆったりと景色を眺めている余裕はなかった。

すると、夕陽が落ちようとしていた夜8時前頃、まだこちらでは明るい時間帯であったが、それまで後ろの席で休んでいたロペス博士が、突然、窓の外を指して「ドラゴン、ドラゴン」と叫び声をあげられた。驚いて左手の窓の外に目を向けると、山の上に巨大な龍の姿をした雲が目に飛び込んできた［写真2－32］。

よく見ると、まさに大きく口を開けて髭をはやした龍が頭部を少し上にあげた状態で飛揚しており、長く伸びた胴体の前部には二本の足が見えた。尾の部分は太陽の光に照らされて少し消えかかっていたが、それでも何層にも分かれた綺麗な尾びれの形が残っている。

なんとも、巨大な龍が太陽を背に、連なる山の上空を悠々と飛揚している姿が見事であった。これほど龍体を見事に表した姿は、そうめったに見られるものではない。ニュージーランドのマラキーホ山の山頂で見た、解き放たれた無数の龍たちが天に帰っていく時の姿が目に浮かんだ。

途中道路わきの土手が邪魔をして、見え隠れしているうちに、少し形が崩れてしまったが、なんとか写真に収めることができた。読者にも龍の姿に見えるだろうか。大きさは近くを飛んでいた飛行機と比較して、少なくとも数キロはありそうに見えた。

あとでロペス博士が語ったところでは、その時彼は睡眠中だったそうである。気持ちよく眠っていたところ、突然何者かがすぐに空を見るようにとインスピレーションを送ってきた。それは強い波動だったので驚いて目を覚まし、外を眺めると見事な龍雲が見えたので、私に知らせたのだという。

第10章で博士の生い立ちを紹介した際に書いたように、ロペス少年は5、6歳の頃からマヤのスピリチュアルガイドの「アフキフ」について、水や風との会話の仕方を学んでい

2 −32　巨大龍雲
写真に写った龍は少し形がくずれてしまっているが、ロペス博士が教えてくれた時は同乗していた全員が「わ～龍だ！」と叫ぶほど、大きな口を開けて夕陽に照らされたその姿は翼龍そのものであった。

2 −33　プエブラに向かう
こんな素晴らしい道ばかりなら、車中で打つパソコンも天井に飛ぶことはないのだが。

る。そのため、彼は頭脳明晰というだけでなく、スピリチュアルな面でも覚醒している。守護霊的存在とつながって話したり、インスピレーションを受けることがあるのはみなそのためである。

この時もまた、雲の姿を象《かたど》って飛ぶ龍神からインスピレーションを受けとって、私に知らせてくれたようである。不思議なことが続く旅である。

第十三章

壁龕《へきがん》のピラミッドに見る古代マヤの叡智

カカシュトラ遺跡の壁画に描かれた、龍神たちと4次元の扉

4月11日、その日の朝はプエブラのホテルを早めに出て、350キロほど北に位置するメキシコ湾に面したベラクルス市に向かう。順調にいけば2時過ぎまでには到着して、オルメカ文明発祥の地・タバスコ州に隣接し、オルメカ文明とマヤ文明との最初の融合が図られたと言われている、エルタヒン遺跡を見学する予定である。

ホテルを出て車でしばらくすると、ドライバーのジョゼ・ルイス氏が「この近くに観光客がめったに訪ねることのない遺跡がありますよ」と教えてくれた。その名はカカシュト

２－34　カカシュトラ遺跡の壁画１（ボロムペル神）

２－35　カカシュトラ遺跡の壁画１
地下へ通じる階段の壁には地下世界を司るボロムペル神と、神によって解き放たれた一匹の両生類が地上界に登っていく姿が描かれていた。

ラ遺跡という聞いたことのないものであったが、ロペス博士も「一見の価値がある」ということだったので、急遽《きゅうきょ》予定を変更して立ち寄ってみる。

そこは大きな遺跡というわけではないが、起伏のある台地の一角に、遺跡を保護する鉄骨造りの巨大な建物が立っていた。今まで世界各地のたくさんの遺跡を訪ねてきたがこんな大掛かりな保護施設は見たことがない。入場時間より少々早かったが、守衛さんに無理を言って入場させてもらう。

中に入ると、目の前におよそ横幅が220メートル、奥行き130メートルほどの高台がそびえ立っている。どうやらそこは、山の頂上を削った台地に建築された神殿跡であり、神官をはじめとした権力者たちが居住した跡でもあるようだ。

その高台全体が鉄骨造りの屋根に覆われている。中央に設置された修復中の急階段の脇を通って登ると、そこには基壇も上屋もない平面的な遺跡が広がっていた。おそらく発掘の段階ですでに上屋は崩壊していたものと思われる。

最初に目に飛び込んできたのは、地下施設と思われる一角。残念ながらそこへは修復中のため降りてはいけなかったが、幸いカラフルな壁画の一面を通路から眺めることができた。

ロペス博士の説明だと、どうやら壁面の右手に描かれた人物は、これまでにもしばしば登場した地下世界を守護するボロムペル神で、左手の階段とそこを上がっていくカエルともトカゲとも見える1匹の動物の姿は、ボロムペル神によって解き放たれて地上界に上がっていく情景を描いたものだという［写真2－34、2－35］。

少し進むと、地面に面した壁面に高さ1メートル、横幅6メートルぐらいの壁画が見えてきた。それはマヤ人と融合したトルテカ人がマヤ人の指導のもとに暮らしている場面で、その隣には彼らを攻めてきたアステカ人が、戦いに敗れ捕虜となってつながれている姿が描かれている。

私の目からはトルテカ人もマヤ人も区別がつかないが、マヤ人である博士には一目瞭然であるようだ。この壁画は少し色あせているが、それでも1900年代後半に発掘された遺跡の中では珍しく保存状態のよい壁画である。

その先の神殿の本殿跡と思わる部屋の壁面には、先ほどの壁画に描かれた時代からは、しばらく時が経過した後の状況がうかがえる2枚の絵が描かれていた。この壁画の前に立った瞬間、そのコピーがメキシコ訪問の初日に訪れたメキシコ国立人類学博物館に展示されていたことを思い出した。どうやらこれはメソアメリカ文明の歴史を理解する上で、重要な壁画の一つであるようだ。

2枚ともカラフルな色彩は色あせておらず、絵柄もしっかりしている。左側にはジャガ

2 −36　カカシュトラ遺跡の壁画２（アステカ族）

２－37　カカシュトラ遺跡の壁画２（トルテカ族）
２枚の壁画には、イーグル信仰を持つアステカ人とジャガー信仰を持つトルテカ人が描かれ、共にサーペント（龍）を足下に置いている。オシュラフンティク信仰を持つマヤ人を臣下にしたことを示しているようである。

ー信仰を持つアステカ人［写真2－36］が描かれている。共にサーペント（龍）を足下に置いている。

博士の説明では、一度は敗れたものの再度戦いを挑んだアステカ人が、どうやらこの地を制圧したようだ。それを表すように彼らは胸に十字をつけ、さらには自分たちが高い次元からやって来たことを示すために、右肩の横（図の左側）に4次元を表す四角い窓が描かれている。

トルテカ人とアステカ人が描かれた2枚の壁画が並んで飾られているところをみると、この壁画が描かれた時代には、両民族が融合して暮らすようになっていたように思われる。しかし、マヤ人は完全にその地位を奪われて、アステカ人やトルテカ人の臣下になり下がってしまっていたようだ。

両壁画共に足下にサーペント（龍・蛇）を描いているということは、当時のアステカ人とトルテカ人はマヤ人を臣下に置くだけでなく、彼らの持つオシュラフンティク信仰をないがしろにしていたのかもしれない。

図の中に描かれた絵文字をしっかり解説しながらのロペス博士の説明は、非常に納得しやすかった。それにしてもアステカ人の右肩横に描かれた、両手がついた四角い窓を「4次元の扉」だと平然と言われたのには、こちらの方がびっくりしてしまった。こんな説明をする学者にお目にかかることは、後にも先にもなさそうである。

学者と呼ばれる人々は命がけで真理を探究し、それを我々凡人に知らしめるという大きな役割があるはずだ。だからこそ、我々は彼らを尊敬の眼《まなこ》でみているわけであるが、現実には彼らの多くが保身を第一に考え、井の中の蛙《かわず》になってしまっている。

その結果、彼らは発想の転換ができず、いつになってもお決まりの学説（定説）から脱却できずにいる。だから歴史的考察が行き詰まってしまい、新たな展開が開けてこないのである。ロペス博士を見習って初心に帰って発想の転換をして欲しいものである。

世界遺産エルタヒン遺跡――フェゴ・デ・ペロタのオリンピック

ドライバーのルイス氏のお陰で、思いがけなくもカカシュトラ遺跡を訪ねることができ、素晴らしい壁画をオリジナルで見ることができた。やはり遺物はそれが置かれたままの状態で見るのが何よりである。それを取り囲む周りの情景が見えてくるからだ。

予定外に2時間近くを費やしてしまったため、エルタヒン（El Tajin）遺跡への到着が遅れはしないかと案じられたので、昼食抜きで先に進むことにした。しかし、ベラクルスまでは順調に走れたものの、遺跡の近くまで来たところで渋滞に巻き込まれ、遺跡に着い

２－38　壁龕のピラミッド
エルタヒン遺跡の「壁龕《へきがん》のピラミッド」には、ハーブ暦の365日と１年の月数18カ月が表現され、冬至と夏至の73日前に太陽が頂上を通過するように設計されている。メキシコ沿岸に住むオトナコ族も高度な天文学的知識とピラミッド建造技術を持っていたようだ。

２－39　春分・秋分の日の奇跡
春分と秋分の日とその前後２日間、チチェンイッツアのククルカン・ピラミッドの頂上部の神殿から龍神ククルカンが降りて来る姿が、北側階段の欄干に写し出される。

たのはすでに3時半。閉門が5時なので見学時間はわずかしかない。急いでガイドを雇い、ロペス博士と二人の解説を聞きながら探索を始める。

遺跡はメキシコ湾に面しており、ラ・ベンタ遺跡のあるタバスコ州に接していることからオルメカ人の根拠地の一つではないかと考えていたが、どうやらそれは私の勘違いで、エルタヒン遺跡はオルメカ人とは異なるトトナコ族の都市跡であったようである。

ただ両者はごく近い姻戚関係にあって、発生の年代にそれほど差がないとすれば、トトナコ人もオルメカ人同様、考古学者が考えている年代よりはるかに古い民族かもしれない。

一応、考古学的にはエルタヒンの全盛期は紀元後600年頃の古典期後期とされている。しかし、そこに人々が住みつき一部のピラミッド（「壁龕《へきがん》のピラミッド」）や神殿の建造に取りかかり始めた年代は、先古典期中期（紀元前1000年〜紀元前400年）にまで遡るようなので、かなり古い歴史を持っていることは確かなようである。

この遺跡からは残念ながら、私が期待していたケツァルコアトルやオシュラフンティクの存在を示すようなステラは見つからなかった。ただ、フェゴ・デ・ペロタの球技場の壁面や角石にその頭部や全体像が刻まれていたところを見ると、この時代、トトナコ族にもケツァルコアトルに対する信仰心があったことは間違いないようである。

フェゴ・デ・ペロタと言えば、この遺跡の中にはなんと17カ所に球技場が造られていた。

メキシコだけでなくメソアメリカ全体でも、今までに球技場跡は62カ所しか発見されていないというのに、同じ遺跡の中に17もの球技場が造られているというのは、どうした理由からであろうか。

その大きさは大小さまざま。原初のものはショチカルコやモンテ・アルバン遺跡と同じように決して大きなものではなく、ゴールマーカーも設置されていなかったようである。ただ、その後に造られたものの中には結構大きなものもあるので、時代の経過とともに祭事を競技として重要視するようになり、参加する球技者の人数も2人から10人、20人と増加していったのかもしれない。

ロペス博士は競技場の大きさだけでなく、その作り方やゴールマーカーの有無などを見ると、「近隣の部族が集まって何年かに一度行われる、いわばメソアメリカのオリンピック的な色彩が濃かったのではないか」、「そのつど各部族の持つ球技方法の特徴を取り入れて開催するうちに、これだけ多くの球技場が建設されることになったものと思われる」と、語っていた。確かに博士のように考えない限り、一つの都市跡に、こんなに数多くの球技場を作る必要性が理解できない。

世界遺産に指定されたエルタヒン遺跡は、かなりの広さを誇っており、とても短時間で回りきれる大きさではなかった。年数を経る中で次第に拡大されていったのであろう。中には、一つの建造物の上に幾重にも外壁が重ねられ、その外観を変えてきているものもあった。一定の年数を経過するごとに、その時々の統治者によって、それが行われたものと思われる。

その年代は一般的には52年であったと言われている。この52という数値は神聖な数字とされており、それはマヤの365日からなるハーブ暦と260日のツォルキン暦の最小公倍数が18980日、つまり52年（我が国の還暦60年に似ている）であるためではないかと言われている。

ロペス博士はその神聖な要因に、さらに別の理由を付け加えている。それは、メリポナベチと呼ばれるマヤミツバチの生物学的な一生が52日であることである。女王蜂は4年以上の寿命を持っているが、巣を作り蜜を集める働き蜂の多くの一生は52日なのだそうだ。前にも記したように、蜂の生態から多くのものを学びとってきているマヤ人にとって、蜂の一生である52日という数字が神聖にして重要な意味を持っていることは、十分に理解できる。

またマヤ人たちは休みなく働く蜂の生態を観察して、彼らの1日は人間にとって1年に相当すると考えていたようである。そのために、52歳以上の人間を、立派に一生分の働きを為《な》した人物と見なし、「長老」として敬う風習を持っていたというわけである。

壁龕《へきがん》のピラミッド

広場には神殿やピラミッドなど様々な建造物が立っていたが、どの建造物もかなり傷みが激しいようで、全体が傾いたり一部が崩れかかっているものが多かった。しかし、その中で遺跡のほぼ中央部に建てられた、壁面にたくさんの四角い窓状の窪《くぼ》み「龕《がん》」を持ったピラミッドはしっかりしており、異彩を放っていた。

それは「壁龕《へきがん》のピラミッド」と呼ばれているもので、今は大分色あせてしまっているが、創造時にはピラミッド全体が赤や青、黄色の漆喰で鮮やかに塗られていたようなので、さぞかし美しい姿をしていたのではないだろうか［写真2－38］。

高さが25メートルというから、ユカタン半島の先端にあるチチェンイッツアのククルカンのピラミッドとほぼ同じ高さで、形もよく似ている。

ククルカンピラミッドの9段に対して、この「壁龕ピラミッド」は6段とその上の神殿からなっており、各段に造られた「龕《がん》」の数は1段目が88個、2段目が76個と、上段になるにつれて12個ずつ少なくなっていき、最上段の神殿の壁は特別に16＋1＝17個となって、合計で365個となっている。

その数は1年の日数に相当している。さらに、正面中央部の階段には、横に3個の窓が連なった枠が6段にわたって造られており、こちらは1年の月数、18カ月を表している。

こうしてみると、どうやらこのピラミッドはマヤの暦で言うところのハーブ暦（18カ月×20日＋5日）を表すべく造られたもののようである。形や高さがチチェンイッツア遺跡にあるククルカンのピラミッドとよく似ていることは先述したが、壁龕や窓の数で暦を表現しているという点でも類似性を持っている。

ククルカンのピラミッドと言えば、その北側の階段の欄干《らんかん》に蛇に擬した龍神・ククルカンの姿が頂上部の神殿から下に向かって年に2回、降臨する場面が映し出される。拙著『謎多き惑星地球《このほし》』（徳間書店刊　秋以降ヒカルランド文庫にて収録予定）を読まれた方はすでにご承知の通り、春分と秋分の日とその前後2日間にチチェンイッツアを訪れて、天候に恵まれれば、午後の1時半頃から5時頃までおよそ3時間半にわたって、その珍しい現象を目にすることができる［写真2－39］。また、ビデオで撮った映像を早回しにしてみると、ククルカンが身体をくねらせながら降りてくる姿を再現することもできる。

これは春分と秋分の日に西に沈む太陽の光線が、ピラミッドの北西の角に当たって作られる影が欄干に映し出されるものであるが、春分、秋分の日の照射角度を精緻に把握し、それに合わせてピラミッドの傾斜を正確に造るテクノロジーがなければ、決してできるものではない。

古代マヤ人の持っていた驚異的な天文学的知識と精緻な巨大建造物を築く高度なテクノロジーには本当に驚かされる。またそれは、自分たちの出生の秘密を知っている長老や祭司たちが持っていた「翼のある蛇」つまりククルカンや龍神に対する畏怖と崇拝の念の大きさを思い知らせるものでもあった。

エルタヒンのピラミッドでは、こういった現象は発生しないようであるが、トトナカ族もマヤ人同様、優れた天文学的知識とピラミッド建造技術を持っていたことがうかがえる次のような事実がある。

実は、このピラミッドの頭頂部を太陽が通過するのは一年のうちで3月4日と10月9日のたった2日だけで、その日に73日を足した日が夏至と冬至になるのである。ところがこの73という数字は不思議なことに1年365日を割れる唯一の数字でもあるのだ。

これらの日月や数値が単なる偶然の重なりということはあり得ない。となると、トトナカ族の人々はこれらのことをすべて熟知した上で、エルタヒンのピラミッドを造ったと考えざるを得なくなってくる。しかもマヤ人のククルカンピラミッドの建造よりは、1500〜2000年以上古い時代に、彼らがそれを為したということは、さらなる驚きである。

こうしたことを考えると、3000年前にはすでにメソアメリカ一帯に住んでいたマヤ人やオルメカ人、トトナカ人たちは人類学者や考古学者が考えるよりは遥かに進んだ科学的知識や石造建造物を造るスーパーテクノロジーを持っていたことになる。

そんなに古い時代に彼らはそうした知識を一体どこから学んだのか？　1万数千年前に滅んだ先史文明の知識を受け継いだか、滅亡後に改めて一から指導してくれたククルカンなりオシュラフンティクから授けられたのか、いずれかしか考えられない。

人類の歴史は学者が言うように、決して一直線で今日に至っているわけでないことを、改めて知らされたエルタヒン遺跡探索の旅であった。

ラ・ベンタ遺跡の「ステラ」に人類誕生の謎が描かれている⁉

オルメカ文明の発祥の地、タバスコ州の近くに来たついでに、代表的なラ・ベンタ遺跡から発見された奇妙なステラについて触れておくことにしよう。

この石は旅の初日にメキシコ国立人類学博物館に出向いた折、オルメカのコーナーで見たものである【写真2—3参照】。

ロペス博士から龍とオシュラフンティク、それに人間との間の深い因果関係を、何度となくお聞きしていると、「龍の胎内に描かれているのは、宇宙船を操縦するオシュラフンティクで、彼が右手に持っている箱のようなものは、人類をはじめとする動植物の遺伝子が保存された容器ではないか」という博士のコメントには、納得感がある。

オシュラフンティクの頭飾りの上の操作盤のようなものには、四角に囲まれた2つの斜め十字が描かれている。写真2−3を見てもらえれば識別できると思うが、現物に近づいて見るとよりはっきり読み取れる。

これはロペス博士の解釈によると、これまでに出てきたカルトーシュの中に描かれた十字と同じで、宇宙からやって来たことを示す絵文字であるという。ということは、ここに描かれたサーペント（龍）は龍蛇族系宇宙人が乗った宇宙船を表していると考えてよさそうである。

クラリオン星人とコンタクトが続くマオリッツオ・カヴァーロ氏や超能力者でシャーマンでもあるペトロ・ホボット氏が語っているように、人類は、龍蛇族系の宇宙人によって誕生させられて以来、地球規模の大カタストロフィーによって何度か絶滅の危機を迎えている。それがそのたびごとに復活を遂げているのは、大カタストロフィーの到来前に遺伝子（DNA）が保存されていたからであった。そんな情報を知るはずもないロペス博士が、この箱に異常に関心を示し、「これは、絶滅に瀕《ひん》した人類や動植物を再生するための、遺伝子の入った容器ではないか」と語っていたのには、正直驚かされた。

第十四章

イサバ遺跡で見た龍神系宇宙人の絵文字

エルタヒンからタパチュラへ

4月12日、今日は一日移動日である。ポサリカ空港からメキシコシティを経由してチアパス州のタパチュラ空港へ。飛行機に搭乗している時間は3時間ほどだが、タパチュラ空港への便が1日に1便しかないため、およそ3時間の待ち時間が生じてしまう。

こうしたトランジットのための3時間は、通常の旅では無駄で退屈な時間となる。街に観光に出るには時間が足りないし、空港内で買い物するには時間が余ってしまう。

しかし、私のような探索の旅人にとっては、こうした移動中の待ち時間というのは非常にありがたく有意義な時間だ。なぜなら、その間に、次なる探索の準備をし、これまでの旅の記録をまとめることができるからである。

ニュージーランドのポロハウ長老との旅にしろ、今回のロペス博士との旅にしろ、お二人が語って下さる話は、けっしてブログや本から引き出せる類《たぐい》の話ではない。うっかり聞き損なったり聞き漏らしてしまったら、帰国後に本にまとめることはできなくなってしまう。

したがって、ご本人と同行している間に聞き漏らした点を補充したり、聞き間違いがないかを確かめておくことは、絶対に欠かせない。原稿を書いている最中に、新たな疑問が浮かんだり、不明な点を思いついたりすることが多いだけに、一緒にいて質問ができるのは、私にとって最高の時間帯なのである。

それゆえ、6時間、8時間と続くドライブの最中も、パソコンを打ち続けることになるのだが、揺れる車の中に比べて飛行機の中や空港のロビーは天国である。今、読者が読んでおられるこのページの前後、つまり、昨日のカカシュトラ遺跡からこの辺りまでの原稿は、ポサリカ空港からメキシコシティへ向かうメキシコ航空の機内と、メキシコ空港での3時間の待ち時間の中で書き上げたものである。

エルタヒン空港からメキシコシティ空港まではおよそ1時間、メキシコシティ空港から

2－40　エルタヒンからタパチュラへ向かう

2 －41　テオティワカン遺跡
「月のピラミッド」の上に立つと、2000年前に20万人の人口を誇った世界一の大都市の全貌《ぜんぼう》が眼下に広がる。都市の真ん中を真っ直ぐに延びる「死者の大通り」とその左手に「太陽のピラミッド」、さらにその先には「ケツァルコアトルのピラミッド」が立っている。これだけの大都市がなにゆえ突然放棄されることになったのだろうか？

タパチュラ空港までは2時間の旅であったが、これを車で走るとまる1日かかるそうだ。やはり飛行機は速い。

離着陸時には、飛行に障害となるということでパソコンは使えない。そこで、タパチュラ空港に着陸する時、原稿書きを一休みしてふと外を眺めていると、空港の近くの畑に同じ種のたくさんの木が密生しているのが見えた。

何の木かと思って乗務員に尋《たず》ねたら、マンゴだそうだ。そういえばメキシコ産のマンゴは有名である。もしかすると、今夜の夕食では現地産のおいしいマンゴが食べられるかもしれない。果物が好きな私には楽しみである。

今回の探索で、メキシコシティには2度降り立ちながら、時間の都合で有名なテオティワカン遺跡には寄れなかった。そこで、この章の始めにテオティワカン遺跡に残された龍神・ケツァルコアトルについて、簡単に触れておくことにする。

テオティワカン遺跡のケツァルコアトル

考古学的には紀元前350年頃から建設が始まったと言われているテオティワカンは、全盛時20万人を超す人々が暮らす一大都市であったという。同じ頃ヨーロッパ最大の都市コンスタンチノープルの人口が2万人ほどであったことを考えると、いかに大きな都市で

2－42　ケツァルコアトルのピラミッド
ピラミッドの西側の側壁と階段の欄干にはたくさんの「羽毛のある蛇」の頭部像が飾られ、その下にはうねるような胴体が彫られている。ケツァルコアトル信仰がいかに盛んだったかがうかがえる。

2－43　ケツァルコアトルの頭部像
大きな牙を持ち、上顎には天龍ヒゲが生えている。

2－44　神殿に残された壁画
大きな翼を持った翼龍の口からは叡智と豊穣が吐き出されている。

あったかが分かろうというものである。

これだけの都市が7世紀頃に突然放棄され廃墟となってしまうわけであるが、それから500年以上たった後、北からアステカ人たちがこの地にたどり着いた時には、大小のピラミッドや基壇や祭壇が、こんもりとした山と化しており、かっての栄耀栄華《えいようえいが》は完全に消え失せていたという。

復元されたテオティワカンを見ると、「死者の大通り」と呼ばれる横幅が40メートルもある大通りがおよそ2キロメートルにわたって南北に走り、その北の端に月のピラミッド、東側に太陽のピラミッド、さらに南端近くにケツァルコアトルのピラミッドが立っている。

高さこそ半分しかないが、周囲の大きさがエジプトの大ピラミッドに相当する「太陽のピラミッド」の頂上に立って、眼下に広がる一大都市跡を眺めると、今から2000年も前に20万人の人口を誇った大都市・テオティワカンの凄さが実感できる。

この宗教都市の中には羽毛の蛇・ケツァルコアトルを祀った祭壇やレリーフが数多く残されているが、その最大のものが「ケツァルコアトルのピラミッド」である。城壁に囲まれた高さが22メートルのピラミッドの西側の階段と側壁には、大きな牙を持ち、上顎には一種の天龍ヒゲがあり、首のまわりは羽毛の輪で囲まれた、妙に人間的なケツァルコアトルの頭部像が数多く飾られており、うねるように描かれた全身像も彫られている［写真2－

42、2－43、2－44」。

10年ほど前に訪ねた折には、それは色あせたままであったが、前回訪ねた時には修復が始まっていたので、今はかなり色彩の復元も進んで、壮大にして鮮やかなケツァルコアトル像を見ることができるのではないかと思われる。

一緒に飾られているのはトラロック神と呼ばれる雨の神様である。雨の神様を祀るということは、この地方一帯が水不足だったからではないだろうか。7世紀に突然この巨大都市が放棄されたのは、もしかすると渇水による水飢饉が要因だったのかもしれない。

イサパ遺跡——レムリア、アトランティスからの遺産の可能性もあり！

4月13日、今日は太平洋に程近いチアパス州の南端に位置する、先古典期からの非常に古いイサパ遺跡の探索である。この遺跡も以前訪ねたことがあったが、幾つかに分散していて、どの遺跡も特段見るべきところがなかった記憶があった。それで今回ロペス博士がなぜこの地を選ばれたのか、その真意が呑み込めずにいた。

ここは１９４０年代の初めにガース・ノーマン博士が発見したものであったが、発掘する以前に先住民たちがすでに土地を所有し家を建て、畑を耕していたため、遺跡全体を国が保有することができなかったようである。そのため遺跡に通じる道路はまったく整備ができておらず、他では見られないほどひどい状態であった。また、遺跡が幾つかに分散しているのも、そのためのようである。

そんなことで、イサパ遺跡を訪ねる観光客は少なく、ガイドもいない。今回はイサパ遺跡を研究している地元の人たちの代表の方が、案内して下さることになった。その彼は、「ここに都市が築かれ始めたのは、黎明期から先古典期前期に至る紀元前２０００年前後ではないか」という。そうなると、歴史的にはオルメカより古い遺跡の可能性もありそうだ。

現に実松《さねまつ》克義《かつよし》氏は『マヤ文明 聖なる時間の書』の中でこの遺跡に立ち寄られた時に発掘調査中のコロンビアの若い考古学者が次のように語ったことを伝えている。

> 現在調査をしているピラミッドは非常に古く、とても巨大なものです。しかし、私が地表に出ているピラミッドを発掘し始めた時には、こうしたことはまったく予想していませんでした。実は掘り進むにつれて、そのピラミッドの基底部にさらに古く、遥かに巨大なピラミッドがあることが分かったのです。今そのピラミッドの発掘を本格的に始めたばかりです。

ということは、最初の巨大なピラミッドが地下に埋もれてしまった後に、マヤの人々は新たなピラミッドを建設したわけだから、最初のピラミッドが造られたのが、いかに太古の時代であったか、容易に想像できる。

このイサパの地にはムー・アトランティス時代には、すでに一つの小さな都市が存在していたのかもしれない。それが地球規模の大カタストロフィーによって滅び、土に埋もれた後に、再びマヤの人々がやって来て新たに都市作りを始めた。そうした可能性もあながち否定できない。

そんな歴史を秘めたイサパ遺跡であるが、先述したように遺跡が分断してしまっているので、個々の遺跡を見て回るのには車で移動する方が便利である。

最初に訪ねたのは「遺跡A」と名付けられた遺跡であった。そこには小さくて高さもさほどない神殿や祭壇の基壇が幾つかあった。そんな小作りの遺跡にもかかわらず、広場の一角にフェロ・デ・ペロタの球技場は造られていた。もちろんそこには、ボールマーカーもなく非常に簡素なものであった。やはり当初はこの程度の規模で、聖なる球技は行われていたようである。

その他のものでこの遺跡Aで注目されたのは、神殿の前に置かれたドラゴンの頭部の石像であった。4000年以前に遡《さかのぼ》る可能性の高いこの遺跡でも、ドラゴン（サーペント）

2 －45　イサパ遺跡
「遺跡Ａ」と名付けられた遺跡には小さな神殿やフェロ・デ・ペロタの球技場跡が残されていた。

信仰は存在していたようである。

この後、遺跡Bと遺跡Fを回ることになったが、そこにはノーマン博士が発見したステラが置かれているだけで、これといった建造物があるわけではなかった。コロンビアの若い考古学者が発掘していたピラミッドは、「遺跡B」にある小山がそれだったのではないかと思われるが、今はもとの状態に戻されてしまっていて確認することができなかった。

また、広場の周囲には幾つかのステラが置かれていたが、どれも皆、摩耗《まもう》が激しくて絵文字を読み解くことができないものばかりであった。彫られた年代が古いことと、発掘後に長い間放置されていたために、そうなってしまったものと思われる。

マヤ最古といわれる太古の遺跡の中に、オシュラフンティクの痕跡を探せないかと期待していただけに、残念なことだとあきらめかけたちょうどその時、同行して案内してくれた方が、一冊の本を取り出し、そこに書かれたステラの図を見せてくれた。

そこにはなんと、発掘当初の各ステラの写真をより読み取りやすくするためにその上を線でなぞった図が見開きの左右のページに掲載されていた。

これだけの図があれば、ステラの理解が一気に可能となってくる。ロペス博士もこれほど鮮明な絵図が残されているとは思っていなかったようで、大変に喜ばれて、これを元にご自分なりの説明をして下さった。

それにしてもこれだけの模写を見ることができるとはなんともラッキーであった。この本は一般書店で販売しているものではなく、ノーマン博士が研究者用に作成したもので、たまたまガイド役をかって出てくれた彼がノーマン博士の発掘にかかわったことから、特別にプレゼントされたものだった。

だから今日、彼に案内してもらわねば、この本には巡り合えず、当然、メソアメリカでも最も古い遺跡の一つと思われる、イサパ遺跡に残されたステラの絵解きはできずに終わってしまうところであった。有り難いご縁を頂いたものである。

それでは、掲載した何枚かのステラの絵図を見て頂きながら、ロペス博士の解説を聞いていくことにしよう。

先ずは「ステラ1」[写真2－46]である。このステラにはオシュラフンティクが背に大きな容器を背負い、手には籠《かご》のようなものを持って、地下から動物を救い出している絵が描かれている。博士の考えでは、下段に描かれた魚が泳ぐ波状の絵は海中というより地下を表しているのだという。

イサパ遺跡は太平洋岸に近い場所にあるため、こうした海岸沿いの遺跡に描かれたステラには、地下を表すのに波や魚の絵が使われることが多いようである。したがってオシュ

2－46　ステラ1

ラフンティクが籠で引き上げているのは魚だけを意味しているのではなく、「地下世界の生命体全体を引き上げている」と解釈した方がよさそうである。

ただもう一つの考え方として、博士はオシュラフンティクが大異変のあと遺伝子（DNA）から再生した魚や水棲類を海に放っている姿を描いた可能性もあります、と語っていた。

また、オシュラフンティクの足元を見ると、ジャガー（豹）が描かれている。これはこの地に住んだ民族が、ジャガー信仰を持っていたことを表している。我々がマヤ人とかオルメカ人とかと呼ぶ民族は、後世にスペイン人たちが勝手につけたもので、元々は「ジッシュ・バラム・ケ」（Jix Balam Kih）と呼ばれていたことは先述した通りである。

「ジッシュ」とは蜂、「バラム」とはジャガー、「ケ」とは鹿を表す言葉で、こうしたメソアメリカ一帯に散在していた蜂や豹や鹿を信仰する人々の集まりを一括して「ジッシュ・バラム・ケ」と呼んでいたというわけである。

したがって我々はその中で個々の地方に住んでいた先住民をオルメカ人とかマヤ人とかトルテカ人、サポテカ人、ミステカ人……などとかってに名前をつけて呼んでいるわけで、彼ら自身が自分たちをそう呼んでいたというわけではないのである。

こうした様々な信仰や思想を持った種族や部族の中で、共通して崇拝の対象となってい

2－47　ステラ11

たのが自分たちの生みの親、数字の13で表されるオシュラフンティクや9のボロムペルであり、あるいは地上界に登場した数字の7で表す原初の2人の人間（キチェー族の神話「ポポル・ヴフ」に登場する2人の息子）であった。

だからこそ、どの遺跡からも13や9、7といった聖なる存在が絵図や象形文字として登場するのである。我が国において各地方の神社でそれぞれの土地神様を祀って信仰していても、その背後に国常立尊や天照大御神が同時に祀られているのと同じ構図である。

それゆえ、イサパの地に住み、ジャガー信仰を持っていたと思われる人々が残した石板にも、オシュラフンティクやボロムペルが登場するのである。そうした中で、それぞれの種族の中心となるエリート一族は、自分たちがオシュラフンティクの本体であるドラゴンの直系の人間であることを誇りとしていたのである。

次に「ステラ11」[写真2－47]である。

ここには、サーペント（龍）が大きく口を開け、オシュラフンティクを噴き出している図が描かれている。それは、オシュラフンティクが龍神系宇宙人の系統に属するもの、または、龍そのものであることを表しているように思われる。

ロペス博士によると、このサーペントの身体にはカルトーシュ（二重線で囲まれた四角形）の中にクロス形の十字が描かれているが、これはこの龍が宇宙からやって来たことを

2－48　ステラ3

表している。縦長に描かれたサーペントの目は、レプテリアンを表す象形文字の中に描かれている目とよく似ているという。

レプテリアン（龍神系宇宙人）なる言葉が象形文字の中にあるとは思ってもいなかったので、博士の言葉には大変驚かされたが、彼はパレンケ遺跡に残されたパカル王一族の姻戚関係を示すステラの中に、レプテリアン系の人間を表すために書かれた文字が発見されていることを語ってくれた。いやはや驚きである。

次の「ステラ3」［写真2－48］を見ると、ボロムペルの流れを継ぐボロムチェカールという家系に属する人物が描かれている。彼らも龍人系であるため、一方の足はサーペント（聖なる蛇）につながっている。

「ステラ25」［写真2－49］には左側に下を向いたワニに似た龍が描かれている。これがワニでないことが分かるのは、足（手）が2本しかないからである。右側の人物が持つ人類の発展を表す生命の樹に巻き付いた蛇が龍の体を一周し、樹の根の部分に頭を横たえている。これもまた、龍と人間との深い関係を示している。

こうして見てくると、黎明期から先古典期に至る歴史を持つイサパ遺跡にも、人類の誕生の経緯を示す大変貴重なステラが残されていたことが分かる。おそらく日本の考古学の専門家でも、こうしたイサパのステラの鮮明な絵図を目にした方は少ないのではないだろ

2－49　ステラ25

うか。

現に、今回の出発前にイサパ遺跡に関する書物やブログを調べてみたが、このような絵図が紹介されていないばかりか、イサパ遺跡を研究している書物にすら出会わなかった。

国境を越えグアテマラへ

私と一緒にロペス博士のお話を聞いていた案内役の彼は、博士の説明にたいへん衝撃を受けた様子で、さかんに質問を投げかけていたが、最後には納得がいったようで、博士の連絡先をメモしていた。きっと研究者仲間が集まった席で、今日の博士の説明を聞かせようと考えているのだろう。

私が彼に「博士の考えをお聞きになってどう思いましたか?」と、尋ねたら、「今まで学者から聞いていた話より分かりやすく、説得力がありました」と語っていた。そうした感想がこれまでに訪ねた各遺跡の専属ガイドからも聞かされることが多かったことを考えると、どの遺跡のガイドも自分が説明している話に得心がいかない点をたくさん抱えていることが分かる。

博士の斬新な説を聞けたことがよほど嬉しかったらしく、所持していた本を私たちにプレゼントしてくれるという。それには、今度はこちらが感激する番だった。本書に分かりやすい図を添付できたのは、この本があってのことで、なんとも嬉しい限りである。旅というものには、こうした思わぬ出来事との遭遇がついて回るのでやめられない。

ご本をロペス博士にお渡ししようとしたところ、博士は自分は別の方法で手に入れてみるからと言って、街でコピーして本物を私に下さった。

イサパ遺跡の探索を終え、これから車でグアテマラへの国境越えである。

遺跡から1時間も走らないうちに、国境の町に到着。飛行機での出入国手続きは大変な手間がかかるが、車だとあっという間に終わってしまう。テロを心配することがないから簡単に済ませることができるのだろうが、飛行機もこれぐらいで済んでくれればどんなに有り難いことか。

ペルーからボリビアに向かう時も、車での国境越えが多いが、そうした国境越えの際にいつも感じることは、国境の町には何かいやな雰囲気が漂っているということである。私が思うに、街道が麻薬や密輸品の隠れルートでもあるため、町が犯罪の温床になっているからではないだろうか。それは国境を挟んだどちらの町にも。特に貧しい国になればなるほど、その雰囲気が強く感じられる。

あまり気持ちのよくない町を離れて、レタウレウのホテルに向かう。これからさらに3時間の旅である。

第十五章

龍蛇族系、レプテリアン系の家系を誇りとするモニュメントの数々……

タカリック・アバフ遺跡にも龍神があふれていた……

4月14日、昨夜宿泊したホテルはグアテマラのディズニーランドを訪れる観光客用のホテルで、広い公園の中に立っており、まるでアマゾンに出かけた時と同じように、夜明け前から大きな野鳥の鳴き声で目を覚まされるところとなった。

チェックアウトしようとしたところ、ドルでの支払いがうまくいかず30分近くかかってしまった。たくさんの部屋数があるというのに、カウンターには一人の女性しかおらず、なんともサービスの悪いホテルであった。チェックインやチェックアウトに長い時間がか

2 −50　グアテマラの国境の町
国境の町はどこもあまり長居したくない雰囲気が漂っている。

2 −51　ストライキ
この国のストライキは政府を困らせるために周辺の道路を封鎖してしまうことが多く、町の外に出ることができなくなってしまうため、旅行者にとっては動きが抑えられてしまうので大変だ。

かるというのはメキシコのホテルでも感じたことであったが、それにしてもあまりにひどい対応だった。

ようやくの思いでホテルを出て、5分もしないうちに、今度は車の大渋滞にぶつかってしまった。どうしたのかと思ったら、近隣に住む農民の土地の所有権をめぐる政府に対するストライキだという。こういったストライキでは国道のすべての出入り口を止めてしまうので、まったく動きが取れなくなってしまう。このままだと遺跡に行けないだけでなく、次の目的地のグアテマラシティへも向かえなくなってしまう。

一昨日のストはまる一日続いたため、一日中車の移動が止められてしまったようである。今日も同じように24時間のストだと大変なことになってしまう。とりあえず、ホテルに戻るか、車の中でストの解除を待つしかなさそうだが、このままでは時間を浪費するだけだ。そこで、ガイドやロペス博士と相談の末、車はドライバーにまかせて我々は遺跡に徒歩で向かってみようということになった。幸い遺跡までは車で20分ほどの距離だというので、歩いても2時間ほどで着くのではないかと考えたからである。

ニュージーランドで11時間近く歩き続けたマラキーホ山の登頂を考えれば、平らの道路を歩いての2時間は、散歩程度にすぎない。そんなこんなで少々時間はかかったが、無事タカリック・アバフ遺跡にたどり着くことができた。

そこは思っていた以上に大きな遺跡で、19世紀後半にドイツ人のグスタフ・ブリュール（Gustav Bruhl）という植物学者によって偶然発見されたものだという。

昨日のイサパ遺跡と同様、土地が先住民の農地であったために、国に、寄付された土地以外は、すべて埋めなおされ元の状態に戻されてしまったという。そのために、この遺跡以外は今は見ることができなくなってしまっている。それでも残されたタカリック・アバフ（Takalik Abaj）遺跡だけでも結構広く、ガイドの案内で回ったところ3時間近くかかった。

この遺跡の始まりの年代は、先古典期の紀元前９００年頃といわれている。ここでもオルメカとマヤの融合が図られた様子がうかがえることから、私はそれより遥かに古いものではないかと考えている。

それはこの地で行われた天体観測の様子が示していた。ガイドが案内してくれた場所には幾つかの石碑が並んでおり、その先にはおおぐま座の北斗七星を見ることができるという。それはオルメカ人たちが行っていた観測で、その後、マヤ人たちが主導権を握るようになってからは、それより26度ずれた方向に目が向けられたようである【写真2-52】。

ドラゴンが彫られた別の石碑が置かれた延長線上には、りゅう座のイータ星、イータ・ドラコニス（Eta Draconis）が輝いている。どうやら、オルメカからマヤに移ることによ

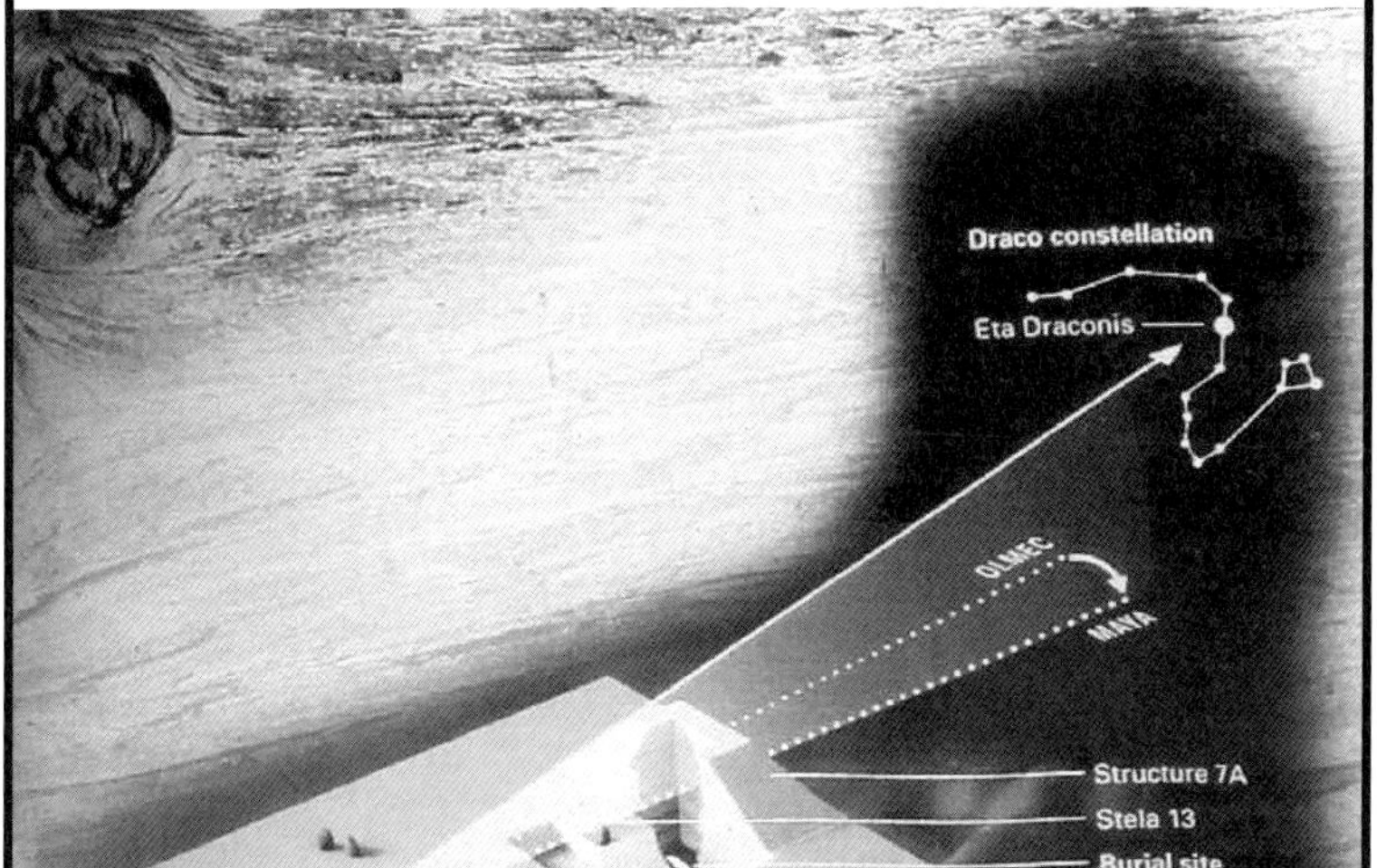

2－52　オルメカ人とマヤ人の天体観測
オルメカ人はおおぐま座の北斗七星、マヤ人はりゅう座のイーター・ドラゴン星を観測していたようだ。

って観測の対象がおおぐま座の北斗七星からりゅう座のイータ星に替えられたようである。

そうした経緯が書かれた説明板には、人類は常に星々を観察することにより、世界を理解する上でのインスピレーションやアイデアを得ていた、と書かれていた。古代の人々が我々現代人より遥かに自然や宇宙と一体となることに、力を注いでいたのが分かろうというものである。古代人は無知だったとか、愚かだったとかいう考えはこの際きれいさっぱりと捨てた方がよさそうである。

天体観測の場所の近くからは、ジャガー信仰を持つオルメカ人の遺跡によく見られるジャガーの頭部像やジャガーと人間が一体となった像が見つかっている。また、鹿を信仰の対象にするマヤ系の人々が残した鹿の全身像が彫られた石板や、王位継承に用いる蛇の頭がついたセプター（シャク）も発掘されている。

こうした点を見ると、このエリアでもオルメカ人とマヤ人との融合や分離が行われながら、権力の中心が移り変わっていったことが分かる。それは、見方を変えれば同じメソアメリカ一帯に住むジャガー信仰とシカ信仰を持つ種族同士の融合と分離であり、彼らが「ジッシュ・バラム・ケ」、つまり「ハチ・ジャガー・シカ」一族と呼ばれていたのは、そうした融合と分離が繰り返されていたことの証でもある。

遺跡の中をさらに奥に進むと、2メートル立方ほどの石のモニュメントが置かれていた。

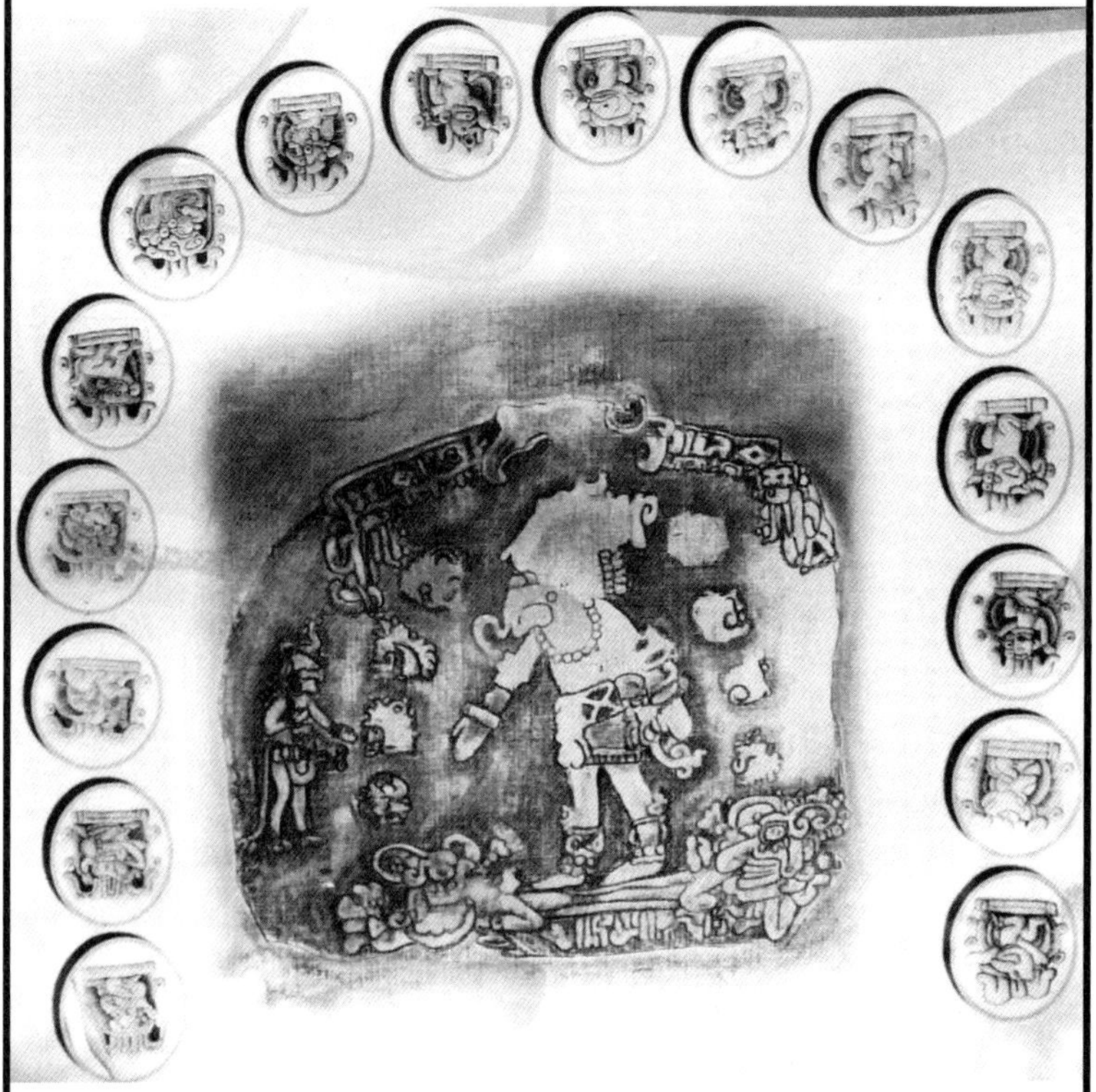

２－53　石のモニュメント
石の表面にはオシュラフンティクとそれを取り囲む16の村落のシンボルが刻まれており、周囲には初期的なマヤ文字が彫られていた。タカリック・アバフ遺跡は学者が考えているより古い遺跡かもしれない。

それはかなり摩耗が進んでいて写真では読み取りにくいので、読者にも分かるように、案内板に書かれた図を添付することにした［写真2－53］。その中心には大小2人の人物、さらに上段に7を表す二つの象形文字が彫られ、その周囲には16個の絵文字が描かれている。

ロペス博士は「中心にいる人物がオシュラフンティク（13）で脇にいるのがボロムペル（9）の可能性が高く、16個の絵文字は、オシュラフンティクの子孫であることを自任する、近隣に住む16の村なり集合体のマークを表しているのではないか」と述べておられた。

さらにモニュメントのサイドに彫られた文字を見たロペス博士は、「マヤ文字の中でも初期的なものではないか」と感じられたようだ。となると、やはりこの遺跡は学者が述べる年代、紀元前900年よりはるかに古くなってきそうである。

ここでもまた、フェゴ・デ・ペロタの球技場が発見され、現在発掘が進められていた。その場所は最初に天体観測が行われていた跡地に案内された時、ロペス博士が「もし球技場が造られていたとしたら、その場所は多分この方向になると思いますよ」と、ガイドに話していたまさにその地であった。これには、一同驚かされるところとなった。

さらに遺跡を回ると、10メートルほどの高さの盛り土の小山があり、そこはピラミッド状の祭壇であったようである［写真2－54］。正面に造られた階段は13段で、前面には7つの石像が置かれていた。読者にはすでにお分かりのように、階段の13段はオシュラフンティ

２－54　埋もれたピラミッド
正面の13段の階段とその前に並べられた７つの石像は、オシュラフンティクと彼ら龍人系宇宙人が創造した人間を表している。

２－55　石のモニュメントの模写
2008年にバーバラ・シェーバー博士によって発見された1.5メートルほどのモニュメントには、十字形のカルトーシュから出ようとしている人物が彫られている。ロペス博士はこの人物は宇宙からやって来たレプテリアンの家系に属しているのではないかと語っていた。

クを表すもので、7つの石像は彼から生まれた人類を表している。

またその向かいにある同じような基壇の前には、7つの動物の石像、裏には9つの動物の石像が置かれていた。これは、正面に置かれた7つの動物は解放された動物で、裏はボロムペルによって今も地下に閉じ込められている9つの動物を表しているのだという。確かに、解放された動物の中にはワニやフクロウなどのおなじみの姿が見られたが、裏手に置かれた閉じ込められた動物は、目にしたことのない奇妙な姿をしたものが多かった。

一通り見終わると、途中からガイド役を買って出て説明をしてくれたこの遺跡のリーダーの方が、我々に修復が終わったばかりでまだ展示されていない石像や、つい最近発見されたばかりのモニュメントを見せてくれるという。ロペス博士の7、9、13の数字に基づくシステマティックな絵文字の解読や、石碑や石段の数の話に感銘をうけたらしく、特別の計らいとなったようである。

案内された建物の中に入ると、その一つ一つに白いカバーが掛けられた重要なモニュメントが置かれており、その中に2008年にバーバラ・シェーバー博士によって発見された1メートル50センチほどのモニュメントがあった［写真2－55］。

そこには、十字形のカルトーシュ（輪）から出ようとしている人物が彫られている。カルトーシュとはそもそも、その中に名前を書くための楕円形の輪のことを言う。

エジプトのファラオ（王）の名前、例えば、クフ王とかカフラー王の名前は、皆このカルトーシュの中に書かれており、それだけ尊い印として扱われてきていた。言うなれば天皇陛下のお使いになられる印鑑、つまり国璽《こくじ》の周りを取り囲む四角のようなものである。

どうやらメソアメリカでは、太古の時代からカルトーシュは十字の形をしていたようであるが、それは「宇宙から降りてきた存在やそれが持つ叡智を縦の線で表し、それが地上界に広がっていった様子を横の線で表していたため」である、と考えられている。

エジプトの楕円形も日本の四角も、また、メソアメリカの十字形も皆宇宙とかかわりのある尊い存在を表すことには変わりはなさそうだが、この図にみられるように十字形のカルトーシュの一方が開いている場合には、個人名を表すだけでなく、その人物の為した行為やその人物が宇宙につながる家系、系統を表す場合が多いという。

読者は最初の探索地チャルカツィンゴ遺跡で岩山の上段に描かれた、二重の線で囲まれ右方向が開いた十字形の中に、地下世界を司るボロムペル神が椅子に坐している姿を覚えておられるだろうか〔写真2－6、二七三ページ参照〕。これもボロムペルが宇宙から来た存在であることと、彼が人類に叡智や豊穣を与えた行為を表している。

ところで、シェーバー博士の発見されたこのモニュメントは、カルトーシュを囲むように周囲に爬虫類的な絵模様が描かれていることから、「この人物は宇宙から来ただけでなく、レプテリアン的家系を受け継ぐ人物であることを表しているのではないか」というのがロペス博士の見解であった。

このように、どこの遺跡を訪ねても、その都市や部族のリーダーと思われる人物が、龍蛇族系やレプテリアン系の血を引くことを誇りにしていたことを示すモニュメントや壁画に出会う。

特別に見せてもらったモニュメントの中に、つい最近、バーバラ・シェーバー博士が発見した鹿の絵が彫られた石板があった。残念ながら博士の許可がないため写真撮影はできなかったが、発掘間もないこともあって、それは彫りの深いみごとな石板であった。

これだけの鹿の姿が彫られているということは、この地を統治したマヤ人が「ジッシュ・バラム・ケ」の「ケ」（Kih）で表される鹿族系の民族であることを示している。博士に同行して頂いたお陰で、こうした貴重な発掘品を見せてもらえたことは幸いであった。

第十六章

龍神・オシュラフンティクの降臨の姿を確認する！

コチマルワパ文化博物館で龍神のフォルムが確認できた！

案じていたストライキであったが、幸い今日は半日で終わったようだ。遺跡探索が終わり、遺跡の中に設置された小さな動物園の珍しい動物たちを見ながら一休みしていた時、タイミングよく迎えの車が来てくれた。これでなんとか予定していた日程に沿った行動をとることができる。

それにしてもグアテマラ入りが2日前でなくて助かった。これが一昨日のような丸一日のストライキだったら動きは一切封じられ、今夜の宿泊予定地グアテマラシティへ入ることも、最後に予定していたキリグア遺跡の訪問もできずに終わってしまうところであった。

それでも、徒歩に切り替えた分時間がずれてしまったので、予定していた遺跡の探索をやめて、グアテマラシティに向けてここから車で2時間ほど走った先にある、サンタ・ルシア・コチマルワパと呼ばれる小さな町にある博物館を訪ねてみることにした。

このコチマルワパ文化博物館は公立の施設で、常時オープンしているというわけではないので、いつでも好きな時に見学できるというわけではなかった。たまたまロペス博士の従弟《いとこ》さんが館長と懇意であったことから、突然の訪問であったが、幸いにも開けてもらうことができたというわけである。

それは建物こそ小造りであるが、展示棚や照明などしっかり設備の整ったなかなか立派な博物館であった。我々は思いがけなくも、そこで今回の旅のハイライトとも言える素晴らしい展示物を目にすることになる。何が幸いするか分からないものである。まさにストライキ様々である。

この博物館に展示されているのは、ここから1キロメートルほど離れたサトウキビ畑の中にあるビルバオ（Bilbao）遺跡から発掘された品々であった。この遺跡の周辺一帯はおよそ50平方キロメートルにわたって、エル・バウル、エル・カスティージョ、パンタレオ

2－56　コチマルワパ文化博物館に展示された巨大石板の摸写
石板の大きさはおよそ4メートル四方もあり、天井に達するほどである。そこにはオシュラフンティクをはじめ、たくさんの動物や植物たちなどさまざまな絵が彫られており、完全な解読がなされた暁には一大叙事詩が明らかになることだろう。

ン、パロ・ベルデなどと呼ばれる多くの遺跡が分布している。オルメカのサン・ロレンソ遺跡を発掘したマイケル・コウ博士は、「それらは一つの遺跡であった可能性もある」と考えている。となると、ビルバオ遺跡はかなり大きな遺跡ということになってくる。

この博物館の展示品の優れている点は、古典期という古い遺跡からの発掘品としては劣化が進んでおらず、ステラに彫られた溝や色彩がしっかりと原形を留めていることである。それは発見された直後に保管され、風雨にさらされずにすんだためだと思われる。

中でもインパクトがあったのは縦に置くと天井に届いてしまうので、斜めに傾けて展示されていた巨大な石板であった【写真2−56】。横幅4・02メートル、縦幅3・38メートルで重量は20トン近くあるというから博物館に持ち込むのは、さぞかし大変だったに違いない。

短時間での訪問であり、また突然の訪問であったため、詳しく説明をして頂ける方がおらず、発掘者や発掘年代についての詳細は定かでない。管理人さんの話では、初期の発掘は1860年代に行われ、発掘者はドイツ人のハベル（Habel）という考古学者だったようである。しかし、ここに展示されている遺品や模写のオリジナルはそれよりずっと後、つい最近発掘されたもののようである。

大石板が発掘され、車に積み込まれる時の様子が写真に撮られて展示されていたが、それを見る分には、決してそんなに古い時代ではなく、せいぜい10〜20年前のように見受けられた。

ロペス博士が石板の前で釘づけになっていた。中央に彫られた人物は紛れもなくオシュラフンティクであるという。両サイドの人物はオシュラフンティクによって誕生した2人の人間を表している。ここでもまたオシュラフンティクの登場である。この石板には人物だけでなく、さまざまな象形文字や動植物の絵もたくさん彫られている。

人間をはじめ鳥や亀のような動物、さらにはトウモロコシに似た植物など、その数は豊富だ。ロペス博士がいうように、これらの動物や絵文字の語るところを繙《ひもと》いていったら長大な物語になるに違いない。ビルバオ遺跡に住んだ人々もまた、こうして自分たちのそもそもの生い立ちから先祖たちのたどった歴史を書き残していたようだ。

帰国した後で調べてみた資料には、中央の人物像は紀元前900年~紀元前500年頃この地方を統治していた支配者で、周囲の絵は当時の世相を表したものだというありきたりの説明がされていた。しかし文字の解読が十分になされない限り、それを正解と考える必要はなさそうである。

次に目に留まったのが縦2メートルほどの原寸大のカラフルな模写であった。オリジナルは発見者のドイツ人によって自国に持ち出されてしまって見ることはできなかったが、館内にはよく似た模写が4枚展示されていた。

そのうちの1枚には、太陽に照らされた顔を下に向けて、一人の人物が天から降臨してくる姿が描かれていた【写真2－57】。顔は人間だが背中から先は甲羅《こうら》とも鱗《うろこ》とも見える姿で描かれている。それはまさに、メソアメリカの先住民が等しく崇めるオシュラフンティクそのものである。

この人物の真の姿が龍体であることを示すように、その下に書かれた2つの丸い輪の中に龍の頭部が描かれている。よく見ると、その顔の形は歯の並び方や目の横の模様が異なっていることから、2種類の龍の存在を示しているようである。

我が国でも、龍神は「天龍」とか「海龍」に分かれているので、もしかするとオアハカの博物館で見た2体の龍のように、そういった種類の違いを表しているのかもしれない。また、すぐ近くに展示されていた石のモニュメントの中に2体の蛇（龍）が絡み合った像があったので、ニュージーランド博物館の壺に描かれていたようなルナ・ドラゴンとウナ・ドラゴン、つまり女性龍と男性龍の違いを表現している可能性もありそうだ。

さらに二つの丸い輪の下にはオシュラフンティクに向かって手を差し伸べる人物が描かれているが、この人物は腰に付けたベルト状のものにドラゴンの姿が描かれているところを見ると、オシュラフンティクの流れをくむエリート種族のトップに立つ人物であるようだ。

彼が手を差し伸べオシュラフンティクに捧げているのは一人の人物の頭部で、その右側にも別の人物像が描かれているところを見ると、この二人の人物はマヤ・キチェー族の古文書「ポポル・ヴフ」に登場する、生贄《いけにえ》となったフンアフプーと生き残ったイシュバランケーではないかと思われる。

隣に展示された別の1枚の模写にも、オシュラフンティクとその降臨を迎える人物が描かれているが、そちらにはオシュラフンティクの下に数枚の羽根を付けた飛翔する小さな龍の姿が描かれている。それを目にした瞬間、思わず「アッ龍だ!!」と叫んでしまったほど、その姿は飛翔する翼龍そのものに思われた。うねるように飛ぶ龍に付けられた羽根の模様が特に印象的であった。

こうした遺物がロペス博士のような新進気鋭の学者によって正しく解読されたら、人類と龍とのかかわりを示す重要な資料となることは間違いない。それだけに、海外に持ち出され、研究が進まないまま放置されているのは、なんとも残念なことである。

あとから、ロペス博士が遺跡発掘とステラの国外持ち出しにかんする真相を話して下さった。

それによると、同じようなステラは、ビルバオ遺跡から8個発見されたそうである。ところが、当時のサトウキビ畑の所有者が、あまりにすごい発見だったので、土地を政府に

2 −57　降臨するオシュラフンティク
現物は現在ドイツに保管されているが、その模写が展示されていた。そこには半人半龍のオシュラフンティクが降臨する姿が描かれており、ツゥルム遺跡から発見された香炉の像を彷彿とさせる。降臨を迎えている下の人物は龍蛇族の流れをくむエリート種族の族長。その上の丸い円の中には2種類の龍の顔が描かれている。

没収されてしまうのではないかという恐怖心から、発見者であるドイツ人にグアテマラ政府との交渉を依頼し、発掘品をドイツに持って帰ってもらうよう要請したそうである。

そんなわけで、貴重な8個のステラはすべてドイツへと渡ることになった。8個のうち一つは航海中に半分に割れてしまい、残念なことに下の部分が海へと沈んでしまったという。現在ドイツには、破壊されていない7枚のステラと半分になってしまった1枚のステラが保管されているものと思われる。

こうした経緯があったため、考古学上、このステラが発掘された場所や発掘者についてはうやむやな状態になっていたが、最近、グアテマラの考古学者チン・チジャ（Chin-chilla）博士がビルバオ遺跡を再調査している際、当時のサトウキビ畑の所有者と対面する機会があり、そうした経緯を知らされるところとなったのだという。

どうやら、その人物は自分の死期が近づいているのを自覚していたため、亡くなる前に真実を伝えなければならないという使命感もあって、チン・チジャ博士に先の事実を語ったようである。今回、こうしたステラの発掘に関する貴重な裏話を聞けたのは、ロペス博士が最近、チン・チジャ博士から直接話をお聞きしていたからである。

メキシコで見たある日本人の書いた本には、このステラの発掘の遺跡名がまったく別の場所になっていたが、こうした経緯を知らないがための誤りではないかと思われる。

オシュラフンティク龍神説の重要な裏付けとなるステラに巡り合い、いささか興奮気味の私の目に、今度は別の不思議な模写［写真2―58］が飛び込んできた。

そこに書かれた人物像は、子供に宇宙人の姿を描かせたら、多分こんな姿に描くだろうと思われるような宇宙人的容姿をしていた。読者もこの絵を見たら、きっとそんなイメージが浮かんでくることだろう。

宇宙人といえば、展示品の中には色彩豊かな土器の皿や石の臼《うす》などと一緒に小さな飾りものも数多く展示されていたが、その中に不思議な容姿の人物像があった。

一つはまるでヘルメットをつけた宇宙服を着たような人物像で、今一つはレプテリアン的な顔をした人物像である［写真2―59、2―60］。それらがオルメカ遺跡から発掘された遺品［写真2―61、2―62］によく似ているのも奇妙なことである。

こうしたあまり名の知られていない博物館で、驚くような遺物を見かけることはよくあることである。それにしても、今回、半人半龍神の姿で描かれたオシュラフンティクや、羽根をつけた翼龍の姿に出会えたことは、なんとも幸運であった。

もちろん考古学者による一般的な解釈では、単に神の降臨を迎える当時の統治者の姿ということになってしまうのだろう。だが中米の先住民たちが、龍の姿をした聖なる存在を自分たちの誕生につながる大切な話として、古代神話や伝承の中に語り伝えてきていることを知った私の目から見ると、まさに先の2枚の模写はオシュラフンティク＝龍神説を裏付ける何よりの証となるものであった。

それにしても、そんな貴重な展示物が飾られた博物館に、突発的なストライキという行為によって立ち寄ることができ、今回の旅が天のご手配で動かされていることを、またもや思い知らされることとなった。

最後の確認のためキリグア遺跡へ

4月15日、今月の6日から始まったメキシコ、グアテマラの遺跡探索もいよいよ今日4月15日が最終日である。グアテマラシティからキリグア遺跡への往復には12時間を要するので早朝7時にホテルを出発。キリグア遺跡といえば昨年2010年の元日と2日のBS－TBSの4時間特別番組を見た方にはお馴染《なじ》みの遺跡である。

都市の形成年代としては紀元426年から810年までと、これまで見てきた遺跡の中では新しい年代に属するものであった。そのため、超古代文明の痕跡を求める探究者にとってはあまり興味の湧かない遺跡である。

しかし、人類が両生類や爬虫類的生命体から誕生したとする考えや、それを導いたのが

２－58　不思議な図
子供が描いた宇宙人の姿そっくりである。

2 −59　宇宙服を着た人物像

2 −60　レプテリアン的容姿をした人物像

2 −61　オルメカの遺跡から発見された宇宙服姿の人物像

2 −62　オルメカの遺跡から発見されたレプテリアン的人物像

宇宙からやって来た龍神やオシュラフンティクだとする考えが、マヤ民族にも受け継がれていたことを確認するという意味では、無視できない遺跡である。なぜなら、そこにはそうしたことを知る上で重要な物証が残されているからである。

ホテルから5時間半、およそ350キロの長旅が終わりかけた頃、道路の周囲には一面バナナ畑が広がり始めた。キリグアが近づいた証である。畑をよく見るとたくさんのビニールの袋がぶら下がっている。どうやらそれはバナナを包んだ袋のようだ。

結んだビニールのひもの色がまちまちであるところをみると、熟成度によってひもの色を変えているようである。車の前方に旗を振るおじさんの姿が見えたので車を停めると、収穫するバナナ袋をぶら下げた移動式の高架レールが道路を横切っている最中で、ひもの色を見ると紫色をしていた。

どうやら紫色が取り入れの時期が来たバナナを表示しているようだ。許しを得て袋の下からカメラで覗いてみると、たくさんのバナナの房がぶら下がっている。もうしばらくすると、街の商店に出回って人々の口に入ることだろう。

キリグア遺跡と龍とのかかわり

前回の訪問が2009年の10月だから、ほぼ1年半ぶりになる。今回は人類と龍とのかかわりを求めての探索なので、そちらに重点を絞って調査を進める。

キリグアは広場としてはメソアメリカ最大の広さを持ち、そこには11個のステラ（石碑）やスペイン語で「スーモロホ」と呼ばれる「獣型祭壇」が配置されている。入り口の近くに置かれているのが「獣型祭壇B」［写真2−64、2−65］である。文字通り獣の形をしたこの大きな石がクロコダイル（ワニ）を表したものであることは、正面の大きく開けた口とその周囲に彫られた門歯《もんし》（上下計8本の前歯）や目、前足などを見れば容易に察しがつく。後ろに回ると脚部とその先に鋭い爪がはっきりと描かれていて、さらに確証を与えている。

また、両眼がカルトーシュに囲まれた「斜め十字」で描かれていることは、このクロコダイルが宇宙から来た「聖なる存在」であることを示している。問題は正面の開いたそのワニの口の中に、人間の頭部が描かれていることである。

この人物は隣国ホンジュラスのコパンとの戦いに勝利しキリグアに栄華をもたらした6

2 －64　獣型祭壇B

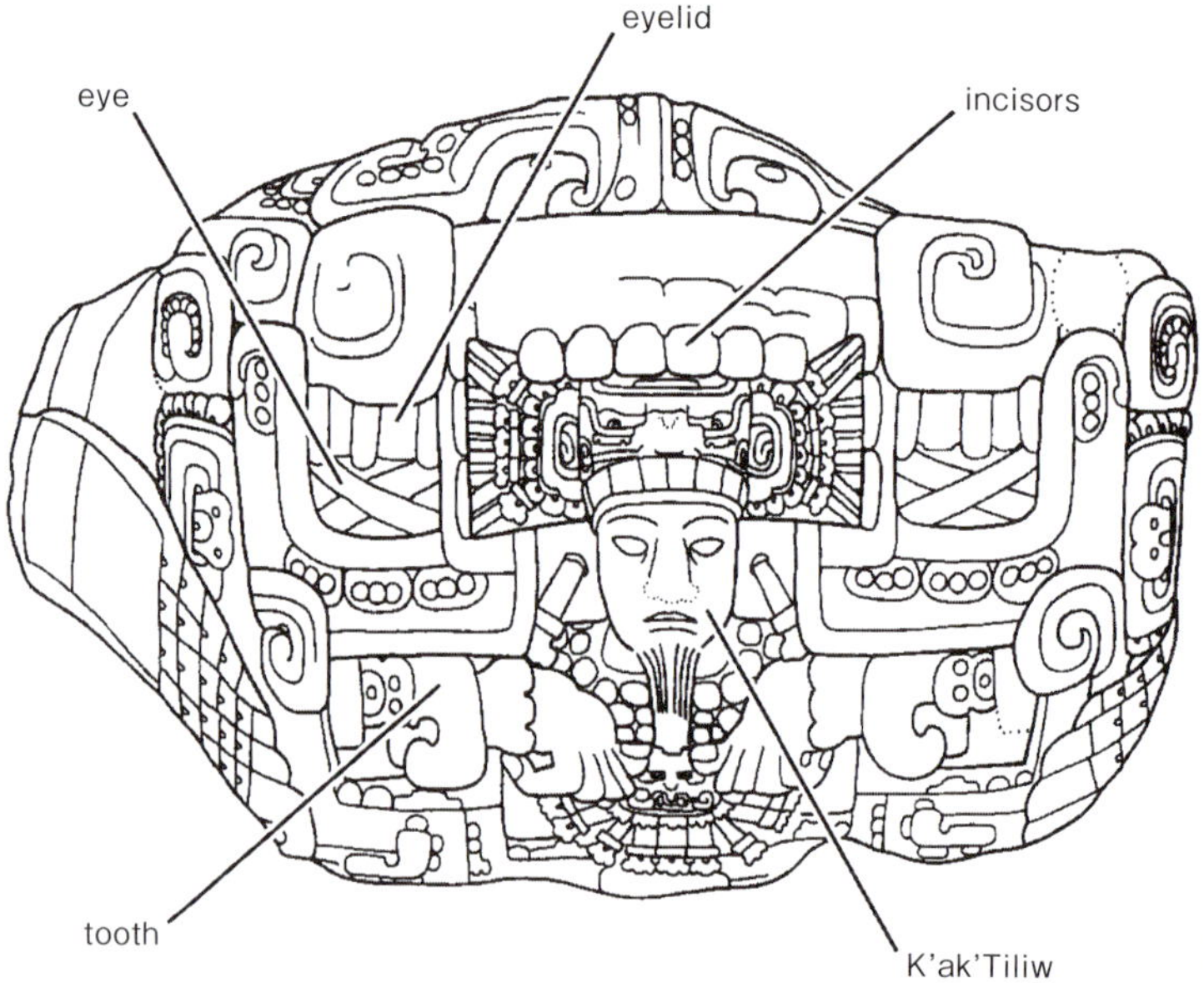

2 －65　模写

２－66　獣型祭壇Ｐとプレート（石板）
祭壇とプレートが一対になって一つの物語を構成している。

代目の王、カクテリウ・チャン・ヨバートらしい。どうやらこれは、カクテリウ王が敵対したコパン王を捕虜にして絞首刑に処した歴史と同時に、彼が人類誕生の根源に遡る神聖な血脈をひくエリートの家系の人物であることを、物語っているようである。

チャルカツィンゴ遺跡の岩絵［写真2－10］やイサパ遺跡のステラ［写真2－47］には、龍の口の中にオシュラフンティクなどの聖なる人物が描かれていたことを、読者は覚えておられるだろうか。

紀元800年頃のキリグアではこの龍がクロコダイルに変化しているだけである。こうした龍が変形したクロコダイルの姿が他の獣型祭壇BやGなどにも彫られているところをみると、キリグアでも龍（クロコダイル）が宇宙から来た聖なる存在として、崇められていたことが分かる。

ロペス博士は、手に持った解読用に模写された絵図と実物との違いを指摘しながら、「こうした獣型祭壇の模写には、絵文字や図形などの書き写し方やその配置に正確さが欠けていることが多く、そのため、これまでになされている解釈にはかなり間違いが生じているようだ」と語っておられた。

同伴したガイドは学者の説として、クロコダイルの横の腹部に彫られた読み取りにくい線状の図を指して、「こうした絵文字は個々の意味にとらわれずに視覚的にとらえるべき

2－63　巨大ステラの前に立つ、ロペス博士と著者。

だ」と述べていたが、ロペス博士は「どんなに読み取りにくい文字にもそれぞれ重要な意味が込められているので、しっかり解読する必要がある」と、そうした現代の考古学者の安易な考えに批判的な見解を述べておられた。

そうした会話を聞いている私には、従来の考古学者が読み解いている800文字に比べて1万8000文字という、2桁も違う数のマヤ文字を発見している博士ならではの貴重な意見であるように感じられた。

次に訪ねた小さな「獣型祭壇N」には亀を思わせる姿が描かれているが、その背中には何かが置かれていた感じがするので、もしかすると、前にも何度か出てきたようにオシュラフンティク像がその上に乗っていたのかもしれない。

日本では竜宮伝説で、山幸彦や浦島太郎が竜宮城、つまり海底の宇宙人基地に連れて行かれる際に、亀に乗る話がしばしば登場する。同じように、ここに彫られている亀の像はオシュラフンティクを乗せた小型円盤を表そうとしたものかもしれない。

アセンションを予言した二つの「獣型祭壇」

さらに広場の最深部に向かうと、そこには二つの「獣型祭壇P」と「獣型祭壇O」が置

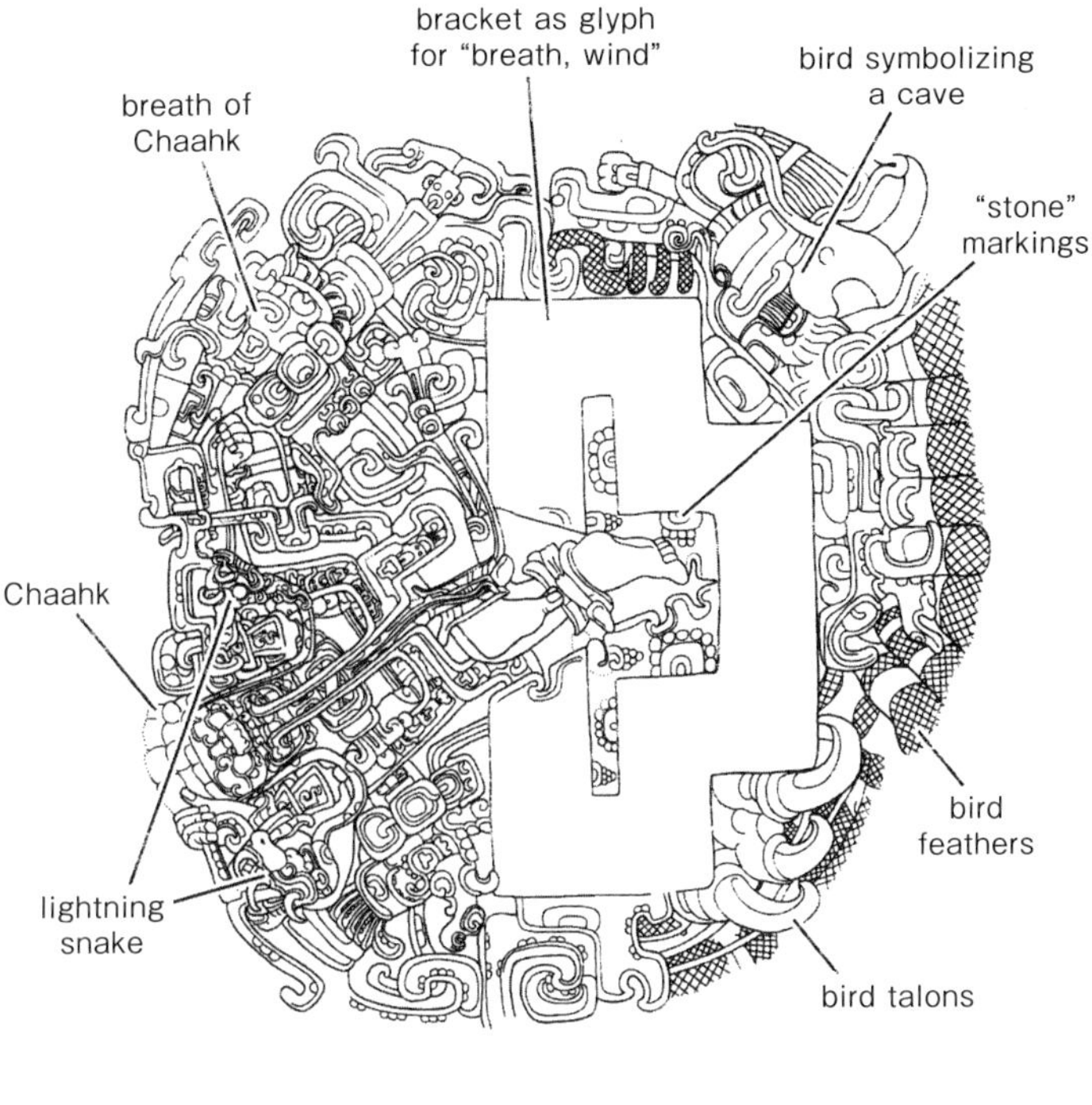

2－67　獣型祭壇Ｐの前に置かれたプレート（石板）の模写
十字型のカルトーシュから人物が出かかっている。

かれていた。それにはオシュラフンティクが登場する図が彫られており、ＰもＯも共に祭壇とプレート（石板）の二つのモニュメントが一体となって、ある出来事を表現しているようである。

先ず、「獣型祭壇Ｐ」とその前に置かれたプレートを見てみよう［写真2－66］。

プレートには、地下世界から地上界へ、あるいは、地上界から天上界へ上ろうとしている人物が描かれており、彼が高い世界へあがるべき存在であるかどうかを、「獣型祭壇Ｐ」に彫られたオシュラフンティクが判定している。

さらに、プレート上の十字形のカルトーシュを見るとその一方が開かれているのが分かる。ロペス博士の説明によると、そこが地上界あるいは天上界への出入口を表しているようなので、多分この人物は上の世界へ上がることが許されることになるのではないかと思われる［写真2－67］。

もう一方の「獣型祭壇Ｏ」とその前のプレートも同様な場面を表現している。しかし、こちらのプレートに描かれた図を見ると、十字形のカルトーシュへの出入口が閉じられており［写真2－68］、この人物が天上界へは戻れない存在であることを表しているようだ。さらによく見ると、蛇もしくは龍（サーペント）がその人物の周りを取り囲み、バリアを張って低次元の世界に閉じ込めているようにも見える。

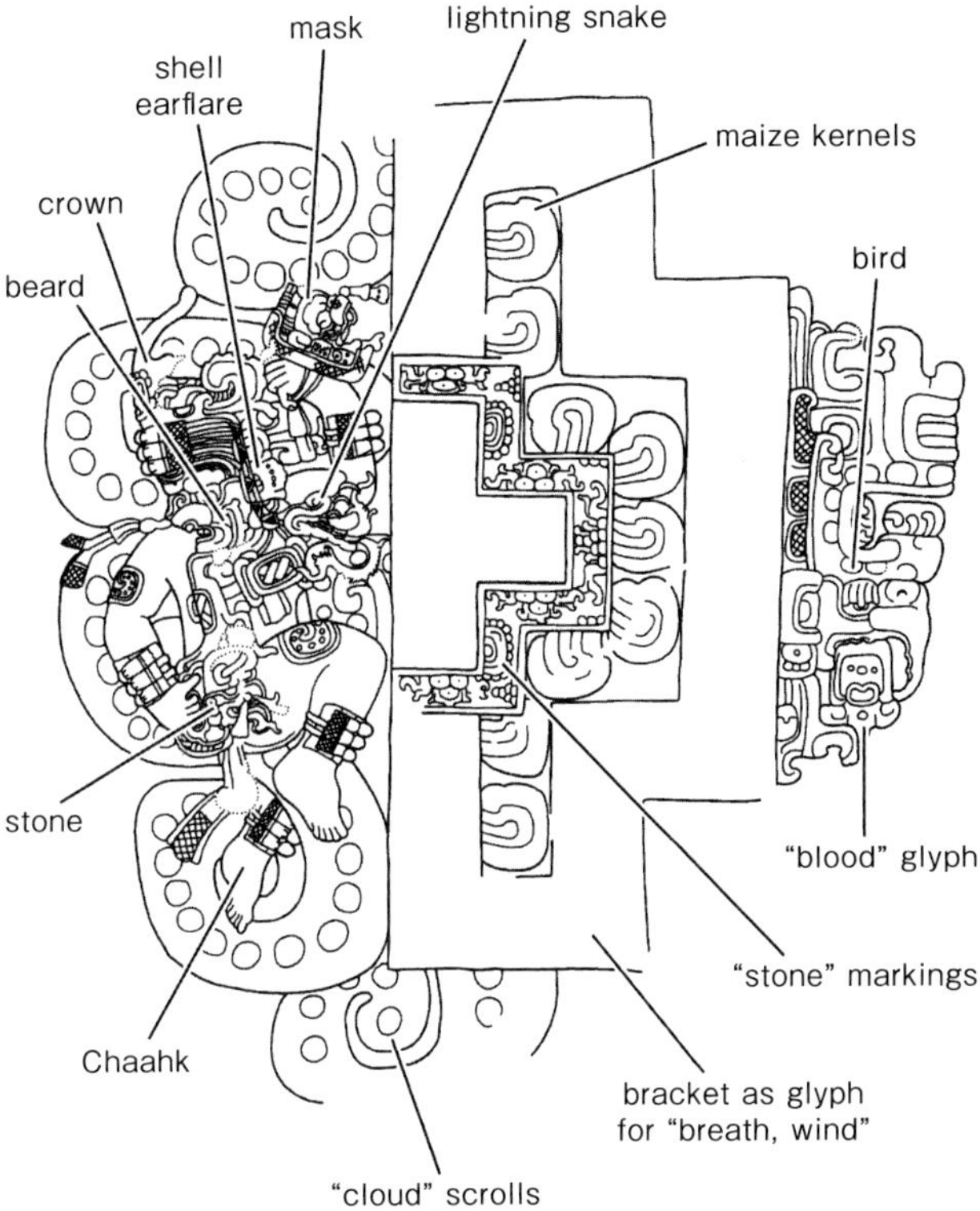

2 −68　獣型祭壇Oの前に置かれたプレート（石板）の模写
こちらのカルトーシュは完全に閉じられている。

この二つのモニュメントを見ていると、来るべき新世界の到来を前にして、次元の上昇つまりアセンションを成し遂げられる人間と物質世界観から脱出することができず、3次元的世界に留まる人間の二通りがあることを示しているように思えてくる。

そんな思いをロペス博士に語ると、彼もまったく同じことを考えていたようで、大きく頷《うなず》いておられた。どうやら、ここキリグアの地に残された二つの「獣型祭壇P」とプレート、また「獣型祭壇O」とプレートには、やがて人類が体験することになる新世界の到来に対する警告と教えが残されているようである。

何本もの巨大ステラ（石柱）を見て歩いている途中、これまでに他のステラでは見たことのない不思議な絵を発見した。それは、「ステラＪ」の両サイドの上段に彫られたもので、一見人物風の絵であった［写真2－69］。

一体それは何を表しているのだろうか？　丸の中の三つの円はヘルメットの中の顔を描いているようにも見える。この人物は2段式の着衣のようなものを身につけているようだが、よく見ると肝心の足の部分がはっきりしていない。まるで宇宙服に身を包んで無重力空間を浮遊する宇宙飛行士のように見えるが、そのような絵が描かれているとも思えない。

ただ、同じ絵がステラの両サイドに描かれているところを見ると、よほど大事な人物あるいは重要な事項を表しているのではないかと思われる。気になったのでガイドに聞いて

2－69　ステラＪに描かれた不思議な絵文字

みたところ、それは人物像なのではなく、顔に見えるのは「盾」で二段式の着衣は「旗」を表しているのだという。

下に書かれている象形文字がそれを説明しているのではないかと思い、解説してもらったが、盾とも旗ともまるで関係ない話であったので、ガイドの盾、旗説には説得力がなかった。学者にもよく分かっていないというところが本当のところではないだろうか。

二人のやりとりを横で聞いていたロペス博士が、「私にも宇宙人のように見えますけどね」と言って笑っていた。どうやら博士は独自の考えを持っておられるようであった。いずれにしろ、考古学者にこれを宇宙人やオシュラフンティクと解釈せよといっても、それは到底無理な相談というものかもしれない。

数値の読み間違いと2012年問題

素人の妄想はさておいて、ステラに書かれたマヤ絵文字の中に大変興味深いものがあったので見て頂こう。

「ステラA」はカクテリウ王の立像が正面に描かれた像であるが、横に彫られた絵文字に、ロペス博士が「蜂」と「レプテリアン」を表しているのではないかと考えている絵文字があった。絵文字1〔写真2－70〕がそれである。

イサパ遺跡探索の中で、パレンケ遺跡に残されたステラの中からレプテリアン系の人間を表す文字が発見されたことは先述したが、それは目の表現からそう判断されたようである。しかし、今回のステラAのレプテリアン文字については、ギザギザに描かれた歯の並び方が異様であることが判断の基準になったようである。

また、先ほど見た不思議な人物らしき図が彫られた「ステラJ」の絵文字の下段に点と棒で表された数字の文字が表記されている。ここで大事な点は、これまでの欧米の学者の見解では、絵文字2〔写真2－71〕の右上の文字の左側に点が3つ縦に並んでいるのは3を表し、その横の上部の3つの点と2本の棒は13を表すと解釈されてきた。

しかしロペス博士の解読では、横書きにされた数値の表示はそのまま13と読んで問題がないが、縦に表示された3個の点は表音文字で、そのまま数字を表す文字と解釈するのは間違いであるという。

したがって写真〔写真2－72〕の左上の絵文字の1本の縦棒に4つの点もそのまま数字の9として捉えてはまずいのかもしれない。すべての縦書きの数字が数値を意味するものではないというわけではないが、ロペス博士のこれまでの研究では、縦書きより横書きのほうが、そのまま数字を表しているケースが多いようである。

博士がここで語っていることは、日本や中国のような漢字を使っている民族でないとなかなか理解できにくいことである。「一切合切《いっさいがっさい》」や「一目散《いちもくさん》に逃げる」という言葉の「一」は数字の1とは関係ない。また「四の五の言う」の「四」や「五」も数字の4や5ではない。さらに「五月蝿い」と書いて「うるさい」と読むが、この「五」も数字の5とは直接的な関係はない。

また漢字で言うなら、「仁」は人偏に「二」と書く、また「語」にも「五」が入ってくるが、これらもまたそれぞれ数字を表しているわけではない。

こうした文字を一切持たない文化圏の学者には、表記が縦であっても横であっても関係なく、また表音文字として表記されていようが、漢字や絵文字の中の一部として使われていようが関係ない。これでは複雑なマヤ文字を正確に理解することは難しい。

これまではステラに残された年代については、GMT（ジョゼフ・グッドマン、アルフレッド・モズリー、エリック・トンプソン）の解釈を正しいとした前提に立って、すべての年代が確定されてきたわけであるが、縦横の数字の読み方の間違いだけでなく、別の観点からも、6、7人の学者がこれまで正しいと思われてきた重要な日付の中に、間違いがあることを指摘し始めている。その代表がアメリカのマーク・センダー博士で、博士はこれまでに読み取った重要な日付の中に、少なくとも52の日付に間違いがあると述べている。

こういった日付に対する考え方に誤りがあるとなると、これまでのマヤの長期暦の終わりに関する見解はGMTの解釈に基づいているだけに、巷間《こうかん》言われている2012年12月21日説も当然信頼できなくなってくる。

現に、カール・コールマン博士は2011年説を、また、ドイツ人科学者のボーム兄弟（ボーム・アンド・ボーム Bohm and Bohm）は「2116年説」を、さらにはボルメーラ（Vollemaere）という学者は「2532年説」を唱えており、年代の読みとり方の難しさを示している。

私も2012年12月説を鵜呑みにすることは間違いであることを『2012年アセンション最後の真実』（学研刊）などで指摘してきているが、読者には、ロペス博士のこの面の研究がさらに進んで、より正確な年数がはっきりするのを待ってもらうしかない。

ただ、時の流れがかつてない速さになってきていることは、多くの方が気づいていることであり、政治の形態や経済の仕組みが限界点に達している上に、地震や洪水、干ばつ、さらには、人間や動物を侵し始めている奇怪な伝染病の発生を考えると、長期暦の終わりの年月は別にしても、大きな変革の時期が近付いていることは間違いなさそうである。

2－70　レプテリアンを表す絵文字１

2 −71　絵文字 2

2 −72　絵文字 3
ステラ J の絵文字群

第十七章

マヤ文字の解読は、龍蛇族のさらなる確証へとつながっていく……

ロペス博士が発見したマヤ文字

ロペス博士が膨大な数のマヤ文字を発見したことについては、これまでにも何度も触れてきたが、ここでその経緯とマヤ文字の複雑さについて説明しておこう。

私が知る限りでは、欧米の学者がこれまでに発見したとされるマヤ文字の数は807文字(キャラクター)である。しかし、ロペス博士は2006年までにはおよそ4000文字、2008年までには1万4000文字、さらに、2010年までには1万8000文字を発見している。博士の考えでは実際には、マヤ文字の数はもっと多く、7万5000

文字近いキャラクターがあるのではないかとのことである。
それほどの膨大な数がなにゆえ必要とされ、いかなる形で書かれているのか、これは誰もが思う疑問である。その点についての博士の話を私なりにまとめると概略次のようになる。

一例で言うと、王様の顔が描かれた一つの文字があるとしよう［写真2－73］。それは単に王様という存在を表すだけでなく、その顔の表情を変えることによって、王様が置かれた状況、例えば悲しい時、嬉しい時、怒っている時、涙を流している時を表すことができる。それは目を細めたり、太くしたり、目の下に涙を表す丸を描いたり、頬に皺《しわ》を表す横線を引いたりすることによって表現するのだ。

さらには、同じ悲しみでも小さな悲しみであるのか、大きな悲しみであるのかを区別するために、涙の数を変えたり、怒りや苦難の様子を区別するために皺の線の数を1本にしたり3本にしたりしている。したがって大きな悲しみを味わいながら、怒りに震えている表情を表そうとすると、涙の数も横線も多くなってくる。

こうしてみると、丸一つ、横線一本の組み合わせだけで何十種類もの文字ができることがわかる。また、口を開いているかいないか、口の中に歯が描かれているかいないか、眉毛は真っ直ぐか上向きか、目は吊り上がっているかいないか……これらによって、その時の王様の心の状態が的確に表現されることになる。こうした違いがさらに加わると、王様の顔一つとっただけでも、膨大な数の絵文字が存在することが理解できるであろう。

ところが、これまでの欧米の学者たちは、こうした様々な意味を持つ文字を一つ一つ別の意味として認識せず、単なる王様を表す一文字として読み解いてきた面が、少なからずあるのである。目が太かろうが細かろうが、頬の皺が1本であろうと3本であろうと、それは書き手がその時の雰囲気で、細くしたり3本にしたたに過ぎないと判断して、みな同じことを意味しているものと判断していたというわけである。

マヤ文字の解釈をさらに難しくしている点は、一つの文字の中に漢字でいうところの「偏《へん》」や「旁《つくり》」が入ってくることである。

日本語の漢字を見れば、一文字の中に偏や旁があったり、幾つかの文字が組み込まれているのが分かる。例えば、喜ぶという字は「吉」と「草カンムリ状のもの」と「口」によって構成されており、「怒」は「女」に「又」に「心」で一つの漢字になっている。

マヤ文字の中にも、同じように幾つもの意味のある言葉が重なって、一つの文字になっているものがある。したがって、一見したところ一文字に思える一かたまりのマヤ文字の中には、実はそれぞれ意味を持った幾つもの文字が含まれて、一つの文章に近いほどの深

2－73　絵文字
同じ人物像でも涙の数や目の細さ、皺《しわ》の数によって表現する意味が異なってくる。この複雑さがマヤ文字の解読を困難にしている。

い意味を表しているものもあるのである。

「草カンムリ」や「口」、「女」、「又」、「心」が、一つの文字の周りを小さな絵文字として取り囲んでいるのがマヤ文字とするならば、よほど慣れ親しんできた人間でなければ、一文字一文字の深い意味を正確に読み解くことはできない。また、それが少しでも欠けたり摩耗が進んでいたりしたら、マヤ人としての鋭い感性を持っていなければ、多分こうだろうという勘を働かすことさえできないだろう。

欧米の学者たちは、何百種類にも分かれる複雑な文字をわずかなグループに分けてしまっているため、文字数は桁違いに少なくなっているばかりか、一文字の中に含まれている複雑な意味を完全に理解することができずにいるというわけである。

また同じ一文字でも色々な意味や読み方があることも、マヤの文字解きを困難にしている一つの要因である。

それは漢字の持つ複数の意味を理解している日本人には容易に理解できることであるが、「A」にはA、「B」にはBしか意味を持たない英語やスペイン語を話す人には、理解しろといっても無理からぬことである。

漢字の「空」という字には、「青空」の空《そら》という意味の他に、「心が空《むな》しい」といった何もないこと（無）や無を表す意味や、「空々《そらぞら》しい」などという見え透いている、わざとらしいといった意味、さらには「上《うわ》の空《そら》」や「生きた空《そら》もない」といった心が動揺したり、落ち着かない状況を表す意味もある。

こういった点は、「A」にはAという意味しか持たない言語をしゃべる学者には、容易に理解できることではない。

さらに、日本語には「喜怒哀楽」とか「青息吐息《あおいきといき》」、「阿鼻叫喚《あびきょうかん》」といったさまざまな熟語があるように、ステラに描かれた文字も前後の何文字かが一つになって、一つの意味を表している場合がある。これは大変重要な点で、こうした点はこれまでの西洋学者の文字解きの中では、ほとんど無視されたままでいる。前後の4文字が一緒になって一つの意味を表現していることなど、まったくと言っていいほど理解できなかったからだ。

それは、十分に日本語を理解できていない外国人が、目にした文章の中に「馬耳東風《ばじとうふう》」や「馬耳念仏《うまのみみにねんぶつ》」などという熟語に出くわした際に、なぜこの場面に「馬」や「仏」が出てくるのか、意味が分からないのと一緒である。

そうした点に加えて、欧米の学者にマヤ文字の解読をさらに困難にさせているのは、日本語には草書と楷書という書き方があるように、マヤ文字にも一見まったく別の文字に見える形を崩して簡略化した文字があることである。

こうして見てみると、これまでに欧米の学者の発見した文字数の少ないわけと、ステラや石壁に書き残されたマヤ文字の解釈に、いかに間違いがあったかが分かろうというものである。それを覆《くつがえ》したのが、フリオ・ロペス博士であり、博士の発見した文字数の多さの理由なのである。

旅を終えるに当たって

4月16日、今日はメキシコ、グアテマラの10日間の探索を終え、サルバドール経由でペルーに向かう日である。龍と人類とのかかわりを求めて始まった海外探索の旅の第2弾も間もなく終了である。

先史文明の存在を探る中南米遺跡の旅はこれまでに数多く行ってきたが、龍なる生命体の痕跡を求めての旅は、今回が初めてであった。そのためどこまでそれがかなうのか不安でもあったが、幸いにも、さまざまな角度からそれを探り出すことができたのではないかと思っている。

ククルカンやケツァルコアトルが龍なる存在を表すものではないか、という点に関しては承知していたが、それらは、マヤやオルメカ、サポテカ、トルテカといった古典期、あるいは後古典期以降の神話やコデックスの中に登場する存在で、それ以前は数字の13と9

で表されるオシュラフンティクやボロムペルとして、語られていたことを知ったのは新鮮な驚きであった。

「オシュラフンティク」とは、3を意味する「オシュラ」と10を意味する「フン」、それに聖なる存在を意味する「ティク」の3つの語からなる言葉であったが、13とか9には宇宙にかかわる何か深い意味がありそうである。

残念ながら今の段階ではそれは分からないが、西洋文明において13が不吉な数字として語られていることが、逆説的にそれが神聖な数字であることを裏付けている。それは、弥《ミ》勒《ロク》菩薩を表す三つの「6」を、「666」として悪魔の数字と見なしてきたことや、国常立尊を祟《たた》りのある神として北東《うしとら》の鬼門に封じ込め、「丑寅《うしとら》の金神」と呼んで避けてきたのとまったく同じことである。

これまでのマヤやオルメカに対する考古学的見地からは十分に理解されることのなかった神話や伝承、それに壁画や象形文字が、ロペス博士のような従来の考古学的常識にとらわれない人物の手によって解き明かされることは、長い間、隠され続けてきた人類誕生の秘密や宇宙的生命体の実態が世に出る上で、どれほど重要なことであるかを改めて思い知らされるところとなった。

ロペス博士といえども、マヤ文字の研究はまだその端緒についたばかり。それだけに、旅の途中でお聞きした説明や解釈の中には間違いや思い込みがないとは言えない。また、私の受け止め方が正確でなかった点もあるかもしれない。

しかし、聖なるオシュラフンティクやボロムペルが龍蛇族系宇宙人の一族で、日本の国常立尊や天照大御神といった神界の神々と同一的存在であることに関する点は、決して間違っていないはずだ。

日本神話や龍神伝説に取り組み始めた昨年の晩秋、縁あってロペス博士にお会いし、今回こうして幸運にも、龍と人間とのかかわりを探す旅に案内して頂けたのは、決して偶然とは思えない。今こそ、世に龍神や龍蛇族系宇宙人の存在を知らしめる時であるからこそ、この旅があったにちがいない。

10日間にわたるハードなメキシコ、グアテマラの探索の旅を終えようとしている今、それは私の心の中で大きな確信となろうとしている。

ニュージーランドの旅は、ポロハウ長老の驚天動地の話に驚かされる毎日であったが、今回の旅もまた同様であった。ロペス博士がステラやモニュメントを前にして語られた話は、これまでの遺跡探索では聞いたことのない耳新しいものばかりだった。

アレハンドロ長老から「見えない世界の正邪の凄まじい戦い」が語られた！

空港に向かう前にグアテマラ博物館に寄る予定であったが、アレハンドロ長老が激務の合間を縫ってホテルに訪ねて来られたので、博物館訪問はキャンセルし、朝食をとりながらお話しさせてもらうことにした。長老とは昨年11月の訪日の際にお会いしているので、5カ月ぶりの再会ということになる。

冒頭、長老からは東日本大震災の被害者の方々へのお悔やみと深い同情のお言葉を頂いた。暴動も略奪もなく沈着冷静に対応している被災者たちの姿をテレビで見て、日本人の持つ助けあいや譲り合いの精神に改めて感服させられたとのことであった。

やはり、どなたの目から見ても今回の日本人の取った行動は驚きであったようである。グアテマラも地震国であるので、地震には何度か遭遇しているが、さすがにあの津波の凄さには驚かされたという。

これから先、「世界のあちこちで、さらに大きな自然災害が発生し、たくさんの人々が多くの苦しみや悲しみに遭遇することになるだろう」と話しておられたが、衝撃的であったのは、「今、我々の目に見えない世界では、現実世界よりはるかに壮絶な戦い、聖なる

2 −74　グアテマラシティのホテルでアレハンドロ長老とフリオ・ロペス博士
グアテマラ出発の日、ホテルに訪ねて来られたアレハンドロ長老が語られた言葉は衝撃的であった。時の流れは急速に速まってきているようだ。

2 −75　旅の道中の一時のくつろぎ
フリオ・ロペス博士と通訳の松本眞吾氏、ドライバーのジョゼ・ルイス氏。

者と邪悪な存在との戦いが行われている」、そう語られたことであった。こうした話はこれまでにあまり聞かされていなかっただけに、とうとう長老の口からそうしたことが語られる時がきたのかと、戦慄《せんりつ》が走る思いであった。

それをお聞きして、ペトル・ホボット氏やミルカ・パヴェルコヴァ氏、それに神界からやって来た少年和宏君たちが語っていた4次元世界における正と邪の戦いの話を思い出さずにはおれなかった。

2011年4月に出版した『龍蛇族直系の日本人よ！』の中で詳しく述べているように、征服欲の強いオリオン系の宇宙人や彼らと組んだアストラル界の邪悪な存在は今、人類の進化を阻止しようと様々な企てを実行している。一方、それを阻止するために、龍神や龍蛇族系宇宙人が戦っているのである。

また長老は、「これから人類が遭遇することになる自然災害や経済崩壊、政治的混乱については、人類にとって産みの前の苦しみとして、避けて通れないことである」とも語っておられた。

それは私が常に語っていることでもあるが、出産を前にした産婦が酒を飲み大騒ぎをして楽しんでいるうちに、いつの間にか子供が生まれていた、などという話を聞いたことがないことを考えれば、至極当然のことである。陣痛の苦しみは必ず来るのだ。

人類の一大転換期が近づいている今、世界中の多くの国々が想像以上の大規模な災害や政治的、経済的混乱に遭遇することは絶対に避けては通れないのである。

それだけに、我々は一時も早く、自分という存在がどこからやって来て、どこへ去ろうとしているのかといった、おのれ自身の出生の秘密や、今こうした時代に地球という星に生きていることの意味、また何を為さねばならないかといった点をしっかり考えて、悔いのない生き方をしなければならない。

長老から前回のテレビのインタビューの際には語られることのなかった厳しいお言葉をお聞きして、その思いは一段と強くなった。

グアテマラは今年の11月に大統領選が行われるが、この国では1期4年制で再選が認められていないため、先住民の権利を復活させたり、先住民の施設を造ったりしてマヤ族のために尽くされた現大統領の任期は、今年をもって終わってしまう。

同席した女性秘書の方が「マヤ先住民にとって光明が見え始めた政治の世界にも、再び厳しさが戻ってくることになりそうです」と語っていた。アレハンドロ長老も大統領補佐官としての職務から身をひかれることになるかもしれない。

大統領選といえば、これから向かうペルーも今年は選挙の年である。先般行われた第1回投票では、過半数に達する候補者が出なかったため、6月の決選投票に持ち越されたようであるが、日系のフジモリ元大統領の娘さんが当選されるのか、それとも軍部出身の男になるのか微妙な情勢のようだ。

　軍部出身者はベネズエラのチャベス大統領やボリビアのモラレス大統領と同じ系統の人物だけに、場合によっては、ペルーの先住民にとっても厳しい状況が到来することになるかもしれない。

第十八章

過去世が結びつけた学校建設の縁！

インカ帝国の首都・クスコへ

昨夜遅くペルーの首都リマに着いて一泊した後、本日4月17日はクスコに向かう。今回のペルーは遺跡探索が目的ではなく、昨年から建設が行われていた学校の開校式に参加するためであった。

これまでに作って来た5つの学校はどれもみな小学校。そのうち4つはアマゾン源流のウルバンバ川の周辺であったため、標高300〜400メートルの低地であった。しかし今度は初めての中学校で、場所も前回の学校と同様アンデス山中であるため大変な高地である。そこへ向かうための基地となるのがクスコというわけである。

クスコの空港にはペルーの探索ではいつもガイド役兼通訳を務めてくれているセサル・ラトーレ氏が迎えに来てくれているはずである。彼はペルーの一流のミュージシャンであるが、現在は大阪に住んで関西を中心に音楽活動をしている。

実は、私がペルーの各地に学校を寄贈するようになったきっかけは、旅の途中で彼が私に見せてくれた一枚の写真であった。その写真には学校の中で机に向かって授業を受けている子供たちの姿が写っていた。しかし、なぜか足元には水が漂っていた。私は熱いジャングルの中なので、足を冷やすためにそうしているのかと思ったら、とんでもなかった。

子供たちの学校には窓がないため、雨期になると大量の雨が校舎の中に入り、また学校の周囲も十分な排水施設が整っていないため、教室の中に水溜まりができてしまうのだという。

恵まれぬ子供たちの存在

彼の説明を聞いて、おのれの不見識な発言に恥じ入ってしまった。そんな写真を彼がなぜ持っているのか尋ねたところ、彼はクスコで生まれ育った男で、窓のない学校の村が比較的近くだったこともあって、なんとかして、しっかりした施設の学校に建て替えたいと考えていたからだという。

そのために、日本に行って音楽活動をしているのだが、残念ながら建設資金は一向に貯まらないと苦笑していた。そうした一連の話を聞いたのが、『謎多き惑星地球《このほし》』（徳間書店刊　秋以降ヒカルランド文庫にて収録予定）の取材でペルーを探索している最中だったので、もしも、本が出版されて原稿料を手にすることができたら、それを元手に学校建設に協力しようということになったというわけである。

そうした経緯で、ウルバンバ川沿いのキタパライという村に学校を作ることになったのだが、同じような恵まれない環境にある村が周辺にも幾つかあって、村人の要望をかなえようとしているうちに、いつのまにか2校、3校と建設が進んで、今回で6校目となった次第である。

空港の外に出ると、セサル・ラトーレ氏が待っていた。彼は今回私と同行するため一足先に帰国し、母親の住むクスコで私の来るのを待っていてくれたのだ。

彼に近づくと、彼の後ろにカラフルな先住民の衣装を身につけた人たちが大勢いる。どうしたのかと思っていたら、突然、彼らが私の周りを取り囲み、何かを語りかけてきた。それはスペイン語とは違って、先住民の言語であるケチュア語のようである。もちろん私

2－76　クスコの空港に出迎えに来て頂いたワルキ・パンパカンチャ村の代表者たち

にそんな言葉が分かるわけがない。すると今度は二人の子供が何かを話しかけながら、私の前に来て花束を渡そうとしている。町で見かける花売り娘とは様子が違う。

戸惑う私のそんな姿を笑いながら見ていたセサル氏が、「ここにいる人たちはあなたが今回学校を建てた村の人たちです」という。どうやら彼や彼女たちは私を迎えるために民族衣装を身につけ、わざわざ空港までやって来てくれたようだ。

聞いてみると、二人の女の子は生徒を代表して来てくれたという。なんと、村の人たちは夜明け前の3時に村を出たそうであるが、彼らを迎えに行った市の職員は夜中の12時に家を出たという。それに彼らの村が属するラマイ市の市長さんまでが同行されて、ご挨拶を頂いた。

なんとも恐れ多いお出迎えに恐縮してしまったが、日本を出るとき、息子が気を利かせて持たせてくれた手土産の扇子《せんす》があったのでプレゼントしたところ、大変喜んでもらえたので、いくらか気が楽になった次第である。

学校施設は家の近くにあるのが当たり前になっている日本のような国では考えられないことだが、ペルーやグアテマラ、ボリビアといった発展途上国、中でも先住民たちが住む地域では、近くに学校のないことなど、いくらでもあることなのだ。

それゆえ1時間や1時間半の通学は当たり前、それでも通学できる範囲に住んでいる子供はまだ幸せである。近在に学校のない村などいくらでもあるのだ。今回の村の人たちのお出迎えを見て、近場に学校があるということが彼らにとってどれほど嬉しいことなのかを、改めて実感した。

財政的な問題と先住民蔑視の考えが残っているため、アンデス山中やジャングルの奥地に住む子供たちに対する教育環境は、我々日本人には考えられないほど遅れているのが実情である。

しかし、そうした恵まれない子供たちが学校へ行きたくないのかというと、それはとんでもない偏見で、子供も学校には行きたいし、親たちも行かせたいのである。しかし、近場に施設がないために、行くに行けないだけのことなのだ。

それが証拠に、これまでに建設してきた5つの学校の生徒数の推移を見ると、当初50〜60人ほどだった生徒は、年を追うごとに増え続けて今では皆100人を超えており、ウルバンバ川沿いのサニリアートの小学校などは160人を超えている。そのため幾つかの学校では教室の増設が必要になってきて、サニリアートには昨年1教室と食堂を増設したところである。

これまでは学校に行かずにバナナやパイナップル栽培の手伝いやアルパカやリャマの世話をしていた子供たちも、近くに学校ができたという話を聞いて訪ねてみると、綺麗な校舎で自分と同じ年代の子供たちが楽しそうに学んでいる。そんな姿を見ると当然学校に行きたくなるし、親たちも行かせたくなる。そんなことで年々生徒数が増えてきているというわけだ。

不思議なことに財政難を理由に一向に先住民の要望に応えようとしないペルーにおいても、施設さえできれば、そこがどんなに辺鄙《へんぴ》な村であっても、赴任して教壇に立ちたいと考えている先生たちはいる。問題は施設の有無だけである。それだけに何としても一つでも多くの学校を、という思いに駆られるのである。

厳しい言い方だが、教育は人を動物から人間に変える。だからこそ教育は最優先されるべき国の施策なのである。後で紹介するが、争いが絶えなかった村に学校ができたことによって、急速に和の気運が生まれたのを見ていると、教育は子供たちだけでなく、大人たちにもよい結果をもたらすことが分かる。

もしも、発展途上国のお偉方が手にする賄賂《わいろ》が学校建設資金に回されたら、私が建設する程度の校舎なら数え切れないほどできるはずだ。それにしても、高等教育を受けたお役人が賄賂を手にして、動物以下の獣と化しているのはなんとも情けなく、奇妙なことでもある。どうやら、度を越した物欲と金銭欲は教育とは逆さまに、人を動物に変えてしまうようである。

過去世のシャーマン体験で無償の愛を体験する！

私がクスコで常宿としているのは、有名なコリカンチャ（太陽神殿）のすぐ近くにあるホテルで、一泊が朝食付きで6000円ほどの安宿《やすやど》であるが、人類が忘却の彼方に忘れ去ってしまった先史文明の跡を見ていると、高級ホテルに泊まるより心が安らいでくる。

町の様子はメキシコやグアテマラの遺跡近郊と特段変わるわけではないが、なぜかクスコとかマチュピチュに来ると一段と気持ちが落ち着いてくる。

ペルーは訪問の回数がメキシコやグアテマラに比べて格段に多いせいかもしれないが、どうもそれだけではなさそうである。拙著『「UFO宇宙人アセンション」真実への完全ガイド』（ヒカルランド刊）を読まれた方ならご存じのはずだが、チェコの超能力者でシャーマンでもあるペトル・ホボット氏が語ってくれたところでは、私は過去世で6回にわたり現在のペルーとその周辺に住んで、シャーマンをしていたようである。ひょっとするとそのせいかもしれない。

今の私は人の過去世や未来を見たり、ヒーリングをしたりする能力はまったく持ち合わ

2 −77　拙著『最後の楽園 PERU』
同書の中には、絶滅を迎えつつあるアマゾン川流域の野鳥や動物が掲載されている。我が国にはこの種の本が少ないようなので、近々増刷をしようと考えている。

せていない。そのため、過去世がシャーマンだったと言われてもピンとこないのだが、そう言われてみると、思いあたる節もないわけではない。

その一つは、ブラジルとの国境に近いアマゾン川源流のマドレ・デ・ディオス川が流れるジャングル地帯で、そこに棲む野鳥や動物たちの写真を撮るため、1カ月ほどキャンプをしていた時に遭遇した不思議な体験であった。

それは、眠りに就く前、ジャングルのロッジで窓から見える南十字星とヤシの木に目をやりながら、うとうととしていた時のことであった。一種の夢見の状態であったが、その時見たのは夢とはまったく異なる鮮明なヴィジョンで、俗に言うところの幻視体験に近いものであった。

その時の体験談を写真集『最後の楽園ＰＥＲＵ』に書き残しているので、転載することにする。

実はその夜、「幽体離脱」という超常体験をすることになった。この種の異常体験をテーマにした本を書いている私であるが、まさか自分自身が体験することになるとは思ってもみなかっただけに、衝撃は大きかった。

夜の静寂《しじま》を縫って聞こえてくる夜行性動物の鳴き声や椰子《やし》の葉陰にきらめく星々、こうした原初的な世界が醸し出す特別の雰囲気が、特異な体験に導いたのだろうか。

驚異的なこの体験は、人間の持つ「愛」についてのこれまでの私の考えを一変させるものであった。今までの人生で感じていた「愛」が平面的でモノクロ的な感情だとすると、その夜、私が体験した愛はより「立体的」で温かく、輝くほど「カラフル」な感情であった。

そんな豊穣な愛のオーラに包まれていると、まるで、自分自身がその中に溶け込んで行くように感じられた。臨死体験者が語るあの「無償の愛」とはこういうものだったのだ、とはじめて得心がいった。

この不思議な体験が夢や幻覚と違うのは、目覚めた後もその映像と感覚が鮮明に残っている点である。そして、えも言われぬ「安らぎ」と「幸福感」が翌朝以降もしばらくの間、心を満たすこととなった。


実は写真集には書かなかったが、このヴィジョンを見る前の晩に先住民のような身なりをした自分が、深いジャングルの中で瞑想している場面を見せられていたのである。その時にはその場面が何を意味しているのか深く考えずにいたのだが、翌日の不思議な体験と重ねて考えると、それらは共にジャングルの中で生活していたシャーマン時代の追体験だったのではないかと思われてくる。

夜行性動物の鳴き声や椰子の葉陰にきらめく星々が醸《かも》し出す特別の雰囲気が、過去世へ誘《いざな》ったのではなかろうか。

二つ目の出来事は、他ならぬ今回のアンデス山中への学校づくりの経緯である。私は元々ペルーに土地勘があるわけでないので、どこに学校を作ったらよいか何も分からない人間である。

それゆえ学校建設については、セサル・ラトーレ氏が様々なエリアの先住民居住地を回り歩いて、学校があまりに遠すぎる地域とか、学校建設への要望が強い地域を選んで候補地を絞った上で、私に相談してくるのが常である。

そうした経緯の中で今回、標高が4000メートルを超す高地が選ばれたわけであるが、私は単純にセサル氏はよくもこんな高地にまで足を運んだものだと思いながら、彼の進言を聞き入れて、この地を建設地に決めたわけである。

しかし、前回のアクチャ・ワタ村と今回のワルキ・パンパカンチャ村が同じようなアンデスの高地であるのには、きっとなにか深い意味があるに違いないと考えていた。たままそんな時出会ったのがペトル・ホボット氏であったわけだが、彼は私が学校の話など何も話さないうちに、「あなたは過去世で6回にわたってシャーマン人生を送っており、その最後に活躍したのがアンデスの高地でした」と語ってくれたのだ。

どうやら彼の話を聞くと、前世のアンデスでのシャーマン時代の縁が今回の学校建設に結びついた可能性は大きいようである。さらにその可能性は、翌日の学校訪問で村の人々の過去の生き様を聞かされたことによって、一段と強くなってきた。

学校に向かう

4月18日。今朝は5時起きし、学校を目指して出発である。クスコから4時間ほどかかる上に日帰りであるので、のんびりしているわけにはいかない。先ずはセサル・ラトーレ氏の従弟のリカルド・オラルテ氏の車で、学校のあるワルキ・パンパカンチャ村が属するクスコ県ラマイ市に向かう。彼はこれまでの学校建設に大変協力してくれた人物である。

学校建設といっても、日本で作るように建設会社にすべてを任せてしまうようなわけにはいかない。一応、専門の大工さんは頼むが、あとはセサル氏たちと村人たちが協力して作ることになる。クスコで購入した資材を現地まで運ぶのはセサル氏やリカルド氏たち一族の役割である。何百キロという距離と厳しい道路事情を考えると大変な仕事である。時にはウルバンバ川を船で運ぶこともあり、危険を伴うこともしばしばだ。

一方、村人たちは数人ずつが交代で大工さんの手伝いをする。よくしたもので彼らの中には、大工仕事が得意の人間が何人かいて、そういった人たちが中心になって手伝いをする場合が多い。肝心なことは、村人たち全員が自ら進んで建設作業に協力しようとする気持ちである。

それがないと、でき上がった学校に愛着心が湧かず、後の補修や修理がおろそかになってしまう。これでは再び水がたまった教室が再現されてしまい、元の木阿弥《もくあみ》である。私にとって有り難いのは、セサル氏やリカルド氏のような人物がいて、こういった点に心配りをしてくれることである。

2時間ほど走って到着したラマイ市で、大型の貨物車に乗り換えることになった。なぜそんな車に乗り換えるのかと聞くと、山越えの最中、道が悪いところが何カ所かあって、小型車だと危険だからだという。乗り換えることになった貨物車は週に一度、これから訪問しようとするワルキ・パンパカンチャ村に日常雑貨品を運ぶトラック。今日はその運転手さんが協力してくれて、我々を乗せてくれることになったのだ。

市役所のあるラマイ市の標高は2900メートルであるから、これから2時間ほどかけて1000メートルを超す標高差を一気に駆け上がる。あいにく雨模様の天気であった上に標高が3500メートルを超すあたりから気温が急激に下がり始め、車内の気温も5度前後になってきた。

標高の高さを考えて防寒用のジャンパーを着てきたのだが、それでもどうにも寒くて仕方がない。なにしろ連日35度を超すメキシコとグアテマラの旅が続いていただけに、なおさら堪《こた》える。

私は助手席に座らせてもらったのだが、乗っている車が日本では探すのが困難なほどの年代物で、ヒーター装置が付いていない上に、窓から風が入ってくる。これでは寒くて当たり前である。

最高地点4250メートルに向かう頃には、雨はみぞれに変わり始め先行きが心配になってきたが、そこを過ぎて少し標高が下がり始めると、再び雨に戻ったのでホッとした。さらに険しい山道をしばらく走ると、山腹の一角に校舎の姿が見えてきた。

昨夜の雨がかなり多かったようで、セサル氏が心配していた通り、山と山の谷間に入ると、タイヤがしばしばぬかるみにはまって、しだいに進むのが困難になってきた。大型車でこれだから、リカルド氏の乗用車では大変なことになっていたかもしれない。

学校に近づいた辺りで道がせまくなったため、そこで車を停め、荷物を担いで山腹の学校まで歩いていくことにした。多少の山道ならなんということはないが、何しろ標高が4000メートルもある。少し歩くと息がきつくなってくる。一度でも富士山に登ったこと

２－78　訪ねる学校が近づくにつれて次第に標高が上がり、残雪を頂くアンデスの高峰が目の前に迫ってきた。

２－79　標高4250メートル、富士山の山頂からさらに500メートルの高さにもかわいい高山植物が咲いていた。

のある人なら、それがいかにしんどいことか分かるはずだ。山頂からさらに300メートル登った高さで荷物運びをするわけだから。

普通の人なら完全に高山病にやられるだろう。私はペルーへ来るたびに探索のため高い場所に足を運ぶことが多く、高山慣れしている。そのせいか、幸いそういった症状にはならずにすんだ。ちなみに、私がこれまでに一番高いところまで登ったのは、ペルー南部の4000メートルの高地チチカカ湖から、地上絵で有名なナスカ平原に向かう700キロの旅の途中で、4800メートルのアンデス越えをしたときであった。

これぐらいの高さになると、人間よりむしろ車の方が酸素不足になってしまって高山病ならぬ酸欠病になってしまう。特にペルーやボリビアを走っている年代物の車になってくると、そうした症状が出やすいので危険である。

私は高山病になることはなくなったが、むしろ高地から一気に低地に降りた時、高山病ならぬ低山病になることの方が多い。特に、アンデス越えのあと、アマゾン源流のジャングル地帯のような低地に一気に降りたときなどである。いずれにしても症状は同じで、頭痛や吐き気に襲われることに変わりはない。

軽い荷物を担いで山の中腹まで登ったところで、学校に集まっていた父兄や生徒が駆けつけてきて、荷物運びを手伝ってくれた。それにしても学校づくりの際、資材を運び上げるのはさぞかし大変だったことだろう。その苦労が察せられるようであった。

学校に着くと生徒や村人が大勢集まっていた。外国人が村を訪ねたのは私が初めてらしく、皆珍しそうな顔で眺めている。さっそく校長先生に話を伺ってみると、生徒の数はまだ60人ほどだが中学校は5年制であるため、先生は校長先生を含めて5人いるという。これまでの学校の中では最多である。

皆それぞれクスコ市とその近郊に住んでいるため、とてもではないが通勤はできない。それで月曜日から金曜日まで5日間は、学校に泊まり込みをしているらしい。

村に特別の宿泊施設がないため、5人の先生方は生徒がいなくなった後の教室で、雑魚《ざこ》寝《ね》しているという。電気も来ていない状態の中で、ずいぶん難儀をしておられるようである。校長先生からも先生方の宿泊施設の増設を懇願されたので、「できるだけ早く作ってあげねば」と考えているところである。

しばらくすると、村の人々も交えて開校式が始まった。外は雨であるが、先生も生徒も一向に気にする様子がみえない。聞いてみると、雨期の間はほとんど毎日が雨なので、よほど強い雨でない限り気にしないのだという。

式は国家の斉唱と国旗の掲揚から始まって、校長先生や近隣の村を統括する郡の代表者や父兄の方たちの挨拶のあと、子供たちの踊りや歌の演技が行われた。このパターンはこ

2 −80　小さな小川も一旦雨が降ると渡るのが難しくなってくる。小型車では水に浸かってしまって絶対に渡ることは無理だ。この車が私たちが乗せてもらった年代物のトラックである。

2 −81　雨でぬかるんだ登り坂は道端の草を刈りとって引き詰め、スリップを防ぎながら引き上げねばならない。

2 −82　途中アルパカの親子がくつろぐ姿に出会った。

2 −83　この親子は馬で学校までやって来たようだ。山の麓の露天マーケットでの買い物が馬の背に載っていた。馬はぬかるみも、水かさが増した川も平気だから安心だ。

れまでのどの学校とも同じであるが、雨でぬかるんだ運動場での演技、子供たちが転びはしないかと、見ている方が心配になってくる。

日本の子供ほどしゃれた演技はしないが、それでも教えられたことを精一杯やっている姿を見ていると、微笑《ほほえ》ましい。それにしても足元は泥だらけで、日本では決して見られない光景である。

そんなたくましい生徒たちは、近隣の3つの村から通っている。市役所から来られた方の話を聞くと、この3つの村はインカ時代からたいへん評判の悪い村であったという。一つの村は「泥棒村」と呼ばれ、他の二つも「ヤクザ村」とか「喧嘩村」とあだ名されて、近隣の村人からは恐れられており、当然、村民同士の仲もよくなかった。

それが、昨年学校を建設する話が出た頃から、3村の村人たちの態度や行動が急に変わり始めたという。それまではいざこざが絶えず、協力しあって事に当たるなどということはめったになかった村人の間に、急に融和が図られるようになり、3村の父兄たちが力を合わせて、学校の建設に取り組んだというのだ。

これには、市役所の職員たちが驚いたようで、ラマイ市のフリヤン・キスペ市長も「学校建設が村の人々のこれまでの考え方をすっかり変えてしまったようです」と嬉しそうに語っていた。

セサル氏やリカルド氏もまた、昨年の今頃、初めて村人に会った頃の様子からは、想像できないほど友好的になっていることを感じ取っていた。何も知らない私の目から見ても、お礼を言いに来る父兄の様子は、これまでにお会いした先住民の皆さんと何ら変わらない。それにしても、なにゆえ短時間でそれほど変わったのだろうか。誰もが思う疑問である。セサル氏はそれについて2つの要因を挙げていた。一つは、要望の強かった学校建設に応じるための条件として、3村の融和を挙げたことだったという。

こんな辺鄙《へんぴ》な村でもキリスト教が布教されているらしく、セサル氏は「神は皆さんが融和を図らねば、学校を造ってくれる人に巡り合わせてくれませんよ」と、心を込めて話したという。どうやらその説法が大分効いたようである。

また、学校建設に合わせて水を2キロほど離れた山頂の貯水池から引くことになったのも、村人の考えを変える要因になったようだ。なにしろ集落の近くには池も湧き水もなく、飲み水はおろか洗濯用の水にも事欠く状況だっただけに、山頂から引かれた水にはたいそう喜んだようである。

今までは、学校建設どころか、きれいな水さえ飲めなかった。それが村同士が協力して事に当たることで一気に解決できたのだ。そこで人々が仲よく助けあうことの大切さを感じ取ったとしても、決しておかしくない。

２－84　完成した学校の全景
標高が4000メートルを超す地の学校は珍しいのではないだろうか。現在は60人余の生徒だが、３年もすると５つの教室と図書室は満杯になってしまうに違いない。

２－85　教室を訪ねると、生徒たちが集まってなにやら歌を歌っていた。子供たちだけでなく親たちにとっても、歌と踊りは唯一の楽しみである。

食事の時に私の横に座った今年中学3年生になる女の子が、「今までは2時間かけて遠くの学校に通っていたが、4月から30分で来ることができるようになって、勉強の時間が増えたので嬉しいです」と語っていた。今回の学校建設がそんな形で子供たちの勉学に役立っただけでなく、村の人々の融和や協調に役立ってもらえたとしたら、これにまさる喜びはない。

帰り際にかつて「泥棒村」や「ヤクザ村」と呼ばれていた村の人たちが、「これは私たちからの心からの御礼です」と言って、プレゼントをしてくれた。羊の毛で編んだチェスパーやチャリーナと呼ばれる手作りの「肩掛けカバン」や「襟巻」である。これは私の生涯の宝物になりそうである。

前世でシャーマンだった私が、力不足で近隣の人々から恐れられていた村の人々の悪しきカルマを断ち切ってやることができなかったとしたら、今生でその宿題を成し遂げるために、この地を選んで学校を作ることになった可能性は大いにある。

私とワルキ・パンパカンチャ村には、やはり何か深い縁があったのではないか。帰りの揺れる車の中で協調と融和の大切さを説く私の話に、熱心に耳を傾ける人々の顔が次々と浮かんでは消え、浮かんでは消えていった。きっと彼らはこれから先長い間の悪習を断ち切って、よい方向に向かうに違いない。

2 －86　開校式風景
雨でぬかるんだ校庭など意に介さず、生徒たちは小雨の中を整列していた。

2 －87　伝統衣装を着て踊る女子中学生

2－88　かつての「やくざ村」の汚名を返上した村人たちの笑顔を見ていると、長い間のカルマを断ちきった姿が見えてくる。嬉しいことである。

2－89　開校式に集まったワルキ・パンパカンチャ村の人たち。レンズの外にもまだたくさんの人たちの姿があった。彼らの間に和が生まれ、近隣の村人たちとの交流が深まることを願わずにはおられなかった。

先生たちの心のこもった子供たちへの教育は、さらに追い風となることだろう。どうやらセサル氏は、私と村人たちとの「縁結びの神」ということになりそうである。感謝、感謝である。あとは急いで先生方の宿泊施設を作ることである。

混雑するロサンジェルス空港

4月20日、16日間の旅もようやく最後を迎えるところとなった。クスコからリマに戻ってセサル氏の自宅でしばらく休憩させていただいた。娘さんや息子さんもおられたので、しばらく雑談をしていると、お孫さんが学校から帰って来た。その姿を見てびっくり、もう11歳、小学校の5年生だという。

確か前回お邪魔した時にはまだ幼稚園に行くか行かないかの、眼のくりくりしたかわいらしい幼子《おさなご》だった。あれから6～7年が経過したのか。改めて年月の過ぎる速さを思い知らされるところとなった。

ペルー空港の出入国の際の入国審査と税関手続きには、これまでずいぶん痛い思いをさせられてきていたので、早めに空港に向かった。しかし、3年ほど前から手荷物検査も大分改善されてきているようで、あまり時間がかからずに済んだ。

それでもタラップに入る直前で、一度チェックが終わっている手荷物を抜き打ち的に再チェックされるのには、うんざりさせられた。せっかく奥の席から搭乗させていながら、そこで順番を乱してしまったら意味がないのに、「なんでこんな馬鹿なことをするのだろうか」と思わずにはおれなかった。

いつもはダラス空港なりマイアミ空港でのトランジットが多かったが、今回は珍しくロサンジェルスでの乗り換えであった。8時間の旅を終えて一旦空港の外に出るため入国カウンターに向かったところ、なんとびっくりするほどの長蛇の列。これまでにかなりの数の海外渡航を経験してきている私であるが、こんな長い列に出会ったのは初めてである。ロサンジェルス空港特有のものかもしれないが、とにかく凄い人の列である。

指示にしたがって並んで待ったものの、まったく前進する気配がない。乗り換え時間の少ない人はやきもきしているのが分かる。幸い私には十分時間があったのでひたすら待ち続けたが、手続きが完了したのは並んでからなんと2時間30分後であった。

これだけかかればロスからメキシコシティまで移動できる。いくらなんでもひど過ぎはしまいか。その後もさらに出国に30分を要して、ようやく出発ゲートにたどり着いた時には、およそ3時間が経過していた。

今回はたまたまトランジットに4時間半ほど待ち時間があったので助かったが、通常の

1時間半や2時間では時間不足となったことは明らかだ。読者もこれから先、アメリカ経由で他国に出かける時、特に帰国の際のトランジットには、十分余裕を持って出かけるようにされた方がよろしいようである。

もし間に合いそうもない時には、空港関係者にご自分の乗り換え便のボーディング・チケットを見せて、特別の計らいをしてもらうのが賢明かと思われる。万が一のために、老婆心ながら一応お伝えしておく。

待ち時間だけでなく、出国に際してのチェックにもうんざりさせられる。靴を脱がされ裸同然になった上に、両手の親指と手のひらの指紋、さらには両目の眼紋まで撮られる。もはや犯罪者扱いである。

それでも我々日本人はまだよい方で、中南米系の人はさらに別の検査をされている。まさに人間を動物以下としか見なさない人間のなせるわざである。それにしても、なんともいやな世の中になってきたものである。

エピローグに代えて

今この原稿をアメリカン・エアラインズのゲスト・ルームを利用して書いている。ＪＡＬが提携している航空会社なので、ゴールドカードの特権が使えるのが幸いである。いよいよこれから成田行きの便に乗り込めば、しんどかった今回の探索と学校訪問の旅も終わりである。あとは帰国後にこの原稿を修正、加筆して、出版社のヒカルランドに渡すだけである。

今回のニュージーランドの先住民ワイタハ族の聖地と、メキシコ、グアテマラの先住民ジッシュ・バラム・ケの遺跡を巡る旅は、「龍」なる生命体の実在の証と、龍神系の神々、国常立尊や天照大御神による人類誕生劇の神話や伝承を確認するためであったが、両方の旅とも想像以上にきつかった。

困難を伴う旅ほど取材の結果は中身が濃くなるはずであるが、果たしてそうなったであろうか。少々不安であるが、読者にとって、少しでも得るところがあったなら、頑張った甲斐があったというものである。

世界の様子を眺めてみると、アメリカの記録的な竜巻や洪水、中国のひどい干ばつといった、かつてないほどの自然災害が続く一方、中東やアフリカの政情不安はエジプトから周辺諸国へと広がりを見せている。経済情勢もスペインやポルトガル国債の評価指数が低下するなど、決して安定化に向かっているとはいえない。

アレハンドロ長老が言われるように、自然災害の発生もこれから先、さらにその規模と頻度を増してくるだろう。それが、再び我が国で起きるか、はたまた他国になるかは別にして、私は次なる巨大災害の発生、その時こそが、気づきの最後のチャンスになるのではないかと考えている。

すでに発生し、これから先も起きてくる自然災害を含めたさまざまな艱難《かんなん》が、すべて我々人類に対する警告であることは、日月神示や大本神諭を読めばよく分かる。いうなれば我々が遭遇する艱難辛苦はいつまでも気づかぬ人類に対する大神様の怒りであると同時に、気づきを与えられるという意味では大慈悲の発動でもあるのである。

だからこそ、世界で起きている大災害や大事件を見て、我々は一時も早く、その歩むべき大道を踏み外してしまったおのれの生き方に気づき、価値観や死生観を大転換しなければならない。

大神様の慈悲にも限りがあるはずで、天地を動かされる龍神様がいつまでも気づきのための小規模程度の警告に留めておかれることはあり得ない。そう考えると、これから先、日月神示が伝えるところの「アフンとして、これは何としたことぞ！」と「開いた口がふさがらない」ような事態が発生し、「四ツン這いになって這い回り、着るものも喰うものもなくなる」ような事態に遭遇するのかもしれない。何としてもその前に、我々は一刻も早く気づいて、覚醒し、身魂の磨けた臣民になっておかねばならない。

アレハンドロ長老やポロハウ長老が言われるように、今、見えない世界で「正」と「邪」の戦いが繰り広げられているこの時こそ、我々は自分の心の中での「正と邪の戦い」に打ち勝つべく、奮闘する必要があるのである。獣となりて這いまわる人と空飛ぶ人と、二つにはっきり分かれる時が来る前にそれを為さねばならないのだ。

時の到来について、ロペス博士は月刊誌『アネモネ』の2011年3月号の中で次のように述べておられる。なお、文章は改めてロペス博士に確認を取った上で、読みとりやすく要約している部分もあることをご承知願いたい。

――現在、蜂の世界の異変が世界中で相次いでいます。ミツバチが突然いなくなったり、一部で舞い戻ってきたり……。いずれにしろ、ミツバチがどんどん減ってきていることは事実です。

科学的見地から私が考えるには、その要因として「遺伝子組み換えの問題」や「農業技術の問題」があると思いますが、一番の問題はケム・トレイル（航空機を用いて有害な化学物質を意図的に散布することによって生じる、独特の飛行機雲）ではないでしょうか。この問題に関しては、スタンフォード大学からも最近、公《おおやけ》に発表されました。ケム・トレイルは蜂だけでなく、すべての生命に対して脅威です。

まさにこのことを予見するかのように、マドリッド・コデックスの「養蜂の章」には、蜂が「黒い姿」で描かれている絵があります。そこには、地上から蜂が姿を消してしまう理由が示されています。

蜂はたとえですから、蜂だけでなく「生命体すべての危機」というものに、私たちは気づかなければならないのです。もし、人類がこのまま物質優先の考え方で生き続けるなら、おそらくその内にこの地上に存在できなくなるでしょう。それが黒い蜂の予見するところでもあります。

アインシュタインも「蜂がいなくなると、4年後くらいに人類が滅亡する」と言い残しています。数年前にこの言葉を知ったとき、それは私にとっても非常に意味のあることでした。私も「養蜂の章」を通して、同じようなメッセージを受け取っていたからです。

現代文明の中で、家を持つ、車を持つ、電話を持つという風に、私たちは物質的なものを追い求め続けています。そして、そのためにお金を儲けに血眼《ちまなこ》になっている。それはまるで、終わりなき一つの罠に陥っているようなものです。

そのような中で、私たちはどんどん自然界と隔たってしまっています。社会が崩壊している今、私たちは人間としての本来の役割に気づくときが来ているのです。一時も早く生命の根源に立ち返り、自然とつながりあい、精神的な道を歩むことが大切なのです。

これは、私がいままで古文書を研究した上で、切実に感じていることです。

「マドリッド・コデックス」の中には、「どのように時を数え、未来を見ていくか」という、マヤ暦の真実に関する非常に重要な記述もあります。その部分には、「2012年」に関する内容が含まれていて、現在ちょうど、関連する石碑の文字の解読をしている最中です。この内容が分かり次第、皆さんにお伝えできればと思っています。

やはり、ロペス博士も私と同様、邪悪な存在によって仕組まれた罠、つまり、物質やお金を追い求める仕組みから一時も早く脱出し、精神性を重んじる神の道に立ち戻ることの必要を説いておられる。

マヤミツバチの最高レベルの研究者である博士が、蜂の生態の研究とマドリッド・コデックスの「養蜂の章」の中から読み解いた、「黒い蜂」の姿が告げる人類への警告は重く受け止めねばなるまい。

もしも博士が言われている、アインシュタイン博士のミツバチ消滅後の未来像が正鵠《せいこく》を得たものなら、もうしばらくすると猶予の4年間が過ぎてしまう。昨今の世の中の状況を見ていると、時の流れがその言葉を裏付けるかのように動いているだけに、悠長なことなど言っておれそうにない。

なんとしても、自然への回帰と物質至上主義から、精神世界への転換を急ぎたいものである。それこそが、出口王仁三郎の霊界物語に出てくる肉主霊従から霊主肉従への転換であり、日月神示の中で、大神様が伝えておられる「身魂磨き」そのものである。

仮に地球と人類が高次元へ移行するというアセンションなる現象が、しばらく先のことだとしても、今から始めておかなければ間に合わないことは確かである。

今、神界や宇宙の彼方から龍神さんや龍蛇族系の宇宙人がやって来ているのも、みなそれを手助けして下さろうとしているからに他ならない。それもこれもがみな、今という時を置いては二度とチャンスは巡って来ないからである。それを考えたら、甘えやのんびりは決して許されないはずだ。

お互いにしっかりとフンドシを締めてかかろうではないか。輝きと喜びに満ちた星「アルス」の到来はもうすぐそこに来ているのだから。

今回、突如としてニュージーランドとメキシコ、グアテマラへの探索の旅に引き出されることに相成ったわけであるが、それが奇しくもクライストチャーチの地震と東日本大震災という歴史に残る両震災を挟んでの旅となったのは、何か深い意味があってのことかもしれない。

いずれにしろ、私のような凡人は与えられた使命を全うするために、ただ全力を尽くすだけである。年齢《とし》が幾つなどということはこの際関係ないのだ。行くべき所には行く、為すべき時には為す、それが私の信条である。

果たして、今回の探索と祈りの旅で天が期待しておられることのうちどこまでのことが果たせたか、少々心配ではあるが、今は「人事を尽くして天命を待つ」の心境である。

1カ月余にわたる長旅の記録を最後まで読んで頂いた読者に感謝し、この辺で筆を置かせて頂くことにする。

浅川嘉富　あさかわ よしとみ
地球・先史文明研究家。
1941年生まれ。東京理科大学理学部卒業。大手損害保険会社の重役職をなげうって、勇躍、世界のミステリースポットに向け、探求の旅に出る。その成果は、『謎多き惑星地球《このほし》（上／下巻）』や『恐竜と共に滅びた文明』（共に徳間書店刊）、『2012年アセンション最後の真実』（学習研究社）、『［UFO宇宙人アセンション］真実への完全ガイド』『シリウス・プレアデス・ムーの流れ　龍蛇族《りゅうだぞく》直系の日本人よ！』（共にヒカルランド）などにまとめられている。
ホームページ：http://www.y-asakawa.com

超☆わくわく013 源流レムリアの流れ

世界に散った龍《りゅう》蛇《だ》族《ぞく》よ！

この血統の下その超潜在力を結集せよ

第一刷 2011年6月30日

著者 浅川嘉富

発行人 石井健資

発行所 株式会社ヒカルランド

〒162-0814 東京都新宿区新小川町9-7-B202

電話 03-6265-0852 ファックス 03-6265-0853

http://www.hikaruland.co.jp info@hikaruland.co.jp

振替 00180-8-496587

本文・カバー・製本 中央精版印刷株式会社

DTP 株式会社キャップス

編集担当 小暮周吾

落丁・乱丁はお取替えいたします。無断転載・複製を禁じます。

©2011 Asakawa Yoshitomi Printed in Japan

ISBN978-4-905027-30-0

ヒカルランド　好評既刊！

地上の星☆ヒカルランド　銀河より届く愛と叡智の宅配便

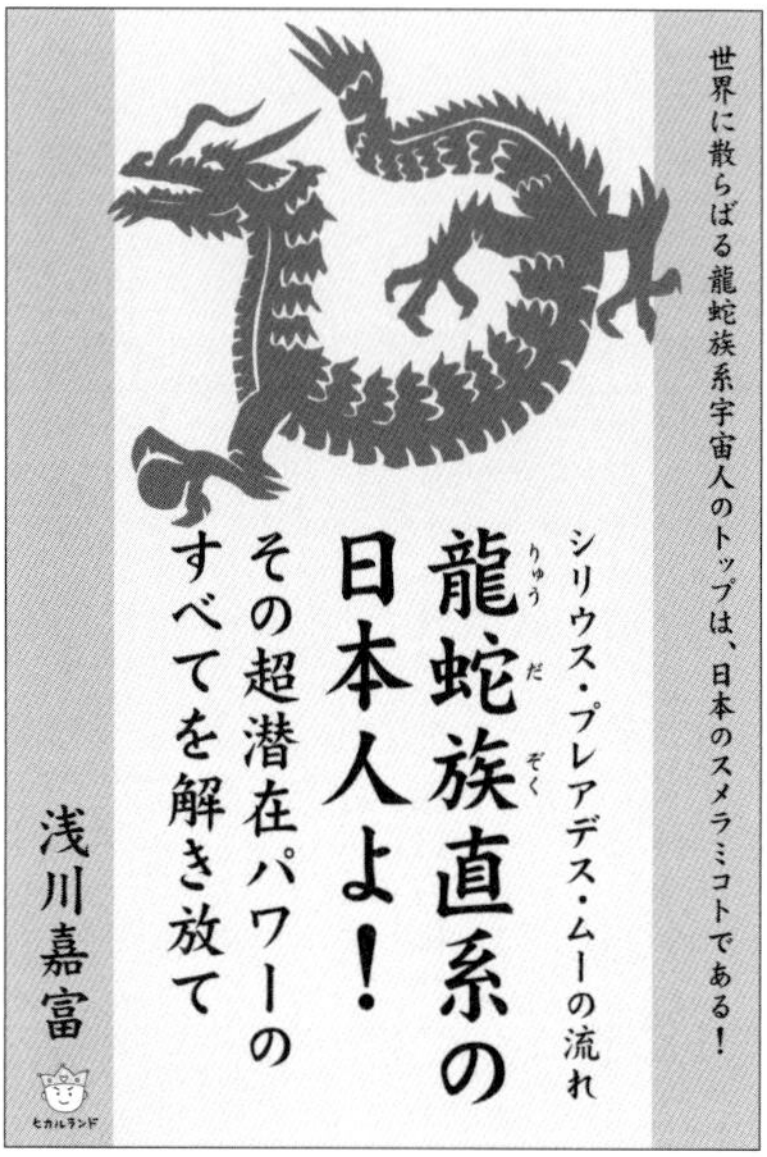

シリウス・プレアデス・ムーの流れ
龍蛇《りゅうだ》族《ぞく》直系の日本人よ！
その超潜在パワーのすべてを解き放て
著者：浅川嘉富
四六ハード　352ページ　本体1,800円＋税
超★わくわく　シリーズ011

日月神示の神様は、なぜ龍神なのか⁉　その答えに迫る渾身のドキュメント。